DIE BERNSTEINHEXE
Maria Schweidler

*Der interessanteste
aller bekannten Hexenprozesse*

*Nach einer defekten Handschrift
ihres Vaters,
des Pfarrers Abraham Schweidler
in Koserow auf Usedom,*

herausgegeben von
WILHELM MEINHOLD,
*Doktor der Theologie
und Pfarrer*

VISION VERLAG BERLIN

ISBN 3-928787-02-0

4.Auflage 1998
© für diese Ausgabe
Vision Verlag Berlin

Einband und Typographie: Hans-Joachim Schauß
Druck und Bindung: Wiener Verlag, Himberg bei Wien

VORREDE

Indem ich dem Publikum hiermit diesen tiefrührenden und fast romanartigen Hexenprozeß übergebe, den ich wohl nicht mit Unrecht auf dem vorstehenden Titelblatte den interessantesten aller bis jetzt bekannten genannt habe, erteile ich zuvörderst über die Geschichte des Manuskriptes die folgende Auskunft:

In Koserow auf der Insel Usedom, auf meiner vorigen Pfarre und derselben, welcher unser ehrwürdiger Verfasser vor länger als zweihundert Jahren vorstand, befand sich unter einem Chorgestühl der dortigen Kirche und fast zu ebener Erde eine Art Nische, in welcher ich zwar schon öfter einige Skripturen liegen gesehen, die ich jedoch wegen meiner Kurzsichtigkeit und der Dunkelheit des Ortes für verlesene Gesangbücher hielt, wie denn in der Tat auch deren eine Menge hier umherlag. Eines Tages jedoch, als ich, mit Unterricht in der Kirche beschäftigt, ein Papierzeichen in dem Katechismus eines Knaben suchte und es nicht sogleich finden konnte, trat mein alter, mehr als achtzigjähriger Küster unter jenes Chorgestühl und kehrte mit einem Folianten zurück, der mir nie zu Gesicht gekommen war und aus dem er ohne weiteres einen geeigneten Papierstreifen riß und ihn mir überreichte. Ich griff sogleich nach dem Buche und weiß nicht, ob ich schon nach wenigen Minuten erstaunter oder entrüsteter über meinen köstlichen Fund war. Das in Schweinsleder gebundene Manuskript war nicht bloß vorne und hinten defekt, sondern leider waren auch aus der Mitte hin und wieder mehrere Blätter gerissen. Ich fuhr den Alten an wie nie in meinem Leben; er entschuldigte sich aber dahin, daß einer meiner Vorgänger ihm das Manuskript zum Zerreißen gegeben, da es hier seit Menschengedenken umhergelegen und er öfter in Papier-Verlegenheit gewesen sei, beim Umwickeln der Altarlichte und so weiter. Der greise, halbblinde Pastor hätte es für alte Kirchenrechnungen gehalten, die doch nicht mehr zu gebrauchen seien. (Und in der Tat kommen im Original einige Rechnungen vor, die wohl beim ersten Anblick zu diesem Irrtum verleiten konnten, und außerdem ist die Handschrift schwer zu lesen und an einigen Stellen vergilbt und verrottet.)

Kaum zu Hause angekommen, machte ich mich über meinen Fund her, und nachdem ich mit vieler Mühe mich ein- und durchgelesen, regten mich die darin mitgeteilten Sachen mächtig an.

Ich fühlte bald das Bedürfnis, mich über die Art und Weise dieser Hexenprozesse, über das Verfahren, ja über die ganze Periode, in welche diese Erscheinungen fallen, näher aufzuklären. Doch je mehr dieser bewunderungswürdigen Geschichten ich las, je mehr wurde ich verwirrt, und weder der triviale Bekker (»Die bezauberte Welt«) noch der vorsichtigere Horst (»Zauberbibliothek«) und andere Werke der Art, zu welchen ich gegriffen hatte, konnten meine Verwirrung heben, sondern dienten nur dazu, sie zu vermehren.

Es geht nicht bloß ein so tiefer dämonischer Zug durch die meisten dieser Schaudergeschichten, daß den aufmerksamen Leser Grausen und Entsetzen anwandelt, sondern die ewigen und unveränderlichen Gesetze der menschlichen Empfindungs- und Handlungsweise werden auch oft auf eine so gewaltsame Weise unterbrochen, daß der Verstand im eigentlichen Sinne des Wortes stillesteht; wie denn zum Beispiel in einem der Originalprozesse, die ein juristischer Freund in unserer Provinz aufgestöbert, sich die Relation findet, daß eine

Mutter, nachdem sie bereits die Folter überstanden, das heilige Abendmahl genossen und im Begriff ist, den Scheiterhaufen zu besteigen, so sehr alles mütterliche Gefühl beiseite setzt, daß sie ihre einzige, zärtlich geliebte Tochter, ein Mädchen von fünfzehn Jahren, gegen welche niemand einen Verdacht hegt, sich in ihrem Gewissen gedrungen fühlt gleichfalls als Hexe anzuklagen, um, wie sie sagt, ihre arme Seele zu retten. Das Gericht, mit Recht erstaunt über diesen vielleicht nie wieder vorgekommenen Fall, ließ ihren Gesundheitszustand von Predigern und Ärzten untersuchen, deren Originalzeugnisse den Akten noch beiliegen und durchaus günstig lauten. Die unglückliche Tochter, welche merkwürdigerweise Elisabeth Hegel hieß, wurde infolge dieser mütterlichen Aussage denn auch wirklich hingerichtet.

Die gewöhnliche Auffassung der neuesten Zeit, diese Erscheinungen aus dem Wesen des tierischen Magnetismus zu begreifen, reichen durchaus nicht hin. Wie will man zum Beispiel die tiefe dämonische Natur der alten Lise Kolken in dem vorliegenden Werke daraus ableiten, die unbegreiflich ist und es ganz erklärlich macht, daß der alte Pfarrer trotz des ihm mit seiner Tochter gespielten entsetzlichen Betruges so fest in seinem Glauben an das Hexenwesen wie in dem an das Evangelium bleibt.

Die früheren Jahrhunderte des Mittelalters wußten wenig oder nichts von Hexen. Das Verbrechen der Zauberei, wo es einmal vorkam, wurde milde bestraft, und Karl der Große ließ sie auf den Rat seiner Bischöfe so lange in gefänglicher Haft, bis sie aufrichtige Buße taten. Erst kurz vor der Reformation ließ Innocentius VIII. Ende 1489 den berüchtigten »Hexenhammer« (Malleus maleficarum) anfertigen, nach welchem nicht bloß in den ganzen katholischen, sondern merkwürdigerweise auch in der protestantischen Christenheit, die doch sonst alles Katholische verabscheute, und zwar mit solchem fanatischen Eifer inquiriert wurde, daß die Protestanten es weit den Katholiken an Grausamkeit zuvortaten, bis katholischerseits der edle Jesuit J. Spee und auf protestantischer, obgleich erst siebzig Jahre später, der treffliche Thomasius dem Unwesen allmählich Einhalt taten.

Nachdem ich mich auf das eifrigste mit dem Hexenwesen beschäftigt hatte, sah ich bald ein, daß unter allen diesen zum Teil so abenteuerlichen Geschichten keine einzige an lebendigem Interesse von meiner »Bernsteinhexe« übertroffen würde, und ich nahm mir vor, ihre Schicksale in die Gestalt einer Novelle zu bringen. Doch glücklicherweise sagte ich mir bald: aber wie? Ist Ihre Geschichte nicht schon an und für sich die interessanteste Novelle? Laß sie ganz in ihrer alten ursprünglichen Gestalt, laß fort daraus, was für den gegenwärtigen Leser von keinem Interesse mehr oder sonst allgemein bekannt ist; und wenn du auch den fehlenden Anfang und das fehlende Ende nicht wiederherstellen kannst, so siehe zu, ob der Zusammenhang es dir nicht möglich macht, die fehlenden Blätter aus der Mitte zu ergänzen, und fahre dann ganz in dem Ton und der Sprache deines alten Biographen fort, so daß wenigstens der Unterschied der Darstellung und die gemachten Einschiebsel nicht gerade ins Auge fallen.

Dies habe ich denn mit vieler Mühe und nach mancherlei vergeblichen Versuchen getan, verschweige aber, an welchen Orten es geschehen ist, um das historische Interesse der größten Anzahl meiner Leser nicht zu trüben.

Und somit übergebe ich denn dies vom Feuer des Himmels wie der Hölle glühende Werk dem geneigten Leser.

Meinhold

Unser Manuskript, in welchem die ansehnliche Zahl von sechs Kapiteln fehlt und welches auf den nächstvorhergegangenen Blättern unstreitig sich über den Ausbruch des Dreißigjährigen Krieges auf der Insel Usedom verbreitet hat, beginnt mit den Worten: »Kaiserliche gehauset« und fährt dann fort wie folgt:

... Koffer, Truhen, Schränke waren allesamt erbrochen und zerschlagen, auch mein Priesterhemd zerrissen, so daß ich in großen Ängsten und Nöten stande. Doch hatten sie mein armes Töchterlein nit gefunden, maßen ich sie in einem Stall, wo es dunkel war, verborgen, denn sonst, sorge ich, hätten sie mir noch mehr Herzeleid bereitet. Weil nun aber ich bittern Hunger litte, so schrieb an Se. Gestrengen, den Herrn Amtshauptmann Wittich von Appelmann auf Pudagla*, daß er mir zukommen ließe, was Se. fürstliche Gnaden Philippus Julius mir vom Kloster zu Pudagla beigeleget, als nämlich 30 Scheffel Gerste und 25 Mark Silbers, welche Se. Gestrengen mir aber bis nunmehro geweigert, denn er war ein fast hart und unmenschlicher Mann. – Aber er antwortete mir nit, und ich wäre schier verschmachtet, wenn Hinrich Seden nicht für mich im Kapsel gebetet**. Gott lohn's dem ehrlichen Kerl in

---

* Schloß auf Usedom, früher ein berühmtes Kloster.
** Almosen in der Kirchspielgemeinde eingesammelt.

der Ewigkeit. Er wurde dazumalen auch schon alt und hatte viel Plage von seinem bösen Weibe Lise Kolken, angesehen sie im gemeinen Geschrei war, daß sie lange mit Wittich Appelmann in Unzucht gelebet, welcher von jeher ein rechter Erzschalk und absonderlich ein hitziger Schurzenjäger gewest, denn so etwas gesegnet der Herre nicht. Selbiger Seden nun brachte mir 5 Brote, 2 Würste und eine Gans, item eine Seite Speck. Möchte ihn aber vor seiner Frauen schützen, welche die Hälfte hätte vor ihr behalten wollen, und da er sich geweigert, hätte sie ihn vermaledeiet und die Kopfgicht angewünschet, so daß er gleich ein Ziehen in der rechten Wangen verspüret, welches jetzunder fast hart und schwer geworden. Für solcher erschrecklichen Nachricht entsetzte ich mich, wie einem guten Seelenhirten geziemet, fragende, ob er vielleicht gläubete, daß sie im bösen Verkehr mit dem leidigen Satan stünde und hexen könnte? Aber er schwiege und zukkete mit den Achseln. Ließ mir also die alte Lise rufen, welche ein lang, dürr Mensch bei 60 Jahren war, mit Gluderaugen, so daß sie niemand nit gerade ins Antlitz schauete. Aber obwohl ich sie fleißig aus Gottes Wort vermahnete, gab sie doch keine Stimme, und als ich endlich sagete: »Willtu deinen Kerl wieder umböten* (denn ich sahe ihn auf der Straßen durch das Fenster allbereits als einen Unsinnigen rasen), oder willtu, daß ich's der Obrigkeit anzeige?«, gab sie endlich nach und versprache, daß es bald sölle besser mit ihm werden (was auch geschach). Item bat sie, daß ich ihr wölle etwas Speck und Brot verehren, dieweil sie auch seit dreien Tagen kein ander Fleisch und Nahrung mehr zwischen den Zähnen gehabt denn ihre Zunge. Gab ihr mein Töchterlein also ein halb Brot und ein Stück Speck bei zween Händen Länge, was ihr aber nicht genugsam bedünkete, sondern mummelte zwischen den Zähnen. Worauf mein Töchterlein sagte: »Bistu nicht zufrieden, alter Hexensack, so packe dich und hilf erst deinem Kerl! Schaue, wie er das Haupt auf Zabels Zaun gele-

* Umzaubern.

get und mit den Füßen vor Wehetage trampelt!« Worauf sie ginge, doch abermals zwischen den Zähnen mummelnde: »Ja, ich will ihm helfen und dir auch!«

7. KAPITEL
*Wie die Kaiserlichen mir alles übrige geraubet,
auch die Kirchen erbrochen und die vasa sacra entwendet,
item was sonsten fürgefallen*

Nach etzlichen Tagen, als unsere Notdurft fast verzehret, fiel mir auch meine letzte Kuh umb (die andern hatten die Wülfe, wie oben bemeldet, allbereits zerrissen), nicht ohne sonderlichen Verdacht, daß die Lise ihr etwas angetan, angesehen sie den Tag vorhero noch wacker gefressen. Doch lasse ich das in seinen Würden, dieweil ich niemand nit verleumden mag; kann auch geschehen sein durch die Schikkung des gerechten Gottes, dessen Zorn ich wohl verdienet hab. – Summa: Ich war wiederumb in großen Nöten, und mein Töchterlein Maria zerriß mir noch mehr das Herze durch ihr Seufzen, als das Geschreie anhub, daß abermals ein Trupp Kaiserlicher nach Ückeritze gekommen und noch greulicher denn die ersten gemarodieret, auch das halbe Dorf in Brand gestecket. Derohalbén hielt ich mich nicht mehr sicher in meiner Hütten, sondern nachdem in einem brünstigen Gebet alles dem Herrn empfohlen, machte mich mit meinem Töchterlein und der alten Magd Ilsen auf in den Streckelberg*, wo ich allbereits ein Loch, einer Höhlen gleich und trefflich von Brommelbeeren verranket, uns ausersehen, wenn die Not uns verscheuchen söllte. Nahmen daher mit, was uns an Notdurft des Leibes geblieben, und rannten mit Seufzen und Weinen in den Wald, wohin uns aber bald die alten Greisen und das Weibsvolk mit den Kindern folgten, welche ein groß Hungergeschrei erhoben. Denn sie sahen, daß sich mein Töchterlein auf einen Stubben satzte und ein Stück Fleisch und Brot verzehrete, kamen also die kleinen Würmer mit ausgereckten Händeleins angelaufen und schrien: »Uck hebben, uck hebben!«** Wannenhero, da mich solch groß Leid billig

---

* Ein ansehnlicher Berg am Meere, nahe bei Koserow.
** »Auch haben, auch haben!«

jammerte, meinem Töchterlein nit wehrete, daß sie alles Brot und Fleisch, so vorrätig, unter die hungrigen Kindlein verteilete. Erst mußten sie aber dafür »Aller Augen«* beten, über welche Wort ich dann eine tröstliche Ansprach an das Volk hielte, daß der Herr, welcher jetzunder ihre Kindlein gespeiset, auch Rat wissen würde, ihren eigenen Bauch zu füllen, möchten nur nit müde werden, ihm zu vertrauen.

Aber söllich Trost währete nicht lange. Denn nachdem wir wohl an die zween Stunden in und um der Höhlen uns gelagert, huben die Glocken im Dorfe so kläglich an zu gehen, daß es einem jeglichen schier das Herze brach, angesehen auch dazwischen ein laut Schießen, item das Geschrei der Menschen und das Bellen der Hunde erschallete, so daß männiglich schließen kunnte, der Feind sei mitten im Dorfe. Hatte dannenhero genug mit den Weibern zu tüschen**, daß sie nicht durch ihr unverständig Lamentieren dem grimmigen Feind unsern Schlupfwinkel verraten möchten, zumalen als es anfing schmokig zu riechen und alsobald auch die helle Flamme durch die Bäume glitzerte. Schickete derohalben den alten Paasch oben auf den Berg, daß er umbherlugen sollt, wie es stünde, hätte sich aber wohl zu wahren, daß man ihn nicht vom Dorfe erschaue, anerwogen es erst zu schummern begunnte. Solliches versprach er und kam alsbald auch mit der Botschaft zurücke, daß gegen 20 Reuter aus dem Dorfe gen Damerow gejagt wären, aber das halbe Dorf in roten Flammen stünd. Item erzählete er, daß durch seltsame Schikkung Gottes sich sehr viel Gevögel in den Knirkbüschen*** und anderswo sehen ließ, und meinete, wenn man sie nur fangen könnte, daß sie eine treffliche Speis vor uns abgeben würden. Stieg also selbsten auf den Berg, und nachdem ich alles so befunden, auch gewahr worden, daß durch des barmherzigen Gottes Hülf das Feuer im Dorfe nachgelassen, item daß

* Psalm 145,15/16.
** Beschwichtigen.
*** Wacholderbüsche.

auch mein Hüttlein wider mein Verdienst und Würdigkeit annoch stünde, stieg ich alsbald herunter, tröstete das Volk und sprach: »Der Herr hat uns ein Zeichen gegeben und will uns speisen wie einst das Volk Israel in der Wüsten, denn er hat uns eine treffliche Schar von Krammetsvögeln über die wüste Sehe gesendet, welche aus jedem Büschlein burren, so man ihm nahet. Wer will nun in das Dorf laufen und schneiden die Mähnhaare und den Schwanz von meiner gefallenen Kuh weg, so hinten auf der Wörte liegt?« (Denn Roßhaare hatte es im ganzen Dorf nicht, dieweil alle Roß vom Feinde längst genommen oder erstochen waren.) Aber es wollte sich niemand nit finden, angesehen die Angst noch größer war als der Hunger, als meine alte Ilse anhub: »So will ich schon gehen, denn ich fürchte mich nit, dieweil ich auf Gottes Wegen bin, gebet mir nur einen guten Stock.« Als ihr nun der alte Paasch seinen Stecken hingereichet, begunnte sie vor sich zu singen: »Gott, der Vater, wohn uns bei« und verlief sich bald in das Gebüsche.

Hierzwischen vermahnete ich nun das Volk, alsbald Hand anzulegen, kleine Rütlein zu den Dohnen zu schneiteln und Beeren zu suchen, dieweil es Mondschein ware und allwärts viel Gänseflieder, auch Ebereschen auf dem Berge stunden. Die kleinen Kindlein aber hütete ich mit meiner Marien, dieweil die Gegend nicht sicher für Wülfen war. Hatten derohalben ein lustig Feuer angemacht, umb welches wir uns setzten und dem kleinen Volk die Gebot verhöreten, als es hinter uns knisterte und knasterte und mein Tüchterlein mit den Worten: »Proh dolor, hostis!«* auf- und in die Höhlen sprang. Aber es waren nur die rüstigen Kerls, so im Dorfe verblieben und nun kamen, uns Botschaft zu bringen, wie es alldorten stünde. Dahero rief ihr gleich zu: »Emergas, amici!«**, wo sie denn auch mit großen Freuden wieder herfürsprang und bei

---

* »O Jammer, der Feind ist da!« – Über die wunderbare Bildungsweise des Mädchens erklärt sich unser Verfasser später.
** »Komm nur wieder hervor, es sind Freunde!«

uns zum Feuer niedersaß. Alsobald verzählete nun mein Fürsteher Hinrich Seden, was derweilen fürgefallen und wie er nur durch sein Weib Lise Kolken sein Leben geborgen. Jürgen Flatow, Chim Burse, Clas Peer und Chim Seideritz aber wären erschlagen, und läge letzterer recht auf dem Kirchsteig. Zwölf Katen hätten die grimmigen Mordbrenner in Asche geleget, und wär es nit ihre Schuld, daß nicht das ganze Dorf draufgegangen, angesehen der Wind ihnen nicht gepasset. Hätten zum Hohn und Gespötte die Glocken dazu geläutet, ob niemand kommen wöllt und löschen, und als er und die drei andern jungen Kerle herfürgesprungen, hätten sie die Musketen auf sie angedrückt, aber mit des großen Gotts Hülfe niemand nit getroffen. Darauf wären seine Gesellen über die Zäune gesprungen, ihn aber hätten sie erwischet und schon das Gewehr über ihm ausgerecket, als sein Weib Lise Kolken mit eim andern Trupp aus der Kirchen herfürgetreten und ihnen gewinket, daß er Ruhe gehabt. Lene Hebers aber hätten sie in ihrem Wochenbett erstochen, das Kindlein gespießet und über Clas Peers Zaun in den Nessel geworfen, wo es annoch gelegen, als sie abgelaufen. Wäre jetzunder im ganzen Dorf derohalben keine lebendige Seele mehr und noch schwerer ein Bissel Brots, so daß, wenn den Herren nit ihre Not jammerte, sie alle des elendiglichen Hungertodes würden sterben müssen. (Da sage nun einer, das wöllen Christenmenschen sein!)

Fragte nunmehro, als er schwiege (mit wieviel Seufzen jedoch, kann man leichtlich schließen), nach meiner Hütten, wovon sie aber nichts wußten, als daß sie annoch stünde. Ich dankete dannenhero dem Herrn mit einem stillen Seufzerlein, und alsobald den alten Seden fragend, was sein Weib in der Kirchen gemachet, hätte ich schier vergehen mügen für großen Schmerz, als ich hörete, daß die Lotterbuben, als sie heraußergetreten, die beiden Kelche nebst den Patenen in Händen getragen. Fuhr dahero die alte Lise fast heftig an, welche nun auch angeschlichen kam durch das Buschwerk, worauf sie aber trotziglich zur Antwort gab, daß das fremde Volk sie gezwungen, die Kirche aufzuschließen, da ihr Kerl ja sich in den Zaun verkrochen und niemand anders nit dagewesen. Selbige wären sogleich für den Altar getreten, und da ein Stein nicht wohl gefuget (was aber eine Erzlüge war), hätten sie alsobald angefangen, mit ihren Schwertern zu graben, bis sie auch die Kelche und Patenen gefunden. Könnte auch sein, daß ein anderer ihnen den Fleck verraten. Möchte dahero ihr nicht immer die Schuld beilegen und sie also heftig anschnauzen.

Hierzwischen kamen nun auch die alten Greisen und Weiber mit trefflich vielen Beeren an, item meine alte Magd mit dem Kuhschwanz und den Mähnhaaren, welche verzählete, daß das ganze Haus umbgewühlet, die Fenster zerschlagen, die Bücher und Skripturen auf der Straßen in den Kot getreten und die Türen aus den Hespen gehoben wären. Solliches aber war mir ein geringer Leid denn die Kelche, dahero nur das Volk vermahnete, Biegel und Schneere zu machen, umb am nächsten Morgen mit des barmherzigen Gotts Hülfe unser Jagdwerk zu vollführen. Klöbete dahero selber die Rütlein bis um Mitternacht, und da wir eine ansehnliche Zahl gefertiget, ließ ich den alten Hinrich Seden den Abendsegen beten, den wir alle kniende anhöreten, worauf ich endiglichen noch ein Gebet tat und das Volk sodann vermahnete, die Männer apart und die Weiber auch apart sich für der Kälte (dieweil es schon im Monat Septembri war und fast frisch von der Seekante herwehete) in dem Buschwerk zu verkriechen. Ich selbsten stieg aber mit meinem Töchterlein und der Magd in die Höhlen, hatte aber noch nicht lange geschlummert, als ich den alten Seden fast heftig wimmern höret, weil ihn die Kolik überfallen, wie er klagte. Stand dahero wieder auf und gab ihm mein Lager und setzte mich wieder zum Feuer und schneitelte Dohnen, bis ich ein halb Stündlein entschlief und der Morgen anbrach, worauf es besser mit ihm worden war und ich nun auch alsobald mich aufmachte und das Volk zum Morgensegen weckte. Dieses Mal tät ihn der alte Paasch, kunnte aber nit recht hineinkommen, weshalb ich ihm aushelfen mußte. Hatt' er ihn vergessen, oder tat's die Angst, das lasse ich ungesagt. Summa. Nachdem wir all recht innighlichen gebetet, schritten wir alsofort zum Werk, keilten die Dohnen in die Bäume und umbhingen sie mit Beeren, unterdessen mein Töchterlein die Kinder hütete und Brummelbeeren vor sie zum Frühstück suchete. – Nun soll man aber wissen, daß wir quer durch den Busch gen den Weg nach Ückeritze hin keileten, und da merke nun männiglich wieder die sonderbare Gnadenschickung des barmherzigen Gotts. Denn als ich mit dem Beil in der Hand (es war Seden sein Beil, so er in der Frühe aus dem Dorfe geholet) in bemeldeten Weg trate, nehm ich auf der Erden ein Brot wahr bei eines Armes Länge, worauf ein Rabe pickete und welches sonder Zweifel ein kaiserlicher Reuter tags vorhero aus seinem Schnappsack verloren, dieweil noch frische Roßtrappen im Sande dabeistunden. Knöpfe mir es also heimlich über den Wanst, so daß niemand nichtes merkete, obschon bemeldeter Paasch dicht hinter mir schritt, item alle andern in nicht gar guter Ferne ihm folgeten. Als wir nun so die Dohnen bestellet in großer Frühe, hatte es schon gegen die liebe Mittagszeit eine so große Menge Vögel darinnen, daß Käthe Berow, welche mir zur Seiten schritt, als ich sie abbande, dieselben in ihrem Schurzfleck fast nit zu lassen wußte und auf dem andern Ende der alte Pagels auch nit viel weniger aus seinem Brustlatz und Rocktaschen herfürlangte. Mein Töchterlein setzte sich also mit dem andern Frauenvolk hin, das Gevögel zu rupfen, und da es an Salz gebrach (denn dessen hatten die meisten von uns lange nicht mehr gekostet), vermahnete sie ein paar Männer, zur Sehe zu steigen und in einem Grapen, so noch von Staffer Zuter geborgen war, ein wenig gesalzen Wasser zu holen, was sie auch täten. In solchem Wasser tunketen wir nunmehro die Vöglein und brieten sie darauf bei einem großen Feuer, wobei uns allen schon von dem süßen Geruch das Maul zu wässern begunnte, da wir so lange keiner Speisen nicht gekostet.

Sage dahero, als alles fertig und das Volk sich auf der Erden gelagert hat: »Nun schauet, wie der Herr sein Volk Israel in der Wüsten noch immerdar mit frischen Wachteln speiset; sollt er nun ein übriges tun und uns auch ein Stücklein Mannabrot vom Himmel senden, was meinet ihr, würdet ihr dann jemalen müde werden zu glauben und nit vielmehr alle Not, Trübsal, Durst und Hunger williglich tragen, so er euch förder nach seinem gnädigen Willen auferlegen söllte?« Worauf sie alle antworteten und sprachen: »Ja, sicherlich!« Ego: »Wöllt ihr mir das wahrhaftiglichen versprechen?« Worauf sie wiederumb sageten: »Ja, das wollen wir!« Da zog ich mit Tränen das Brot von meinem Wanst herfür, hub es hoch in die Höhe und rufete: »Nun schau, du armes, gläubiges Häuflein, welch ein süßes Mannabrot dein treuer Erlöser dir durch mich gesendet!« Worauf alles schrie, ächzete, weinete, auch die kleinen Kinder abermals herbeisprangen und die Händelein ausrecketen, indem sie schrien: »Kiekt Brot, kiekt Brot!« Da ich aber vor Wehmut selbsten nit beten kunnte, ließ ich Paasch sein klein Mägdlein das Gratias beten, in währender Zeit meine Maria das Brot zerschnitt und einem jeglichen sein Teil reichete. Und nun langeten wir allesamt freudig zu dem lieben Gottesmahl in der Wüsten.

Hierzwischen mußte nun aber erzählen, wie ich das liebe Mannabrot gefunden, wobei nit versäumete, sie abermals zu vermahnen, daß sie wöllten das große Wunderzeichen sich zu Herzen gehen lassen, so der barmherzige Gott, wie weiland an dem Propheten Elias, an ihnen auch getan, angesehen, wie ein Rab in der großen Hungersnot demselbigen das Brot in der Wüsten zugeführet, der Herr auch mir dieses Brot durch einen Raben zugeführet, daß ich es finden gemüßt, da ich ihm sonst wohl in meiner Trübsal vorbeigeschritten und es nimmer gesehen hätte.

Als wir endiglichen unsern Bauch mit Notdurft gefüllet, hielte die Danksagung über Lukas 12,V. 24, wo der Herre spricht: »Nehmet wahr den Raben, sie säen nicht, sie ernten auch nit, sie haben auch keine Keller noch Scheunen, und Gott nähret sie doch. Wieviel aber seid ihr besser denn die Vögel?« – Aber unsere Sünden stunken vor dem Herrn.

Denn da die alte Lise, wie ich bald in Erfahrung gebracht, ihre Vögel nit verzehret, weil sie ihr zu nüchtern fürkamen, sondern selbige in den Knirkbusch geworfen, ergrimmete sein Zorn über uns wie weiland über das Volk Israel, und wir hatten zur Nacht nur sieben Vögel auf den Schneeren, am andern Morgen aber nur zween. Auch kam kein Rab wieder, der uns Brot wiese. Darumb schalt ich die alte Lise und vermahnete das Volk, sollich gerechte Strafe des höchsten Gottes williglich auf sich zu nehmen, fleißig zu beten, in seinen verlassenen Hütten zurückzuwallen und zu sehen, ob der grundgütige Gott vielleicht auf der Sehe mehr bescheren möcht. Würde ihn auch in mein Gebet Tag und Nacht anrufen, doch noch eine Zeitlang mit meinem Töchterlein und der Magd in der Höhlen verbleiben und der Dohnen hüten, ob sich sein Zorn wenden möcht. Sollten mir inzwischen mein Pfarrhaus nach besten Kräften wieder zurichten, damit ich es bald wieder beziehen könnt, sintemalen die Kälte mir fast schwerfiele. Solliches gelobten sie auch zu tun und schieden mit Seufzen von dannen. Welch ein klein Häuflein! Fande nur noch bei 25 Köpfen, da deren doch sonsten über 80 gewest, alle andern hatte der Hunger, das Schwert und die Pestilenz* gewürget. Blieb dahero noch mit meinem Gebet für Gott eine Zeitlang einsam und traurig in den Höhlen und sendete nur mein Töchterlein nebst der Magd mit zum Dorfe, daß sie sich umbsehen sollten, wie es in den Widemen** stände, item die Schriften und Bücher wieder zusammenlesen, auch mir Kundschaft bringen, ob Hinze, der Zimmermann, den ich alsobald ins Dorf zurückgesendet, die Särge vor die elenden Leichname zusammengehämmert, daß ich sie des nächsten Tages begraben möcht. Darauf schritt ich zu den Dohnen,

---

* Fand im Jahre 1628 statt und häufte das Elend des Dreißigjährigen Krieges auf der hiesigen Insel auf das unerträglichste. Schade, daß die Schilderung des alten Pfarrers, welche er ohne Zweifel in dem Vorhergehenden gegeben, verloren ist.
** Pfarrhaus.

aber nur ein einig Vögelein war darinnen zu verspüren, woraus ich denn merkete, daß der Zorn Gottes noch nit vorüber. Traf jedoch einen schönen Brummelbeerenbusch, woran ich bei einer Metze Beeren pflückete, mit dem Vogel selbige in Staffer Zuter seinen Grapen tät, den der gute Kerl uns noch eine Frist gelassen, und zur Nachtkost auf ein Feuer setzete, wann mein Kind mit der Magd zurückkehren würd. Währete auch nicht lange, als sie durch den Busch brachen und von dem Greuel der Verwüstung erzähleten, so der leidige Satan unter Zulassung des gerechten Gottes im Dorf und in der Widemen angerichtet. Mein Töchterlein hatte noch ein paar Bücher zusammengelesen, die sie mit sich trug, vor andern einen Virgilium und eine griechische Bibel. Und als sie darauf verzählet, daß der Zimmermann erst morgen fertig würd, wir auch alsbald unsern Bauch zur Notdurft gestillet, mußte sie mir zur Stärkung meines Glaubens noch einmal den locum von den lieben Raben, Lukas am 12ten, aus dem Griechischen fürlesen, item den schönen locum parallelum, Matth. am 6ten, worauf die Magd den Abendsegen betete und wir uns nach der Höhlen zur Nachtruh begaben. Als ich nun am andern Morgen erwachte, als eben die liebe Sonne aus der Sehe herfürbrach und über den Berg schauete, hörete ich, daß mein arm hungrig Töchterlein schon vor der Höhlen stand und das schöne Liedlein von den Freuden des Paradieses rezitierte, so der heilige Augustinus gefertiget und ich ihr gelernet. Bei diesen Worten wurde ich selbsten weich, und als sie schwiege, fragte ich: »Was machst du da, mein Töchterlein?« Worauf sie mir zur Antwort gabe: »Ich esse, Vater!«, was mir erst recht die Tränen herfürtrieb, so daß ich anfing sie zu loben, daß sie die arme Seele speisen wöllt, da sie es nicht ihren armen Leib künnte. Hatte aber noch nit viel gesprochen, als sie aufschrie, daß ich das große Wunderwerk doch betrachten söllte, so sich aus der Sehe herfürtät und allbereits über der Höhlen hereinbrach. Denn siehe, eine Wolke, ganz wie ein Kreuz geformet, kam über uns und ließ dicke, schwere Tropfen (bei einer guten Erbsen groß und darüber) auf uns niederfallen, worauf sie alsbald hinter das Gehäge sank. Richtete mich dannenhero sogleich in die Höhe und rannte mit meinem Töchterlein flugs auf das Gebirge, ihr nachzuschauen. Sie zog gen das Achterwasser*, wo sie sich weit auseinandertät und hinterwärts alsbald einen großen blauen Streifen formierete, welchen wunderlich die Sonne beschien, so daß er schier wie eine güldne Brücken anzuschauen war, wie mein Töchterlein sagte, auf welcher die lieben Engel tanzten. Fiel daher mit ihr sogleich auf die Knie und dankete dem Herrn, daß unser Kreuz fürüber gezogen; aber ach, unser Kreuz sollte erst anheben, wie man weiterlesen wird.

8. KAPITEL
*Wie unsere Not immer größer wird,
ich die alte Ilse mit einem andern Schreiben
gen Pudagla sandte, und was mir daraus noch
für ein größer Leid erfolget*

Als ich des andern Tags mit gemeinem Geschrei des ganzen Dorfs die elenden Leichname beerdiget (Merke: Da wo die Linde** über die Mauer schattet, seind sie alle begraben), hörete ich mit vielen Seufzern, daß auch weder die Sehe noch das Achterwasser etwas hergeben gewöllt. Dies dauerte bei zehn Tagen, daß das arme Volk fast kein Fisches Auge nit kunnte fangen. Ging dahero auf das Feld und sanne, wie der Zorn des gerechten Gottes über uns zu wenden wär, dieweil der harte Winter vor der Tür und kein Korn, kein Fisch, kein Apfel, kein Fleisch nicht sowohl im Dorfe als im ganzen Kapsel mehr zu finden. Denn Gewilde hatte es zwar genugsam in der Koserowschen und Ückeritzer Heiden, aber der alte Heidenreuter Zabel Nehring war im verschienen Jahr an der Pestilenz gestorben und noch kein neuer daselbsten. Auch war

---
* Ein Busen, den der Peenefluß in der Nähe bildet.
** Ist jetzt nicht mehr vorhanden.

im ganzen Kapsel keine einzige Muskete oder Kraut dazu aufzufinden, sintemalen der Feind alles geraubet und zerbrochen. Wir mußten dahero alle Tage ansehen, wie Hirsche, Rehe, Hasen, Schweine et cetera uns fürbeisprangen, da wir sie doch lieber in unserm Magen gehabt, aber in unserer Unmacht sie nicht gewinnen kunnten. Und in Gruben wollten sie sich nicht fahen lassen. Doch hatte Claas Peer ein Rehe darin gefangen und mir auch ein Stück davon verehret, was ihm Gott lohnen wölle. Item an zahmen Vieh war fast gar nichts mehr im Kapsel fürhanden, auch kein Hund, weder eine Katze, welche das Volk in der großen Hungersnot zum Teile gegessen, zum Teile aber vorlängst geschlagen oder versäufet. Doch hatte der alte Bauer Paasch noch zwei Kühe, item soll in Ückeritze noch ein alter Mann ein Ferkelken gehabt haben, das war alles Darumb lebete fast alles Volk von Brummel- und andern Waldbeeren, welche aber auch schon begunnten, selten zu werden, wie man leichtlich schließen mag. Auch hatte sich dabei allbereits ein Knabe bei 14 Jahren verlaufen (dem alten Labahn sein Junge) und nie nichts wieder von sich hören lassen, so daß ich schier befürchte, daß ihn die Wülfe gefressen.

Hieraus möge nun ein christlich Herze vor sich selbsten abnehmen, in was Gram und Trübsal ich meinen Stecken zur Hand genommen, angesehen mein Töchterlein für den leidigen Hunger wie ein Schatten verging, obschon ich selbsten, als ein alter Körper, durch die Gnade des barmherzigen Gottes noch keinen sonderbaren Abgang meiner Kräfte verspürete. Indeme ich nun so ginge, im Fortwähren zu dem Herrn wimmernd, gewahrete ich auf dem Wege gen Ückeritze, so ich eingeschlagen, einen Bettlersmann, der saß mit seinem Ränzel auf einem Stein und verzehrete ein Stücklein seltene Gottesgabe, verstehe ein Stücklein Brot. Ach, da liefen mir armen Mann die Backen so voll Wassers, daß ich mich erst bükken und es zur Erde mußte laufen lassen, ehe ich fragen kunnte: »Wer bistu und wo kommstu her, daß du Brot hast?« Worauf er antwortete, daß er ein armer Mann aus Bannemin sei, deme der Feind allens genommen, und da er erfahren, daß der Lieper Winkel* fast lange Frieden gehabt, hätt er sich aufgemacht, daselbsten zu schnurren. »Nun«, sage ich darauf, »du armer Bettlersmann, so teile einem betrübten Diener Christi, der ärmer ist denn du, nur eine kleine Schnede** Brot für sein armes Töchterlein ab, denn du sollt wissen, ich bin ein Pfarrherr hier im Dorf, und mein Kind will sterben für Hunger. Ich beschwöre dich bei dem lebendigen Gott, daß du mich nit gehen lässest, ohne dich mein zu erbarmen, wie man sich dein erbarmt hat.« Aber der Bettlersmann wollte mir nichts abteilen, sprechend, daß er selbsten ein Weib und vier Kinder hätte, die auch dem bittern Hungerstode zuwanketen, maßen die Not in Bannemin noch viel größer sei denn hier, wo wir doch Beeren hätten. Ob ich nit erfahren, daß vor wenig Tagen dort ein Weibsbild (die er auch nennete, hab es aber für Schrecken nicht gleich beachtet) ihr eigen Kind geschlachtet und für Hunger aufgezehret***? Könne mir dahero nicht helfen, und möchte ich selbsten nach dem Lieper Winkel gehen.

Für solche Rede entsatzte ich mich, wie leicht zu erachten, da in unserer Not noch nichts davon vernommen, auch wenig oder gar kein Wanken ist von einem Dorf in das andere, und an Jerusalem gedenkend**** und schier verzweifelnd, daß uns der Herr heimsuchete wie weiland diese gottlose Stadt, wiewohl wir ihn nicht verraten noch gekreuziget, vergaß ich fast meiner Not und setzte meinen Stecken an, umb fürbaß zu gehen. Doch war ich kaum ein paar Ellen geschritten, als mir der Bettlersmann nachrief, daß ich stehen sollte. Wandte mich dahero wieder, als er mir mit einer guten Schnede Brot, so er aus seinem Quersack geholet, entgegentrat und sprach:

---

* Ein abgelegener Teil der Insel Usedom.
** Plattdeutsch: Schnitte.
*** Dieses entsetzliche Ereignis führt auch Mieraelius in seiner pommerschen Geschichte an.
**** Wo nach Josephus dasselbe geschah.

»Da! Äwer bedet uck för mi, dat ick to Huse kame, denn wenn se unnerweges rücken, dat uck Brot hebbe, schleht mi min egen Broder dod, köhnt gi glöwen!«* Sollliches versprach mit Freuden und kehrete flugs um, meinem Töchterlein den heiligen Christ zu bringen, so ich in meiner Rocktaschen verborgen. Doch siehe, als ich gegen die Straßen komme, so vom Wege nach Loddin führet (vorhero hatt ich es in meiner Betrübnis übersehen), trauete kaum meinen Augen, als ich alldorten mein Ackerstück, bei sieben Scheffeln groß, begatet**, besäet und bestandet antraf, so daß die liebe Roggensaat schon bei eines Fingers Länge lustig aus der Erden geschossen war. Konnte nicht anders gläuben, als daß der leidige Satan mir ein Blendwerk fürgespielet, doch wie ich mir auch die Augen riebe, es war Roggen und bliebe Roggen. Und weil den alten Paasch sein Stück so danebenstieß, imgleichen besäet und die Hälmlein zu gleicher Höhe mit den meinen geschlossen waren, kunnte gar leicht bei mir abnehmen, daß der gute Kerl sollliches getan, anerwogen die andern Stücken allesamt wüste lagen. Verziehe ihm dahero gerne, daß er den Morgensegen nit gewußt, und dem Herrn dankend vor so viel Liebe bei meinen Kapselkindern und ihn brünstiglich anflehend, er wölle mir Kraft und Glauben gewähren, bei ihnen nunmehro auch unverdrossen auszuhalten und alle Kümmernis und Trübsal, so er nach seinem grundgütigen Willen uns ferner auferlegen söllte, willliglich zu tragen, lief ich mehr, denn ich ginge, in das Dorf zurücke und auf den alten Paasch seinen Hof, wo ich ihn antraf, daß er eben seine Kuh zuhauete, so er für grimmigem Hunger nunmehro auch geschlachtet. »Gott hilf dir« sage ich, »du frommer Kerl, daß du mir meinen Acker begatet hast, wie soll ich dir's lohnen?« Aber der alte Mann gab zur Antwort: »Lat He dat man we-

---

* »Da! Aber betet auch für mich, daß ich zu Hause komme, denn wenn man unterwegs riechet, daß ich Brot habe, schlägt mich mein eigener Bruder tot, könnt Ihr glauben!«
** Zur Saat vorbereitet, d. i. gepflügt und geeggt.

sen, und bede He man för uns!«* Und als ich solliches gerne zusagete und ihn fragete, wie er sein Korn für dem grimmigen Feind geborgen, verzählete er mir, daß er es in der Höhlen im Streckelberge heimlichen versteckt gehabt, nunmehro aber auch all sein Fürrat aufgezehret sei. Inzwischen schnitt er ein groß schön Stück Fleisch dem Tier aus der Lenden und sprach: »Da hett He uck wat, und wenn et all is, kann He noch eis kamen!«** Als ich nun mit vielen Danksagungen gehen wöllt, griff mich seine kleine Marie bei der Hand, ein Kindlein bei sieben Jahren, so im Steckelberge das Gratias gebetet, und wollt mit zu meiner Tochter nach der Schulen. Denn da, wie vorbemeldet, mein Kustos in der Pestzeit auch dieses Zeitliche gesegnet, muß sie die paar kleinen Kinder im Dorf informieren, welches aber seit lange unterblieben. Wollt es ihr dahero nicht weigern, obwohl ich gleich besorgete, daß mein Töchterlein das Brot mit ihr teilen würd, angesehen wie das Mägdlein sehr lieb hatte, da es ihre Pate war. Und so geschahe denn auch. Denn als das Kind sahe, daß ich das Brot herfürlangete, schrie es gleich für Freuden auf und begunnte, auf die Bank zu klettern. Daher bekam sie einen Teil von der Schnede, einen Teil unsere Magd, und den dritten Teil steckte mein Töchterlein in den Mund, da ich nichtes haben wollte, sondern sprach, ich verspüre keinen Hunger und wölle warten, bis sie das Fleisch gesotten, welches ich nunmehro auch auf die Bank warf. Da hätte man sehen sollen, welche Freude mein armes Kind empfund, zumalen ich ihr nun auch von dem Roggen verzählete. Sie fiel mir umb meinen Hals, weinete, schluchzete, hob alsdann das kleine Mägdlein auf ihre Arme, tanzte mit selbiger in der Stuben und rezitierete nach ihrer Weis dazu allerhand lateinische versus, so sie auswendig wußte. Nun wöllte sie uns auch ein recht schön Abendbrot zurichten, da in einer Fleischtonnen,

---

* »Laß Er das nur ruhen, und bete Er nur für uns!«
** »Da hat Er auch was, und wenn es verzehret ist, kann Er noch einmal kommen!«

so die Kaiserlichen zerschlagen, noch ein wenig Salz auf dem Boden geblieben. Ließ sie also ihr Wesen treiben und kratzete etwas Ruß aus dem Schornstein, so ich mit Wasser vermengete, riß alsdann ein fast weißes Blatt aus dem Virgilio und schriebe an den Pastorem Liepensem, Ehre Abraham Tiburtius, daß er um Gottes willen sich wölle unsere Not zu Herzen gehen lassen und seine Kapselleute vermahnen, daß sie uns für dem grimmigem Hungertod schützen und mildtätiglich an Speise und Trank abteilen wöllten, was der grundgütige Gott ihnen gelassen, angesehen ein Bettlersmann mir verzählet, daß sie seit langer Zeit Friede für dem erschröcklichen Feind gehabt. – Wußte aber nit, womit ich den Brief verschließen söllte, als ich in der Kirchen noch ein wenig Wachs in einem hölzernen Altarleuchter funde, so die Kaiserlichen nicht wert geachtet, daß sie ihn aufhüben, und nur die messingschen mit sich geführt hatten. Mit solchem Brief mußten sich drei Kerls und der Fürsteher Hinrich Seden in ein Boot setzen und nach der Liepe aufmachen.

Eher noch stellte aber meiner alten Ilsen für, so aus der Liepe bürtig war, ob sie nit lieber wöllte mit in ihre Heimat ziehen, maßen sie sähe, wie es stünd, ich ihr auch vors erste keinen Witten an Lohn geben künnte. (Merke: Sie hatten sich ein schön Sümmlein ersparet, angesehen sie länger denn 20 Jahre bei mir in Dienst gewest, aber das Kriegsvolk hatte ihr allen abgenommen.) Aber ich kunnte sie nicht dazu bringen, sondern sie weinete bitterlich und bate, daß ich sie nur bei der guten Jungfer lassen söllte, so sie schon in der Wiegen gekennet. Wöllte gerne mit uns hungern, wenn es sein müßt, möchte sie nur nit verstoßen. Dahero ließ ich sie, und fuhren die andern allein ab.

Unterdes war auch die Suppen gar worden. Doch als wir kaum das Gratias gebetet und zulangen wollten, kamen alle Kindlein aus dem ganzen Dorfe, bei sieben an der Zahl, zur Türe herein und wollten Brot haben, welches sie von meiner Tochter ihrer kleinen Pate gehöret. Da brach selbiger nun wieder das Herze, und obgleich ich sie bate, sich hart zu machen, vertröstete sie mich doch mit der Lieper Botschaft und kellete einem jeden Kindlein sein Teil Suppen auf einen hölzernen Teller (denn diese hatte der Feind nicht geachtet) und stach ihm auch ein wenig Fleisch in die Händeken, so daß unser Fürrat mit einmal aufgezehret ward. Blieben dahero des andern Morgens wieder nüchtern bis gegen Mittag, wo das ganze Dorf sich auf der Wiesen am Ufer versammlet hatte, als das Boot zurückekam. Aber Gott erbarm's, wir hatten fast umbsonst gehofft! – Nur sechs Brote und ein Hammel, item ein Viert Backäpfel, war allens, was sie hatten. Denn Ehre Abraham Tiburtius schriebe mir, daß, nachdem das Geschrei von ihrem Reichtum über die ganze Insel erschollen, so viel Bettlersleute bei ihnen umbgingen, daß sie ihnen unmüglich gerecht werden könnten, angesehen sie selbsten nicht wüßten, wie es noch mit ihnen in dieser schweren, betrübten Zeit ablaufen würd. Indessen wöllte er sehen, ob er noch mehr auftreiben künnte. Ließ also den kleinen Fürrat mit vielem Seufzen in die Widemen tragen, und obgleich zwei Brote, wie Pastor Liepensis schriebe, vor mich allein sein sollten, gabe ich sie doch mit in die Teilung, womit auch alle sich zufrieden stellten, ausgenommen den alten Seden sein gluderäugigt Weib nit, so noch apart für ihren Mann seine Reise etwas haben wollte, was aber, wie leicht zu erachten, nit geschah, weshalben sie wieder, da sie abzoge, etzliche Worte zwischen die Zähne mummelte, die aber niemand nit verstand.

Es war ein schier verrucht Weib, so sich durch Gottes Wort nicht beikommen ließ.

Nun kann aber männiglich von sich selbsten abnehmen, daß solcher Fürrat nit lange aushielt. Da nun zugleich auch bei allen Kapselleuten ein brünstig Verlangen nach der geistlichen Speise sich verspüren ließ, ich selbsten und der Fürsteher aber nur 8 Witten* im ganzen Kapsel auftreiben kunnten, so nit auslangeten, umb Brot und Wein anzuschaffen, kam ich auf die Gedanken, abermals dem Herrn Amtshauptmann

---

* Etwa 16 Pfennige.

unsere Not zu vermelden. Mit wie schwerem Herzen ich solliches tat, kann man leicht erachten. Aber Not kennt kein Gebot. Risse dahero auch das Hinterblättlein aus dem Virgilio und bate, ümb der heiligen Dreieinigkeit willen, daß Seine Gestrengen sich meiner und des ganzen Kapsels gemeine Not wöllte zu Herzen gehen lassen und ein wenig Geld hergeben, zum Trost der betrübten Seelen das heilige Sakrament zu halten, auch, wo müglich, einen Kelch zu kaufen, so er auch nur von Zinne sein söllte, sintemalen der Feind die fürhandenen geraubet und ich sonsten gezwungen wär, das heilige Nachtmahl in einem Topf zu konsakrieren. Item möcht er sich auch unserer leiblichen Not erbarmen und mir endiglichen mein seit so viel Jahren hinterstelliges Mistkorn verabreichen. Wöllte es nicht allein vor mich selbsten haben, sondern es gern mit dem ganzen Kapsel teilen, bis der grundgütige Gott mehr bescheren würd.

Hierzwischen fiel mir aber ein stattlicher Klecks auf das Papier. Denn da die Fenster mit Brettern verspundet waren, ware das Zimmer dunkel, und nur ein wenig Licht kam durch zwei kleine Scheiblein Glas, so ich aus der Kirchen gebrochen und hineingesetzt. Solliches mochte wohl die Ursache sein, daß ich mich nit besser fürsah. Da ich aber kein neues Stücklein Papier mehr auftreiben kunnte, ließ ich es passieren und befahle der Magd, so ich mit dem Brieflein gen Pudagla sandte, solliches bei Sr. Gestrengen, dem Herrn Amtshauptmann, zu entschuldigen, welches sie auch zu tun versprach, angesehen ich selbsten kein Wörtlein mehr auf dem Papier beisetzen kunnte, dieweil alles beschrieben war. Siegeln tät ich es wie vorbemeldet.

Allein die arme Person kehrte zitternd vor Angst und weinend zurücke und sprach, Seine Gestrengen hätte sie mit dem Fuß aus der Schloßpforten gestoßen und gedräuet, sie in den Ganten* setzen zu lassen, so sie wiederumb vor ihn käme. Ob der Pfaffe gläube, daß ihm das Geld so lose säß wie mir die

---

* Schandpfahl.

Tinte, hätte ja Wasser genug, das Abendmahl zu halten. Denn hätte Gottes Sohn einmal das Wasser in Wein gewandelt, könnt er's auch öftermalen. Hätt ich keinen Kelch, sollt ich meine Schaf aus einem *Eimer* tränken, wie er's auch tät, und was solcher Gotteslästerungen mehr waren, so er mir nachgehends auch selbsten schriebe und wovor ich mich, wie leicht abzunehmen, auf das erschröcklichste entsatzte. Von dem Mistkorn, verzählete sie, hätte er gar nichts gesagt. In solcher meiner großen Seelen- und Leibesnot kam der liebe Sonntag heran, wo fast die ganze Gemeind zu Gottes Tisch gehen wollt, aber nicht kunnte. Ich sprach dannenhero über die Worte St. Augustins: »Crede et manducasti!«*, wobei ich fürstellete, daß die Schuld nit mein, und treulichen erzählete, wie es meiner armen Magd in Pudagla ergangen, doch dabei noch vieles verschwiege und nur Gott bate, er wölle das Herz der Obrigkeit zu unserm Frommen erwecken. Kann auch in Wahrheit sein, daß ich härter gesprochen, denn ich gegläubet, was ich nit mehr weiß, sintemalen ich sprach, wie mir umbs Herz war. Zum Schluß mußte die ganze Gemeine auf ihre Knie fallen bei einer Stunde lang und den Herrn umb sein heilig Sakrament anrufen, item umb Linderung ihrer Leibesnot, wie solliches zeithero auch alle Sonntage und sonsten in den täglichen Betstunden geschahe, so ich seit der schweren Pestzeit zu halten gewohnt gewest. Endelichen stimmte ich noch das feine Liedlein an: »Wenn wir in höchsten Nöten sein«, worauf nicht sobald geschlossen, als mein neuer Fürsteher Claus Bulk von Ückeritze, so früher ein Reutersmann bei Sr. Gestrengen gewesen und den er nunmehro zu einem Bauern eingesetzet, gen Pudagla rannte und avertierte, was in der Kirchen fürgefallen. Solliches verdroß Sr. Gestrengen heftiglichen, so daß er den ganzen Kapsel, noch bei 150 Köpfen stark, die Kinder ungerechnet, zusammenrief und ad protocollum diktierte, was sie von der Predigt behalten, maßen er Seiner Fürstlichen Gnaden, dem Herzogen von Pommern, zu

---

* »Glaube, und du hast gegessen!«

vermelden gesonnen, welch gotteslästerliche Lügen ich gegen ihn ausgespien, wovor ja ein christlich Herz erschrecken müßt; item welch ein Geizhals ich wär, daß ich nur immer von ihm haben wöllt und ihn in dieser harten und schweren Zeit sozusagen tagtäglich mit meinen Sudelbriefen anrennete, wo er selbsten vor sich nichts zu essen hätte. Das söllte dem Pfaffen den Hals brechen, da Se. Fürstliche Gnaden alles tät, was er fürzustellen käme, und brauchte niemand im Kapsel mir nichtes mehr zu verabreichen, sie söllten mich nur laufenlassen. Er wölle schon sorgen, daß sie einen ganz andern Priester wiedererlangeten, denn ich wär. (Möchte den aber wohl sehen, der sich in sollich Unglück hineinzubegeben entschlossen gewesen wär.)

Diese Botschaft wurde mir aber noch in selbiger Nacht hinterbracht, wovor ich fast heftig erschrak, angesehen ich wohl einsahe, daß ich nun nit einen gnädigen Herrn an Sr. Gestrengen bekommen, sondern Zeit meines erbärmlichen Lebens, wenn ich es anderst söllte fristen können, eine ungnädige Herrschaft haben würd. Doch tröstete mich bald ein etwas, als Chim Krüger aus Ückeritze, so mir solches hinterbrachte, ein Stücklein von seinem Ferkel aus der Taschen zog, das er mir verehrete. Darüber kam auch der alte Paasch hinzu, welcher dasselbe sagte und noch ein Stücklein von seiner alten Kuh herfürlangte, item mein anderer Fürsteher Hinrich Seden mit einer Schnede Brot und einem Braxen*, so er in den Reusen gehabt, alle sagende, daß sie keinen bessern Priester wöllten als ich, und möchte nur bitten, daß der barmherzige Gott mehr bescheren wölle, wo es mir dann auch an nichtes fehlen söllt, inzwischen aber söllte ich stille sein und sie nit verraten. Sollichs gelobte ich alles zu tun, und mein Töchterlein Maria hob alsobald die liebe Gottesgab von dem Tische und trug sie in die Kammer. Aber o Jammer, des andern Morgens, als sie das Fleisch in den Grapen tun wollte, war allens fort! Weiß nicht, wer mir dieses neue Herzeleid be-

---

* Braxen, Blei, ein zum Karpfengeschlecht gehöriger Fisch.

reitet, doch meine fast, daß es Hinrich Seden sein böses Weib getan, sintemalen er nicht schweigen kann und ihr, wie gläublich, wohl alles wiedererzählet. Auch hat Paaschen sein klein Töchterlein gesehen, daß sie zum andern Mittag Fleisch in dem Topf gehabt, item daß sie mit ihrem Mann gehadert und nach ihme mit dem Fischbrett geschmissen, auf welchem noch frische Fischschuppen gesessen, hätte aber sich gleich begriffen, als sie ihrer gewahr worden. (Pfui, dich alte Hexe, es wird genug wahr sein!) Dahero blieb uns nichts übrig, als unsere arme Seele mit Gottes Wort zu speisen. Aber auch diese war so verzaget, daß sie nichts mehr annehmen wöllte, so wenig als der Magen. Denn mein arm Töchterlein insonderheit ward von Tag zu Tag blasser, grauer und gelber und spie immer wieder die Speis aus, da sie allens ohne Salz und Brot genoß. Wunderte mich schon lange, daß das Brot aus der Liepe nit wöllte all werden, sondern ich alle Mittag bisher ein Stücklein gehabt. Hatte auch öftermalen gefraget: »Wo hastu denn immerfort das liebe Brot her, am Ende hebest du alles vor mich allein auf und nimmst weder vor dich ein Stücklein noch vor die Magd?« Aber beide hoben dann immer ein Stücklein tannen Bork* in die Höhe, so sie zurechtgeschnitten und vor ihren Teller gelegt, und da es dunkel war in der Stuben, merkete ich die Schalkheit nit, sondern gläubete, sie äßen auch Brot. Aber endiglichen zeigte es mir die Magd an, daß ich es nit länger leiden söllte, dieweil mein Töchterlein ihr selbsten nit hören wölle. Da kann nun männiglich abnehmen, wie mir um das Herze war, als ich mein arm Kind auf ihr Moosbett liegen und ringen sah mit dem grimmigen Hunger.

Aber es sollte noch härter kommen, denn der Herr wollte mich ganz zerschlagen in seinem Zorn, wie einen Topf. Siehe, auf den Abend desselbigen Tages kommt der alte Paasch angelaufen, klagende, daß all sein und mein Korn im Felde umbgehauet und elendiglich zerstöret sei, und müsse dies

---

* Rinde.

schier der leidige Satan getan haben, angesehen nicht die Spur eines Ochsen, weder eines Rosses zu sehen wär.

Für solche Rede schrie mein arm Kind laut auf und fiel in Unmacht. Wollte ihr dahero zu Hülfe springen, aber ich erharrete nit ihr Lager, sondern fiel für greulichen Jammer selbsten zur Erden. Als nun die Magd wie der alte Paasch ein laut Geschrei herfürstießen, kamen wir zwar wieder bei uns, aber ich konnte mich nit allein mehr von der Erden erheben, so hatte der Herr meine Gebein zermalmet. Bate daher, als sie mir beisprangen, sie wöllten mich nur liegenlassen, und als sie solches zu tun sich weigerten, schrie ich, daß ich doch gleich wieder zur Erden müßt, umb zu beten, und möchten sie nur alle, bis auf mein Töchterlein, aus der Stuben gehn. Solliches täten sie, aber das Beten wollte nit gehen.

Ich geriete in schweren Unglauben und Verzweiflung und mürrete wider den Herrn, daß er mich härter plagete denn Lazarum und Hiob. »Denn dem Lazaro«, schrie ich Elender, »hattest du doch die Brosamen und die barmherzigen Hündlein gelassen, aber mir hast du nichts gelassen, und bin ich selber schlechter vor dir denn ein Hund geachtet, und den Hiob hast du nicht gestrafet, ehe du gnädiglich ihm seine Kinder genommen, mir aber lässest du mein arm Töchterlein, daß ihre Qual meine eigene noch tausendfältiglich häufen muß. Siehe, darumb kann ich dich nichts mehr bitten, denn daß du sie bald von dieser Erden nimmst, damit mein graues Haupt ihr freudig nachfahren könne in die Grube! Wehe, ich ruchloser Vater, was hab ich getan? Ich hab Brot gessen und mein Kindlein hungern lassen! O Herr Jesu, der du sprichst: ›Welcher ist unter euch Menschen, so ihn sein Sohn bittet um Brot, der ihm einen Stein biete?‹ Siehe, ich bin dieser Mensch, siehe, ich bin dieser ruchlose Vater, ich habe Brot gegessen und meinem Töchterlein Holz geboten, strafe mich, ich will dir gerne stillehalten! O mein gerechter Jesu, ich habe Brot gessen und meinem Töchterlein Holz geboten!«

Als ich solliches nicht redete, sondern laut herfürschrie, indem ich meine Hände range, fiel mir mein Töchterlein schluchzend umb den Hals und strafete mich, daß ich gegen den Herrn murrete, da doch sie selbsten als ein schwach und gebrechlich Weib gleichwohl nicht an seiner Gnade verzweifelt sei, so daß ich bald mit Scham und Reue wieder zu mir selbsten kam und mich vor dem Herrn demütigte für solche Sünden.

Hierzwischen war aber die Magd mit großem Geschrei in das Dorf gerannt, ob sie ein wenig für ihre arme Jungfer gewinnen möcht. Aber die Leute hatten ihr Mittag schon verzehret, und die meisten waren auf der Sehe, sich die liebe Nachtkost zu suchen, dahero sie nichts gewann, angesehen die alte Sedensche, so allein noch einen Fürrat gehabt, ihr nichts hätte verabreichen wöllen, obschon sie selbige um die Wunden Jesu gebeten.

Solliches verzählete sie noch, als wir es in der Kammer poltern höreten, und alsobald ihr guter alter Ehekerl, der dorten heimlich in das Fenster gestiegen war, einen Topf mit einer kräftigen Suppen uns brachte, so er seinem Weibe von dem Feuer gehoben, die nur einen Gang in den Garten getan. Er wisse wohl, daß sein Weib ihm dieses baß vergelten würde, aber das söllt ihn das nicht verdrießen, und möchte die Jungfer nur trinken, es wäre gesalzen und allens. Er wölle nur gleich wieder durchs Fenster eilen und sehen, daß er vor seinem Weibe ins Haus käme, damit sie es nicht merken tät, wo er gewesen. Aber mein Töchterlein wollte den Topf nit nehmen, was ihn sehr verdroß, so daß er ihn fluchend zur Erden setzte und wieder in die Kammer lief. Nicht lange, so trat auch sein gluderäugigt Weib zur Vordertüren herein, und als sie den Topf auf der Erden noch dampfen sahe, schrie sie: »Du Deef*, du verfluchtes deefsches Aas!« und wollte meiner Magd in die Mütze fahren. Ich bedräuete sie also und verzählete, was fürgefallen; wöllte sie es nit gläuben, so möcht sie in die Kammer gehen und durchs Fenster schauen, wo sie ihren Kerl vielleicht noch laufen säh. Solliches tat sie, und höreten

---

* Dieb

wir sie auch alsogleich ihrem Kerl nachschreien: »Teuf, die sall de Düwel de Arm utrieten, kumm mir man wedder int Hus!«*, worauf sie wieder hereintrat und mummelnd den Topf von der Erden hob. Ich bat sie umb Gottes willen, sie wölle meinem Töchterlein ein wenig abteilen, aber sie höhnete mich und sprach: »Ji koehet ehr jo wat vörprädigen, as Ji mi dahn hebt!«** und schritt mit dem Topf zur Türen. Zwar bat mich mein Töchterlein, ich söllte sie lassen, aber ich konnt nicht umbhin, daß ich ihr nachschrie: »Um Gottes willen, nur einen guten Trunk, sonst gibt mein armes Kind den Geist auf! Willtu, daß Gott sich dein am Jüngsten Tage erbarme, so erbarme dich heute mein!« Aber sie höhnete uns abermals und rief: »He kann sich jo Speck kaken!«*** und schritt aus der Türen. Sandte ihr also die Magd nach mit der Sanduhr, so vor mir auf dem Tische stund, daß sie ihr selbige bieten möcht vor einem guten Trunk aus ihrem Topf. Aber die Magd kam mit der Sanduhren wieder und sagte, sie hätt es nicht gewollt. Ach, wie schrie und seufzete ich nun abermals, als mein arm sterbend Kind den Kopf mit einem lauten Seufzer wieder in das Moos steckete!

Doch der barmherzige Gott war gnädiger, als ich es mit meinem Unglauben verdient. Denn da das hartherzige Weibsbilde dem alten Paasch, ihrem Nachbarn, ein wenig Suppen mitgeteilt, bracht er sie sogleich vor mein Töchterlein, da er von der Magd wußte, wie es umb sie stünde, und achte ich, daß diese Suppen, nebst Gott, ihr allein das Leben erhalten, dieweil sie gleich wieder das Haupt aufreckte, als sie selbige genossen, und nach einer Stunden schon wieder im Hause umbhergehen konnte. Gott lohn's dem ehrlichen Kerl! Hatte dahero noch heute große Freude in meiner Not; doch als ich am Abend beim Kaminfeuer niedersaß und an meine Ver-

---

* »Warte, dir soll der Teufel die Arme ausreißen, komm mir nur wieder ins Haus!«
** »Ihr könnt ihr ja etwas vorpredigen, als Ihr mir getan habt!«
*** Kochen.

hängnis gedachte, brach wieder der Schmerz herfür, und beschloß nunmehro, mein Haus und meine Pfarre selbst zu verlaufen und als ein Bettlersmann mit meiner Tochter durch die weite Welt zu ziehen. Ursache kann man genugsam denken. Denn da nunmehro alle Hoffnung mir weggestochen war, maßen mein ganzes Feld geruinieret und der Amtshauptmann mein ergrimmter Feind worden war, ich auch binnen fünf Jahren keine Hochzeit, item binnen einem Jahr nur zwo Taufen gehabt, sahe meinen und meines Kindes Tod für Augen, dieweil gar nit abzusehen, daß es vors erste besser söllte werden. Hiezu trat die große Furcht in der Gemein. Denn obwohl sie durch Gottes wunderliche Gnade schon anfingen, manchen guten Zug, beides, in der Sehe wie im Achterwasser, zu tun, auch mancher in den andern Dörfern sich schon Salz, Brot, Grütze etc. von den Anklamschen und Lassanschen Pöltern und Quatznern* vor seine Fische hatten geben lassen, brachten sie mir doch nichtes, weil sie sich scheueten, daß es möcht gen Pudagla verlauten und sie einen ungnädigen Herrn haben. Winkete dannenhero mein Töchterlein neben mich und stellte ihr für, was mir im Gedanken lage. Der grundgütige Gott könne mir ja immer eine andere Gemeine wieder bescheren, so ich sollte solcher Gnade würdig vor ihm befunden werden, angesehen die grimmige Pest- und Kriegszeit manchen Diener seines Worts abgerufen, ich auch nicht wie ein Mietling von seiner Herde flöhe, besonders bis dato Not und Tod mit ihr geteilet. Ob sie aber wohl des Tages ein oder zwo Meilen würde gehen können? Dann wöllten wir uns gen Hamburg durchbitten zu meiner seligen Frauen ihrem Stiefbruder, Martin Behring, so dorten ein fürnehmer Kaufmann ist.

Solliches kam ihr anfänglich seltsam für, inmaßen sie wenig aus unserm Kapsel gekommen und ihre selige Mutter und

---

* Befahren bis zu dieser Stunde in kleinen Fahrzeugen (Polten und Quatzen) alltäglich das Achterwasser und kaufen den Bauern die gefangenen Fische ab.

Brüderlein auf unserm Kirchhof lagen. Wer dann ihr Grab aufmachen und mit Blumen bepflanzen söllte? Item, da der Herre ihr ein glatt Gesicht gegeben, was ich tun wöllte, wenn sie in dieser wilden, grimmigen Zeit auf der Landstraßen von dem umbherstreichenden Kriegsvolk und andern Lotterbuben angefallen würd, da ich ein alter, schwacher Mann sei und sie nit schützen könnte? Item, womit wir uns für dem Frost schützen wöllten, da der Winter hereinbräch und der Feind unsere Kleider geraubet, so daß wir ja kaum unsere Blöße decken könnten? – Dieses alles hatte ich mir noch nicht fürgestellet, mußte ihr also recht geben, und wurde nach vielem Disputieren beschlossen, daß wir zur Nacht die Sache wöllten dem Herrn überlassen, und was er am andern Morgen uns würde in das Herze geben, wöllten wir tun. Doch sahen wir wohl, daß wir auf keinerlei Weis würden die alte Magd länger behalten können. Rief sie also aus der Küchen herbei und stellete ihr für, daß sie morgen frühe zu guter Zeit sich nach der Liepen aufmachen möchte, dieweil es dort noch zu essen hätte und sie hier verhungern würd, angesehen wir selber vielleicht schon morgen den Kapsel und das Land verlaufen würden. Dankete ihr auch für ihre bewiesene Liebe und Treue und bate sie endlich unter lautem Schluchzen meiner armen Tochter, sie wölle lieber nur sogleich heimlich hinweggehen und uns beiden nicht das Herze durch ihren Abschied noch schwerer machen, angesehen der alte Paasch die Nacht auf dem Achterwasser wöllte fischen ziehen, wie er mir gesaget, und sie gewiß gerne in Grüssow an das Land setzete, wo sie ja auch ihre Freundschaft hätte und sich noch heute satt essen könnte. Aber sie kunnte vor vielem Weinen kein Wörtlein herfürbringen; doch da sie sahe, daß es mein Ernst war, ging sie aus der Stuben. Nit lange darauf hörten wir auch die Haustüre zuklinken, worauf mein Töchterlein wimmerte: »Sie geht schon!« und flugs an das Fenster rannte, ihr nachzuschauen. »Ja«, schrie sie, als sie durch die Scheiblein geblicket, »sie geht schon!«, und rang die Hände und wollte sich nit trösten lassen. Endiglichen gab sie sich doch, als ich auf die Magd Hagar kam, so Abraham auch verstoßen und deren gleichwohl der Herr sich in der Wüsten erbarmet, und darauf befahlen wir uns dem Herrn und streckten uns auf unser Mooslager.

9. KAPITEL
Wie mich die alte Magd mit ihrem Glauben demütigt und der Herr mich unwürdigen Knecht dennoch gesegnet

Lobe den Herrn, meine Seele, und was in mir ist, seinen heiligen Namen. Lobe den Herrn und vergiß nicht, was er dir Gutes getan hat. Der dir alle deine Sünde vergibt und heilet alle deine Gebrechen, der dein Leben vom Verderben erlöset, der sich krönet mit Gnade und Barmherzigkeit. Ps. 103.

Ach, ich armer, elender Mensch, wie soll ich alle Wohltat und Barmherzigkeit fassen, so mir der Herre schon des andern Tages widerfahren ließe. Ich heulte für Freuden, wie sonst für Jammer, und mein Töchterlein tanzete in der Stuben wie eine junge Rehe und wollte nit zu Bette gehen, wollte nur weinen und tanzen, wie sie sagete, und dazwischen den 103ten Psalm beten und dann wieder weinen und tanzen, bis der Morgen anbrechen würd. Da sie aber noch merklich schwach war, untersagte ich ihr solchen Fürwitz, angesehen dies auch hieße, den Herrn versuchen, und nun merke man, was fürgefallen.

Nachdem wir beide mit großem Seufzen am Morgen erwacht waren und den Herrn angerufen, er wölle uns in unsern Herzen offenbaren, was wir tun söllten, konnten wir gleichwohl noch immer nicht an einen Beschluß kommen, dahero mein Kind vermahnete, so sie anders so viel Kräfte in sich verspüre, ihr Lager zu verlassen und Feuer in den Ofen zu werfen, dieweilen unsere Magd weg sei. Wöllten nachhero die Sache ferner in Überlegung ziehen. Sie stand dahero auch auf, kehrete aber alsobald mit einem Freudengeschrei zurücke, daß die Magd sich wieder heimlich in das Haus geschlichen und allbereits Feuer in den Ofen gestochen. Ließ sie mir also vors Lager kommen und verwunderte mich über ihren Ungehorsam, was sie hier ferner wölle, als mich und mein Töchterlein noch mehr quälen, und warumb sie nicht gestern mit dem alten Paasch gezogen? Aber sie lamentierte und jünsete*, daß sie kaum sprechen konnte, und verstand ich nur soviel: sie hätte mit uns gessen, darumb wöllte sie auch mit uns hungern, und möcht ich sie nur nit verstoßen, sie könne nun einmal nit von der lieben Jungfer lassen, so sie schon in der Wiegen gekennet. Solche Lieb und Treue erbarmete mich so, daß ich fast mit Tränen sprach: »Aber hastu nit gehört, daß mein Töchterlein und ich entschlossen seind, als Bettlersleute ins Land zu gehen? Wo willtu denn bleiben?« Hierauf gab sie zur Antwort, daß sie mit wölle, angesehen es gebührlicher** vor sie als vor uns wäre, schnurren*** zu gehen. Daß sie aber noch nit einsäh, warumb ich schon wöllte in die weite Welt ziehen. Ob ich schon vergessen, daß ich in meiner Antrittspredigt gesaget, daß ich bei meiner Gemein in Not und Tod wölle verharren? Möchte dannenhero noch ein wenig verziehen und sie selbsten einmal nach der Liepen senden, dieweil sie hoffe, bei ihrer Freundschaft und anderswo was Rechtes für uns aufzutreiben. Solche Rede, insonderheit von meiner Antrittspredigt, fiel mir fast schwer aufs Gewissen, und ich schämete mich für meinen Unglauben, sintemalen nicht allein mein Töchterlein, besondern auch meine Magd einen stärkern Glauben hätten denn ich, der ich doch wöllte ein Diener beim Worte sein. Erachtete also, daß der Herr, um mich armen, furchtsamen Mietling zurückzuhalten und gleicherweis mich zu demütigen, diese arme Magd erwecket, so mich versuchen gewußt wie weiland die Magd im

---

* Stöhnte.
** Schicklicher.
*** Betteln.

Palast des Hohenpriesters den furchtsamen St. Petrum. Wandte dahero wie Hiskias mein Angesicht gen die Wand und demütigte mich vor dem Herrn, was kaum geschehen, als mein Töchterlein abermals mit einem Freudengeschrei zur Türen hereinfuhr. Siehe, ein christliches Herze war zur Nacht heimlich ins Haus gestiegen und hatte uns zwo Brote, ein gut Stück Fleisch, einen Beutel mit Grütze, item einen Beutel mit Salz, bei einer Metzen wohl, in die Kammer gesetzet. Da kann nun männiglich schließen, welch groß Freudengeschrei wir allesamt erhoben. Auch schämete mich nit, für meiner Magd meine Sünden zu bekennen und in unserm gemeinen Morgengebet, so wir auf den Knien hielten, dem Herrn aufs neu Gehorsam und Treu zu geloben. Hielten dannenhero diesen Morgen ein stattliches Frühstück und schickten noch etwas an den alten Paasch aus. Item ließ mein Töchterlein nun wieder alle Kinderlein kommen und speisete sie, bevorab sie aufsagen mußten, erst mildiglich mit unserm Fürrat. Und als mein kleingläubig Herz darüber seufzete, wiewohl ich nichts sagete, lächelte sie und sprach: »Darumb sorget nicht für den andern Morgen, denn der morgende Tag wird für das Seine sorgen.«*

Solche Weissagung tät der Heilige Geist aus ihr, wie ich nit anders gläuben kann, und du auch nit, mein Lieber, denn merke, was geschah. Zu Nachmittag war sie, verstehe mein Töchterlein, in den Streckelberg gegangen, um Brummelbeeren zu suchen, weil der alte Paasch ihr hatte durch die Magd sagen lassen, daß es dorten noch einige Büsche hätte. Die Magd hackete Holz auf dem Hofe, wozu sie sich den alten Paasch sein Beil geliehen, denn meines hatten die kaiserlichen Schnapphähne verworfen, da es nirgend nit zu finden; ich selbsten aber wandelte in der Stuben auf und ab und sanne meine Predigt aus, als mein Töchterlein mit hoher Schürzen bald wieder in die Türe fuhr, ganz rot und mit funkelnden Augen, konnte aber für Freuden nichts mehr spre-

---

* Matth. 6,34.

chen denn: »Vater, Vater, was hab ich?« – »Nun«, gab ich zur Antwort, »was hastu denn, mein Kind?« Worauf sie die Schürze voneinander tät, und trauete kaum meinen Augen, als ich vor die Brummelbeeren, so sie zu holen gangen war, darinnen zween Stück Bernstein glitzern sah, ein jegliches fast so groß denn ein Mannskopf, die kleinen Stücklein nit gerechnet, so doch auch mitunter die Länge meiner Hand hatten, und habe ich, weiß Gott, keine kleine Hand. Schrie also: »Herzenskind, wie kömmstu zu diesem Gottessegen?« Worauf sie, als sie gemach wieder zu Atem kame, verzählete wie folgt.

Daß sie, nach den Beeren suchend, in einer Schlucht nahe dem Strande zu etwas in der Sonne hätte glitzern gesehen, und als sie hinzugetreten, hätte sie diesen wunderlichen Fund getan, angesehen der Wind den Sand von einer schwarzen Bernsteinader fortgespielet.* Hätte sofort mit einem Stöcklein diese Stücken herausgebrochen, und wäre noch ein großer Fürrat vorhanden, maßen es unter dem Stocke ringsumbher gebullert, als sie ihn in den Sand gestoßen; auch hätte selbiger nit tiefer als zum höchsten einen Schuh sich in den Boden schieben lassen. Item verzählete sie, daß sie die Stätte wieder mit Sand überschüttet und darnach mit ihrer Schürzen überwedelt, damit keine Spur nit übrigbliebe.

Im übrigen würde dorthin auch kein Fremder so leichtlich kommen, angesehen keine Brummelbeeren in der Nähe ranketen und sie mehr aus Fürwitz, und umb nach der Sehe überzuschauen, den Gang getan, denn aus Notdurft. Sie selbsten wolle aber schon die Stätte wiederfinden, alldieweilen sie sich dieselbige durch drei Steinlein gemerket. Was nun unser erstes gewesen, nachdem der grundgütige Gott uns aus sollicher Not gerissen, ja uns, wie es der Anschein war, mit

---

* Kommt auch jetzt noch öfter vor und ist dem Herausgeber selbst begegnet. Doch enthielt die kleine schwarze Ader nur wenige Stücken Bernstein mit Holzkohle vermischt, letzteres ein sicheres Zeichen seines vegetabilischen Ursprungs.

großem Reichtum begabet hatte, kann sich ein jeglicher selbsten fürstellen. Als wir endlich wieder von unsern Knien aufstunden, wollte mein Töchterlein zuerst zur Magd laufen und ihr unsere fröhliche Zeitung hinterbringen. Aber ich untersagete es ihr, maßen wir nit wissen könnten, ob die Magd es ihren Freundinnen nicht wiederverzählete, obwohl sie sonsten ein treu und gottesfürchtig Mensch sei. Tät sie aber solliches, so würde es sonder Zweifel der Amtshauptmann erfahren und unsern Schatz vor Se. Fürstliche Gnaden, den Herzog, will sagen, vor sich selbsten, aufheben und uns nichts nit denn das Zusehen verbleiben und darumb unsere Not bald wieder von vornen beginnen. Wöllten dannenhero sagen, wenn man uns nach unserm Segen fragen würde, daß mein seliger Bruder, so ein Ratsherr in Rotterdam gewesen, und ein gut Stück Geldes hinterlassen, wie es denn auch wahr ist, daß ich für einem Jahre bei 200 Fl. von ihm geerbet, welche mir aber das Kriegsvolk, wie oben bemeldet, jämmerlich entwendet. Item, ich wölle morgen selbsten nach Wolgast gehen und die kleinen Stücklein verkaufen, so gut es müglich wäre, sagend, du hättest sie an der Sehe gefunden. »Solches kannstu auch meinethalben der Magd sagen und sie ihr zeigen, aber die großen Stücke zeigestu niemand nit, die will ich an deinen Ohm gen Hamburg senden, uns solche zu versilbern. Vielleicht, daß ich auch eins davon in Wolgast verkaufe, so ich Gelegenheit hab, umb dir und mir die Winternotdurft auf den Leib zu schaffen, dahero du mitgehen kannst. Die Witten, so die Gemein zusammengebracht, nehmen wir vors erste für Fährgeld, und kannstu die Magd uns auf den Abend nachbestellen, daß sie auf der Fähre auf uns harre, umb die Alimenten zu tragen.« Dieses alles versprach sie zu tun, meinete aber, wir könnten erst mehr Bernstein brechen, damit wir was Rechts in Hamburg kriegeten, was ich auch tate und dannenhero des andern Tages noch zu Hause verblieb, maßen es uns noch nit an Kost gebrach und mein Töchterlein auch sowohl als ich uns erst wieder gänzlich rekreieren wollten, bevorab wir die Reis' anträten. Item wir auch bedachten, daß der alte Meister Rothoog in Loddin, so ein Tischler ist, uns bald ein Kistlein zusammenschlagen würd, umb den Bernstein hineinzutun; dannenhero ich zu Nachmittag die Magd zu ihm schickete, unterdessen wir selbsten in den Streckelberg schritten, allwo ich mir mit meinem Taschenmesser, so ich für dem Feinde geborgen, ein Tännlein abschnitte und es wie einen Spaten formierete, damit ich könnte besser damit zur Tiefen fahren. Sahen uns aber vorher auf dem Berge wohl umb, und da wir niemand nit gewahreten, schritt mein Töchterlein voran zu der Stätte, welche sie auch alsofort wiederfunde. Großer Gott, was hatt's hier für Bernstein! – Die Ader ging bei 20 Fuß Länge, wie ich ungefährlich abfühlen mochte, die Tiefe aber kunnte ich nicht ergründen. Doch brachen wir heute außer vier ansehnlichen Stücken, doch fast nit so groß, als die von gestern seind, nur klein Gruswerk, nicht viel größer, als was die Apotheker zu Stänkerpulver* zerstoßen. Nachdeme wir nun den Ort wieder mit äußerstem Fleiß bedecket und bewedelt, wär uns bald ein großer Unfall zugestoßen. Denn uns begegnete Witthansch ihr Mädken, so Brummelbeeren suchte, und da sie fragete, was mein Töchterlein in der Schürzen trug, und diese rot würde und stockete, wär alsobald unser Geheimnis verraten, hätt ich mich nicht begriffen und gesaget: »Was geht's dich an? Sie träget Tannenzapfen, umb damit einzuheizen!«, was sie auch gläubte. Wir satzten uns dahero für, in Zukunft nur des Nachts und bei Mondenschein auf den Berg zu steigen, und kamen noch vor der Magd zu Hause, woselbst wir unsern Schatz in der Bettstätt verburgen, damit sie es nicht merken sollte.

* Wahrscheinlich Räucherpulver.

10. KAPITEL
Wie wir nach Wolgast reisen und daselbsten
gute Kaufmannschaft halten

Zwei Tage darauf, sagt mein Töchterlein, die alte Ilse aber meint drei Tage (und weiß ich nit, was wahr ist), seind wir endiglichen zur Stadt gewest, angesehen Meister Rothoog die Kiste nit eher fertig hatte. Mein Töchterlein deckete ein Stück von meiner seligen Frau ihrem Brautkleid darüber, so die Kaiserlichen zwar zerfetzet, doch als sie es darauf wohl draußen liegenlassen, von dem Winde in den Pfarrzaun war getrieben, wo wir es wiederfunden. War auch schon vorher ziemlich unlieblich, sonst, achte ich, hätten sie es wohl mit sich geführet. – Umb der Kisten willen aber nahmen wir die alte Ilse gleich mit, so selbige tragen mußte, und da Bernstein eine fast leichte Ware ist, gläubete sie es leichtlich, daß nur etwas Eßbar in selbiger vorhanden sei. Setzeten also bei Tagesanbrucht mit Gott unsern Stecken vor uns. Bei dem Zitze* lief ein Hase vor uns über den Weg, was nichts Gutes bedeuten soll, ach ja! – Als wir darauf gen Bannemin kamen, fragete ich einen Kerl, ob es wahr sei, daß hier eine Mutter ihr eigen Kind für Hunger geschlachtet, wie ich vernommen. Er sagte ja und nannte das alte Weib Zisesche. Der liebe Gott aber hätte sich für solchem Greuel entsetzet, und es hätte ihr doch nicht geholfen, maßen sie sich so sehr bei dem Essen gespeiet, daß sie davon den Geist aufgegeben. Sonsten, meinte er, stünd es im Kapsel schon etwas besser, dieweil der liebe Gott sie reichlich mit Fischen, sowohl in der Sehe als im Achterwasser gesegnet. Doch wären auch hier viel Leute für Hunger gestorben.

Als wir nun über die Fähre kamen, sprachen wir auf den Schloßplatz bei Sehms ein, so ein Krüger ist, welcher uns verzählete, daß die Pest noch immer nit ganz in der Stadt aufge-

---

* Dorf auf der Hälfte des Weges zwischen Koserow und Wolgast, jetzt Zinnowitz genannt.

höret, worüber ich fast erschrake, zumalen er auch noch viele andere Greuel und Leiden dieser betrübten Zeit, so hier und an anderen Orten geschehen, uns für Augen stellete, exempli causa von der großen Hungersnot im Land zu Rügen, wo viele Menschen für Hunger so schwarz wie die Mohren geworden, ein wunderlich Ding, so es wahr ist, und möchte man daraus fast schließen, wie die ersten Mohren entstanden seind.* Aber das lassen wir jetzt in seinen Würden. Summa: Als Meister Sehms uns verzählet, was er Neues wußte, und wir daraus zu unserm Troste sahen, daß der Herr uns nicht allein heimgesuchet in dieser schweren Zeit, riefe ich ihn in eine Kammer und fragete ihn, ob es hier nicht wo Gelegenheit hätte, ein Stück Bernstein zu versilbern, so mein Töchterlein an der Sehe gefunden. Aber er sagte erstlich nein, darauf aber, sich besinnend, hub er an: »Halt, laß Er sehen. Denn es seind hier beim Schloßwirt Niclas Grecken zwo holländische fürnehme Kaufleute in Herberge, als Dieterich von Pehnen und Jakob Kiekebusch, welche Teer und Bretter kaufen, item Schiffholz und Balken. Vielleicht, daß diese auch auf Seinen Bernstein feilschen. Doch geh Er selbsten auf das Schloß, denn ich weiß nit mehr vor gewiß, ob sie heute noch hier seind.« Solliches tate ich auch, obwohl ich bei dem Manne noch nichts verzehret, angesehen ich erst absehen wöllte, wie's mit dem Handel abliefe, und die Witten, so der Kirchen gehörten, bis solange versparen. Komme also auf den Schloßhof. – Aber, du lieber Gott, wie war auch Sr. Fürstlichen Gnaden Haus seit kurzer Zeit fast zur Wüstenei worden. Den Marstall und das Jagdhaus hatten anno 1628 die Dänen gebrochen, item viele Zimmer im Schlosse geruinieret, und in Sr. Fürstlichen Gnaden, des Herzogen Philippi, Lokament, wo er mich anno 22 mit meinem Töchterlein, wie man weiter

---

* Auch Mieraelius im alten Pommerlande, V.171, 12, gedenket dieses Umstandes, sagt aber bloß: »Die nach Stralsund überliefen, waren ganz schwarz vom erlittenen Hunger anzusehen.« Daher wohl die seltsame Übertreibung des Wirts und der noch seltsamere Schluß unseres Autors.

unten lesen wird, so mildiglich getraktieret, hausete jetzt der Schloßwirt Niclas Graeke, und waren all die schönen Tapezereien, worauf die Wallfahrt Sr. Fürstlichen Gnaden, weiland Bagislai X., gen Jerusalem fürgestellet war, herausgerissen und die Wände grau und garstig.* Solliches sahe mit betrübtem Herzen, frage darumb alsobald nach den Kaufleuten, welche hinter dem Tische saßen und schon Abschiedszeche hielten, dieweil ihr Reisegeräte allbereits umb sie lag, umb damit nach Stettin aufzubrechen. Als nun der eine von der Zeche aufspragne, ein kleiner Kerl mit einem gar stattlichen Wanst und einem schwarzen Pflaster über der Nasen, und mich fragete, was ich wölle, nahme ich ihn abseiten in ein Fenster und sagete, daß ich schönen Bernstein hätte und ob er gesonnen, mir solchen zu versilbern, was er gleich zu tun versprach. Und nachdem er seinem Gesellen etwas ins Ohr gemürmelt, wurd er fast lieblich aussehen und reichte mir auch erst den Krug, bevorab wir in meine Herberge gingen. Tat ihm also recht wacker Bescheid, da ich, wie obbemeldet, noch nüchtern war, so daß mir gleich baß umbs Herze wurde. (Du lieber Gott, was gehet doch über einen guten Trunk, so es mit Maßen geschieht!) Darauf schritten wir in meine Herberge, und mußte die Magd die Kiste abseiten in ein Kämmerlein tragen. Doch hatte ich selbige kaum aufgetan und das Kleid davon gezogen, als der Mann (so Dietrich von Pehnen war, wie er mir unterwegs gesaget) für Freuden die Hände in die Höhe hub und sagete, daß er solchen Segen an Bernstein noch niemals nit gesehen und wie ich dazu gekommen. Antwortete also, daß ihn mein Töchterlein an der Sehe gefunden, worüber er sich sehr verwunderte, daß es hier so viel Bernstein hätte, und mir gleich vor die ganze Kiste 300 Fl. bote. War für Freuden über solchen Bot außer mir, doch ließ mir

---

* Vgl. Hellers Chronik der Stadt Wolgast, S. 42 ff. – Zur Zeit ist das Schloß eine gänzliche Ruine, und nur noch mehrere große, mit Kreuzgewölben versehene Keller sind vorhanden, in welchen die dortigen Kaufleute zum Teil ihre Warenniederlagen haben.

nichtes merken, besondern feilschte mit ihme bis auf 500 Fl., und söllte ich nur mit ins Schloß kommen und dorten gleich mein Geld haben. Bestellete dahero gleich bei dem Wirt einen Krug Bier und vor mein Töchterlein ein gutes Mittagbrot und machte mich mit dem Manne und der Magd, so die Kiste truge, wieder ins Schloß auf, bittende, er wölle aber, umb gemeiner Verwundrung willen, nichtes nicht von meinem großen Segen zu dem Wirt oder sonst zu männiglich hier in der Stadt sagen und mir mein Geld sonderlich* aufzählen, maßen man auch nit wissen könnte, ob mir die Schnapphanichen** nicht unterwegs aufpaßten, wenn sie solches erführen, welches der Mann auch tät. Denn er mürmelte gleich seinem Gesellen wieder ins Ohr, worauf dieser seinen ledernen Rock auftät, item sein Wams und seine Hosen, und sich ein Kätzlein von seinem Wams schnellete, so trefflich gespicket war und er ihme reichete. Summa: Es währete nit lange, so hatte ich meinen Reichtum in der Taschen, und bate der Mann noch überdies, wenn ich wieder Bernstein hätte, sölle ich ja gen Amsterdam an ihn schreiben, was ich auch zu tun versprach. Aber der gute Kerl ist, wie ich hernachmals erfahren, in Stettin an der Pest mit seinem Gesellen verstorben, welches ich ihm nicht gewünschet.*** Darauf wäre ich bald in große Ungelegenheit kommen. Denn da ich mich sehnete, auf meine Knie zu fallen, und die Zeit nit abwarten konnte, wo ich meine Herberge erreichet, lief ich die Schloßtreppe bei vier Stufen hinauf und trat in ein klein Gemach, wo ich mich für dem Herrn demütigte. Aber der Wirt Niclas Graeke folgte mir alsbald und vermeinete, daß ich ein Dieb sei, und wollte mich festhalten, wußte dahero nicht anders loszukommen, als

---

  * Besonders, privatim.
 ** Räuber.
*** Auch Micraelius gedenket dieser holländischen Handelsleute, a.a.O., V., S. 171, behauptet aber, die Ursache ihres Todes sei zweifelhaft gewesen, und habe der Stadtphysikus in Stettin einen eigenen medizinalischen Diskurs darüber geschrieben.

daß ich fürgabe, ich wäre trunken worden von dem Wein, so mir die fremden Kaufleute gespendet (denn er hatte gesehen, welchen trefflichen Zug ich getan), angesehen ich heute morgen noch nüchtern gewesen und hätte mir ein Kämmerlein aufgesucht, umb ein wenig zu schlummern, welche Lüge er auch gläubete (so es anders ein Lüge war; denn ich war ja auch in Wahrheit trunken, obgleich nit vom Wein, sondern von Dank und Andacht zu meinem Schöpfer) und mich derohalben laufenließ. –

Doch nun muß ich erstlich meine Historie mit Sr. Fürstlichen Gnaden verzählen, wie mir oben fürgenommen. Als ich anno 22 von ungefährlich mit meim Töchterlein, so damals ein Kind bei 12 Jahren war, hier in Wolgast in dem Schloßgarten lustwandelte und ihr die schönen Blumen zeigete, so darinnen herfürgewachsen waren, begab es sich, als wir umb ein Buschwerk lenketen, daß wir meinen gnädigen Herrn Herzog Philippum Julium mit Sr. Fürstlichen Gnaden, dem Herzogen Bogislaff, so hier zum Besuche lag, auf einem Hügel stehen und disputieren sahen, wannenhero wir schon umbkehren wollten. Da aber meine gnädige Herren alsbald fürbaß schritten, der Schloßbrücken zu, besahen wir uns den Hügel, wo dieselben gestanden, und erhobe mein klein Mädken alsbald ein laut Freudengeschrei, angesehen sie einen kostbaren Siegelring an der Erden liegen sahe, so Ihro Fürstliche Gnaden ohn Zweifel verloren. Ich sagete dannenhero: »Komme, wir wollen unsere gnädigen Herren ganz eilend nachgehen, und sagstu auf lateinisch: ›Serenissimi principes, quis vestrum hunc annulum deperdidit?‹* (Denn wie oben bemeldet, hatte ich mit ihr die lateinische Sprach seit ihrem siebenten Jahr traktieret.) Und sagt nun einer: ›Ego‹, so gibstu ihm den Ring. Item fräget er dich auf lateinisch, wem du gehörest, so sei nit blöde und sprich: ›Ego sum filia pastoris Coserowiensis.‹** Siehe, so werden Ihre Fürstliche Gnaden ein Wohlge-

---

* »Gestrenge Fürsten, wer von Euch hat diesen Ring verloren?«
** Ich bin die Tochter des Pfarrers zu Koserow.«

fallen an dir haben, denn es seind beide freundliche Leute, insonderheit aber der große, welcher unser gnädiger Landesherr Philippus Julius selbsten ist.«

Solliches versprach sie zu tun; doch da sie im Weiterschreiten merklich zitterte, redete ich ihr noch mehr zu und versprach ihr ein neues Kleid, so sie es täte, angesehen sie schon als ein klein Kind viel umb schöne Kleider gegeben. Als wir dahero auf den Schloßhof kommen, blieb ich bei der Statue Sr. Fürstlichen Gnaden, des Herzogen Ernst Ludewig*, stehen und blies ihr ein, nunmehro dreust nachzulaufen, da Ihre F. G. nur wenige Schritte für uns gingen und sich schon gegen die große Haupttüre wendeten. Solliches tät sie auch, blieb aber plötzlich stehen und wollte wieder umbkehren, weil sie sich vor den Sporen Ihrer Fürstlichen Gnaden gefürchtet, wie sie nachgehends sagete, maßen dieselben fast heftig geknarret und gerastert.

Dieses sahe aber meine gnädige Frau, die Herzoginne Agnes, aus dem offenen Fenster, in welchem sie lage, und rief Sr. Fürstlichen Gnaden zu: »Mein Herre, es ist ein klein Mädchen hinter Euch, so Euch sprechen will, wie es mir scheinet!« Worauf Se. Fürstliche Gnaden sich gleich niedlich lächelnd umwendete, so daß meinem kleinen Mädken der Mut alsobald wiederkehrete und sie, den Ring in die Höhe haltend, auf lateinisch sagete, wie ihr geboten. Darüber verwunderten sich beide Fürsten über die Maßen, und nachdem Se. Fürstliche Gnaden, mein gnädiger Herzog Philippus, sich an den Finger gefühlet, antwortete er: »Dulcissima puella, ego perdidi!«**, worauf sie ihm solchen reichete. Davor klopfete er ihr die Wangen und fragte abermals: »Sed quaenam es et unde venis?«*** Worauf sie dreust ihre Antwort tät und zugleich nach mir an der Statuen mit dem Finger wiese, worauf

---

* Der Vater von Philippus Julius, gestorben zu Wolgast, den 17. Junius 1592.
** »Mein süßes Mädchen, ich habe ihn verloren!«
*** »Aber wer bist du und woher kommst du?«

Seine Fürstliche Gnaden mir winketen, näher zu kommen. Dieses alles hatte auch meine gnädige Frau aus dem Fenster mitgesehen, war aber mit einem Male weg. Doch kam sie schon zurücke, ehe ich noch zu meinen gnädigen Herrn demütig herangetreten, winkete alsbald meinem Töchterlein und hielt ihr eine Blinsche* aus dem Fenster, welche sie haben sollte. Da ich ihr zuredete, lief sie auch hinan, aber Ihre Fürstliche Gnaden kunnte nit so tief niederlangen und sie nit so hoch über sich, umb selbige zu greifen, wannenhero meine gnädige Frau ihr gebot, sie sölle in das Schloß kommen, und da sie sich ängstlich nach mir umbschauete, mich auch heranwinkete, wie mein gnädiger Herr selbsten, der alsobald die kleine scheue Magd bei der Hand fassete und mit Sr. Fürstlichen Gnaden, dem Herzogen Bogislaff, voraufging. Meine gnädige Frau kam uns aber allbereits bei der Türen entgegen, liebkosete umd umbfing mein klein Töchterlein, so daß sie bald dreust wurde und die Blische aß. Nachdem nun mein gnädiger Herr noch gefraget, wie ich hieße, item warumb ich seltsamerweis meinem Töchterlein die lateinische Sprache gelernet, antwortete ich, daß ich gar viel von einem Vetter in Köln von der Schurmannin gehöret**, und da ich ein fast refflich Ingenium bei meinem Kinde verspüret, auch in meiner einsamen Pfarren genugsam Zeit dazu gehabt, hätte ich nit angestanden, sie von Jugend auf fürzunehmen und zu unterweisen, maßen ich keine Knäblein beim Leben hätte. Darüber

* Vielleicht Plinze, eine Art Kuchen.
** Anna Maria Schurmann, geb. zu Köln am 5. November 1607, gest. zu Wiewardin, den 5. Mai 1678, war nach dem übereinstimmenden Zeugnis ihrer Zeitgenossen ein Wunder der Gelehrsamkeit und vielleicht das gelehrteste Weib, das je auf Erden lebte. Der Franzose Nandé urteilt von ihr: Keine malt besser, keine bildet besser in Erz, Wachs und Holz. In der Stickerei übertrifft sie alle. Nicht mit den europäischen Sprachen zufrieden, versteht sie hebräisch, arabisch, syrisch und schreibt ein Latein, daß kein Mann, der sein Leben darauf verwendet, es besser kann. Man weiß nicht, in welcher Art der Gelehrsamkeit sie sich am meisten ausgezeichnet.

verwunderten sich Ihre Fürstliche Gnaden und taten annoch einige lateinische Fragen an selbige, welche sie auch beantwortete, ohne daß ich ihr etwas einbliese, worauf mein gnädiger Herr, Herzog Philippus, auf deutsch sagete: »Wenn du groß geworden bist und einmal heiraten wilt, so sag's mir, dann solltu von mir wieder einen Ring haben und was sonsten noch vor eine Braut gehöret, denn du hast mir heute einen guten Dienst getan, angesehen mir dieser Ring ein groß Kleinod ist, da ich ihn von meiner Frauen empfangen.« Ich blies ihr darauf ein, Sr. Fürstlichen Gnaden vor solches Versprechen die Hand zu küssen, was sie auch tät.

(Aber ach, du allerliebster Gott, versprechen und halten sind zweierlei Ding! Wo ist jetzt Se. Fürstliche Gnaden? Darumb laß mich immer bedenken: Nur du bist allein wahrhaftig, und was du zusagst, hältsu gewiß. Psalm 33,4. Amen.)

Item als Se. Fürstliche Gnaden nunmehro auch nach mir und meiner Pfarre gekundschaftet und gehöret, daß ich altadligen Geschlechtes und mein Salarium fast zu schwach sei, rief sie dero Kanzler, D. Rungium, der draußen an dem Sonnenzeiger stund und schauete, aus dem Fenster und befahle ihme, daß ich vom Kloster zu Pudagla, item von dem Kammergut Ernsthof, eine Beilage haben sollte, wie oben bemeldet. Aber Gott sei's geklagt, habe selbige niemalen erhalten, obwohl das Instrumentum donationis* mir bald hernach auch durch Sr. Fürstlichen Gnaden Kanzler gesendet ward.

Darauf gab es vor mich auch Blinschen, item ein Glas welchen Wein aus einem gemalten Wappenglas, worauf ich demütig mit meinem Töchterlein meinen Abtritt nahm. –

Umb nun aber wieder auf meine Kaufmannschaft zu kommen, so kann männiglich vor sich selbsten abnehmen, welche Freude mein Kind empfande, als ich ihr die schöne Dukaten und Gulden wiese, so ich vor den Bernstein erhalten. Der Magd aber sagten wir, daß wir solchen Segen ererbet durch meinen Bruder in Holland, und nachdem wir abermals dem

---

* Schenkungsurkunde.

Herrn auf unsern Knien gedanket und unser Mittagsbrot verzehret, hielten wir gute Kaufmannschaft an Fleisch, Brot, Salz, Stockfisch, item an Kleidern, angesehen ich vor uns drei von dem Wandschneider die Winternotdurft besorgete. Vor mein Töchterlein aber kaufte noch absonderlich eine gestrickte Haarhaube und ein rotseidin Leibichen mit schwarzem Schurzfleck und weißem Rock, item ein fein Ohrgehänge, da sie fast heftig darumb bat, und nachdem ich auch bei dem Schuster die Notdurft bestellet, machten wir uns endiglichen, da es fast schon dunkel ward, auf den Heimweg, kunnten aber fast nit alles tragen, so wir eingekaufet. Derohalben mußte uns ein Bauer von Bannemin helfen, so auch zur Stadt gewesen war, und als ich von ihm erforschet, daß der Kerl, so mir die Schnede Brot gegeben, ein Katenmann namens Pantermehl gewest und an der Dorfstraßen wohne, schobe ich ihm zweo Brote in seine Haustüre, als wir davor gekommen, ohne daß er es gemerket, und zogen darauf unserer Straßen bei gutem Mondschein weiter, so daß wir auch mit Gotts Hülfe umb 10 Uhren abends zu Hause anlangeten. Dem andern Kerl hatte ich auch vor seine Mühe ein Brot geben, obwohl er es nit verdient, angesehen er nit weiter als bis zum Zitze mit uns gehen wollte. Doch laß ihn laufen, hab's ja auch nit verdienet, daß mich der Herr so gesegnet!

11. KAPITEL
Wie ich die ganze Gemeine gespeiset,
item wie ich nach Gützkow zum Roßmarkt gereiset,
und was mir alldort
gearrivieret

Des andern Morgens zerteilte mein Töchterlein die lieben Brot und schickte einem jeglichen im Dorf eine gute Schnede. Doch da wir sahen, daß unser Fürrat bald würde auf die Neige laufen, schickete abermals die Magd mit einer Karren, so ich von Adam Lempken gekauft, nach Wolgast, mehr

Brot zu holen, welches sie auch tate. Item ließ ich im ganzen Kapsel herumbsagen, daß ich am Sonntag wölle das heilige Abendmahl halten, und kaufete unterdes im Dorf alle großen Fische, so sie fingen. Als nun endiglich der liebe Sonntag kam, hielt ich erstlich Beicht mit der ganzen Gemein und darauf die Predigt über Matth. 15,32: »Mich jammert des Volks, denn sie haben nichts zu essen.« Solliches deutete aber fürs erste nur auf die geistliche Speis, und erhobe sich ein groß Seufzen unter Männern und Weibern, als ich zum Schluß auf das Altar wiese, worauf die liebe Seelenspeise stund, und die Worte wiederholte: »Mich jammert des Volks, denn sie haben nichts zu essen.« (N. B. Den bleiernen Kelch hatte mir in Wolgast geliehen und vor die Patene ein klein Tellerlein gekaufet, bis Meister Bloom den silbernen Kelch und die Patene, so ich bestellet, würde fertig halten.) Als ich nun darauf das heilige Nachtmahl konsakrieret und ausgeteilet, item den Schlußvers angestimmet und ein jeglicher still sein Vaterunser gebetet, umb aus der Kirchen zu gehen, trat ich abermals aus dem Beichtstuhl herfür und winkete dem Volk, annoch zu verharren, da der liebe Heiland nit bloß ihre Seelen, sondern auch ihren Leib speisen wölle, angesehen er mit seinem Volk noch immer ebendasselbige Erbarmen hätte wie weiland mit dem Volk am galiläischen Meer. Solliches söllten sie sehen. Trat also in den Turm und langete zween Körbe herfür, so die Magd in Wolgast gekaufet und ich zu guter Zeit hier hatte verhehlen lassen, satzete sie für das Altar und zog die Tüchlein, womit sie bedecket waren, davon, worauf sich fast ein laut Geschei erhob, maßen sie den einen voller Bratfisch, den andern aber voller Brot funden, so wir heimlich hineingetan. Machte es darauf wie der Heiland, dankete und brach es und gab es meinem Fürsteher Hinrich Seden, daß er es den Männern, und meinem Töchterlein, daß sie es den Weibern fürlegen mußte, worauf den Text »Mich jammert des Volks, denn sie haben nichts zu essen« auch leiblich anwandte und, auf und nieder in der Kirchen schreitend, unter großem gemeinen Geschrei sie vermahnete, immer Gottes Barmherzigkeit zu vertrauen, fleißig zu beten, fleißig zu arbeiten und in keine Sünde zu willigen. Was übrigblieb, mußten sie vor ihre Kinder und alten Greise aufheben, so zu Hause geblieben waren.

Nach der Kirchen, und als ich kaum meinen Chorrock abgetan, kam Hinrich Seden sein gluderäugigt Weib wieder und verlangete trotziglich noch ein mehres vor die Reise ihres Mannes nach der Liepe, auch hätte sie vor sich selbsten noch nichtes erhalten, angesehen sie heute nit in der Kirche gewesen. Solliches verdroß mich fast, und sagete ich zu ihr: »Warum bistu nit in der Kirchen gewesen? Doch wärestu demütig kommen, hättestu auch jetzt noch etwas erhalten, da du aber trotziglich kümmst, geb ich dir nichts. Gedenke doch, wie du es mit mir und meinem Kinde gemacht.« Aber sie blieb bei der Türen stehen und gluderte trotzig in der Stuben ringsumher, bis sie mein Töchterlein beim Arm nahm und herausführete, indeme sie sprach: »Hörstu? Du sollst erst demütig wiederkommen, ehe du etwas empfähest. Kömmstu aber also, so solltu auch deinen Teil haben, und wir wollen nit weiter mit dir Auge um Auge, Zahn um Zahn rechnen, das möge der Herr tun, so ihm beliebt, wir aber wöllen dir gerne vergeben!« Hierauf schritt sie endlich, nach ihrer Weis heimlich mummelnd, aus der Türen, doch spie sie verschiedentlich auf der Straßen aus, wie wir durch das Fensterlein sahen.

Bald darauf beschloß ich, einen Jungen bei 20 Jahren und Claus Neels geheißen, bei mir in Dienst zu nehmen und vor einem Knecht zu gebrauchen, angesehen der alte Neels in Loddin, sein Vater, mich fast harte darumb anlag, auch der Bursche an Manieren und sonsten mir wohlgefiel. Denn da es heuer einen guten Herbst hatte, beschloß annoch, mir vors erste zwei Pferde zu kaufen und mein Ackerland abermals zu besäen, denn wiewohl es schon spät im Jahre war, meinete ich dennoch, daß der grundgütige Gott es wohl gesegnen könnte, wenn er wollte.

Auch war ich nit sonderlich umb das Futter für selbige besorgt, maßen es in der Gemein einen großen Überfluß an Heu hatte, da alles Vieh, wie bemeldet, geschlagen oder fortgetrieben war. Gedachte also im Namen Gottes mit meinem neuen Ackerknecht gen Gützkow zu ziehen, wo auf den Jahrmarkt viel mecklenburgische Pferde gezogen wurden, angesehen dort noch eine bessere Zeit war.* Hierzwischen aber tat ich mit meinem Töchterlein noch mehr Gänge auf den Streckelberg zur Nachtzeit und im Mondschein, funden aber nichts Rechtes, so daß wir schon gläubeten, unser Segen sei zu Ende, als wir in der dritten Nacht große Stücke Bernstein brachen, fast größer als die, so die beiden Holländer gekaufet. Solche beschloß nunmehro an meinen Schwager Martin Behring gen Hamburg zu schicken, maßen Schiffer Wulff aus Wolgast, wie mir gesaget ward, noch in diesem Herbst hinaufsegeln wöllen, um Teer und Schiffsholz überzuführen. Packete also alles in eine wohlverwahrete Kiste und nahm selbige mit gen Wolgast, als ich mit meinem Ackerknecht gen Gützkow aufbrach. Von dieser Reise will nur soviel vermelden, daß es alldorten fast viele Pferde, aber wenig Käufer hatte. Dannenhero kaufete zwo schöne Rappen, das Stück zu 20 Fl., item einen Wagen umb 5 Fl., item 25 Scheffel Roggen, so auch von Mecklenburg dahin geführet war, umb 1 Fl. den Scheffel, da er in Wolgast fast gar nit mehr aufzugabeln ist und alsdann wohl an die drei Fl. und darüber gilt. Hätte darumb hier in Gützkow schöne Kaufmannschaft in Roggen halten können, so es meines Amts gewest und ich auch nit befürchtet, daß die Schnapphanichen, woran es in dieser schweren Zeit fast überhandnimmt, mir mein Korn wieder abgenommen und noch wohl dazu gemalträtieret und erwürget hätten, wie etzlichen geschehen. Denn insonderheit wurde solche Räuberei zu Gützkow zu dieser Zeit in der Strelliner Heiden mit großem Spök** getrieben, kam aber mit des gerechten Gottes Hülfe gerade an das liebe Tageslicht, als

---

* Wallenstein war nämlich vom Kaiser mit Mecklenburg belehnt und schonete daher des Landes, soviel er konnte.
** Spukerei.

ich mit meinem Ackersknecht alldorten in dem Jahrmarkt verreiset war, und will ich solliches hier noch bemelden.

Vor etzlichen Monden war ein Kerl zu Gützkow aufs Rad gestoßen, weil er durch Verführung des leidigen Satans einen reisenden Handwerksmann erschlagen. Derselbige aber fing alsobald an, so erschröcklich zu spöken, daß er zur Abend- und Nachtzeit mit seinem Armensünderkittel von dem Rade herniedersprang, sobald ein Wagen vor dem Galgen vorbeifuhr, der an der Landstraßen nach Wolgast zu stehet, und hinter den Leuten hersetzte, wo sie denn mit vielen Abscheu und Grauen die Rosse anklappten, so daß es einen großen Rumor auf dem Knüppeldamm schlug, welcher benebenst dem Galgen in ein klein Hölzlein führete, der Kraulin geheißen. Und war ein wunderlich Ding, daß in selbiger Nacht die Reisenden fast immer in der Strelliner Heiden geplündert oder erwürget wurden. Dannenhero ließ die Obrigkeit den Kerl von dem Rade heben und begrube ihn unter dem Galgen in Hoffnung, daß der Spök sich legen sölle. Aber es saß nach wie vorab bei Nachtzeiten schlohweiß auf dem Rade, so daß niemand nicht mehr die Straße gen Wolgast fahren wollte. Da begab es sich denn, daß in benanntem Jahrmarkt gegen die Nachtzeit der junge Rüdiger von Nienkerken von Mellenthin, auf Usedom belegen, so in Wittenberge und anderswo studieret und nun wieder heimkehren wollte, mit seinem Fuhrwerk dieser Straßen zog. Hatte ihm kurz vorhero noch selbsten im Wirtshause gepersuadieret, daß er von wegen den Spök zur Nachtzeit in Gützkow verbleiben und des nächsten Morgens mit mir fahren wölle, was er aber verweigerte. Als selbiger Junker nun die Straße gefahren kömmt, siehet er auch wieder alsobald den Spök auf dem Rade sitzen, und ist er kaum an dem Galgen fürüber, als das Gespenste herniederspringt und ihm nachsetzet. Der Fuhrmann entsetzet sich mächtiglich und macht es wie alle anderen, klappet die Pferde an, so fast scheu geworden und für Angst den Mist gelassen, und beginnet mit großem Rumor über den Knüppeldamm zu jagen. Hierzwischen bemerket aber der Junker beim Mondenschein, daß der Spök einen Pferdeapfel, über welchen er rennet, breit tritt, und nimmt sogleich bei sich ab, daß solches kein Gespenst sei. Rufet dannenhero den Fuhrmann, er sölle halten, und da dieser nit auf ihn höret, springet er von dem Wagen, zeucht seinen Stoßdegen und eilt dem Spök auf den Leib. Als der Spök solches gewahr wird, will er umbkehren, aber der Junker schlägt ihne mit der Faust in das Genicke, daß er gleich zur Erden stürzet und ein laut Gejünse* erhebt. Summa: Nachdem der Junker seinen Fuhrknecht gerufen, bringt er den Spök bald darauf wieder in die Stadt geschleppt, und ergab es sich, daß selbiger ein Schuster war namens Schwelm. (Diesem Schelm hat der Teufel recht das W eingeflicket!)

So bin ich auch bei dem großen Auflauf mit mehren hinzugetreten und habe den Kerl gesehen. Er zitterte wie das Blatt einer Espen, und als man ihm hart zuredete, er sölle freiwillig bekennen, maßen er dann vielleicht sein Leben retten könne, so es sich anders fände, daß er niemand nit erwürget, bekannte er auch, daß er sich habe durch sein Weib ein Armsünderkleid nähen lassen, solches angetan und sich zur Nacht und insonderheit, wann er in Erfahrung gebracht, daß ein Wagen in der Stadt sei, so nach Wolgast wölle, vor dem Kerl auf das Rad gesetzet, wo es dann in der Dunkelheit und der Ferne nit zu sehen gewest, daß sie selbander dorten gesessen. Wäre nun ein Wagen herangekommen und er herabgesprungen und hinten nachgelaufen, hätte sich alles sogleich entsetzet und sein Augenmerk nit mehr auf den Galgen, sondern bloß auf ihm gehabet, forts die Pferde angeschlagen und mit großem Rumor und Gepolter über den Knüppeldamm gekutschieret. Solches hätten aber seine Gesellen in Strellin und Dammbecke gehöret (zwo Dörfer, so fast dreiviertel Wegs entfernt seind) und sich fertig erhalten, den Reisenden, wenn sie nachgehends bis dahin gelanget, die Pferde abzuspannen und selbige zu plündern. Als man nachgehends den Kerl be-

---

* Gewimmer.

graben, hätte er seinen Spök noch leichter gehabt etc. Dieses alles wäre die reine Wahrheit, und hätte er selbsten in seinem Leben niemand etwas abgenommen noch ihn erwürget, dahero man ihm verzeihen wölle, dieweil er ganz unschuldig sei und alles, was an Raub und Mord fürgefallen, seine Gesellen allein verübet hätten. Ei, du feiner Schelm, aber der Teufel hat dir das W nit umbsonst eingeflicket. Denn wie ich nachmals erfahren, ist er samt seinen Gesellen, wie billig, wieder aufs Rad gestoßen.

Umb nun wieder auf meine Reise zu kommen, so ist der Junker nunmehro zur Nacht mit mir in der Herbergen verblieben, und am anderen Morgen frühe seind wir beide aufgebrochen, und da wir gute Kundschaft* miteinander gemacht, bin ich auf seinen Wagen gestiegen, wir er geboten, um miteinander unterwegs zu konversieren, und mein Claus ist hintennach gefahren. Habe auch bald gemerkt, daß er ein feiner, ehrbarer und wohlgelahrter Herre sei, angesehen er nit nur das wüste Studentenleben verlobete** und sich freuete, daß er nunmehro den argen Sauftonnen entronnen, sondern auch sein Lateinisch ohne Anstoß redete. Hatte dannenhero viel Kürzweil mit ihm auf dem Wagen. Doch zerriß uns in Wolgast auf dem Fährboot das Seil, so daß uns der Strom bis nach Zenzin*** niederführete und wir endlich, nit ohne große Mühsal, ans Land gelangeten. Hierzwischen war es fast spät worden, und kamen wir erst umb 9 Uhr in Koserow an, wo ich dann den Junker bate, bei mir die Nachtherberge zu nehmen, was er sich auch gefallen ließ.

Mein Töchterlein saß am Kamin und nähete vor ihre kleine Pate ein Röcklein aus ihren alten Kleidern zusammen. Erschrak dahero heftig und verfärbete sich, als sie den Junker mit mir eintreten sahe und hörete, er wölle hier zur Nachtherberge verbleiben, angesehen wir bishero nit mehr Betten als

* Bekanntschaft.
** Verachtete.
*** Jetzt: Sauzin.

zur höchsten Notdurft von der alten Zabel Nahringsche, der Heidenreuter-Witwen zu Ückeritze, gekaufet hatten. Dannenhero nahm sie mich gleich absonderlich: wie es werden sölle? Mein Bette hätte heute ihre kleine Pate, so sie darauf geleget, nit wohl zugerichtet, und in ihrs könne sie doch den Junker unmöglich legen, wenn sie selbsten auch gerne bei der Magd niederkrüche. Und als ich sie fragete: »Warumb denn nit?«, verfärbete sie sich abermals wie ein rot Laken und hub an zu weinen, ließ sich auch den ganzen Abend nit wieder sehen, so daß die Magd alles besorgen und ihr, verstehe meiner Töchterlein, Bette endlich nur mit weißen Leinlachen vor den Junker überziehen mußte, da sie selbsten es nit tun wollte. Führe hier solches an, damit man sehen möge, wie die Jungfern seind. Denn am andern Morgen trat sie in die Stuben mit ihrem rotseidin Leibichen, mit der Haarhauben und dem Schurzfleck, summa mit allem angetan, so ich ihr in Wolgast gekaufet, so daß der Junker sich verwunderte und viel mit ihr unter der Morgensuppen konversierete, worauf er alsdann seinen Abschied nahm und mich bate, wieder einmal in seine Burg vorzusprechen.

12. KAPITEL
Was ferner Freudiges und Betrübtes fürgefallen,
item wie Wittich Appelmann gen Damerow
auf die Wulfsjagd reutet, und was er meinem
Töchterlein angesonnen

Der Herr segnete meine Gemeind wunderlich in diesem Winter, maßen sie nicht nur in allen Dörfern eine gute Menge Fische fungen und versilberten, besondern auch die Koserowschen 4 Saalhunde* schlugen, item der große Sturmwind vom 12. Dezembris eine ziemliche Menge Bernstein an den Strand trieb, so daß nunmehro auch viele Menschen

---
* Seehunde.

Bernstein funden, doch nit sonderlich von Größe, und wieder anfingen, sich Viehe, als Küh und Schafe, von der Liepen und anderen Orten zu kaufen, wie ich mir selbsten denn auch wieder zwo Kühe zulegte. Item lief mein Brotkorn, so ich zur Hälfte auf meinen Acker und zur andern Hälfte auf den alten Paaschen seinen ausgestreuet, noch ganz lieblich und holdselig auf, da uns der Herr bis dato einen offenen Winter geschenket; aber wie es bei eines Fingers Länge aufgeschossen, lag es an eim Morgen wieder umbgestürzet und geruinieret und abermals durch Teufelsspök, maßen auch jetzo, wie zuvorab, nit die Spur eines Ochsen oder Pferdes im Acker zu sehen war. Der gerechte Gott aber wölle es richten, wie es denn jetzo auch schon geschen ist. Amen.

Hierzwischen aber trug sich etwas Absonderliches zu. Denn als Herr Wittich meines Vernehmens eines Morgens aus dem Fenster schauet, daß das Töchterlein seines Fischers, ein Kind bei 16 Jahren, deme er fleißig nachgestellet, in den Busch gehet, sich trocken Holz zu brechen, macht er sich auch alsobald auf, warumb, will ich nit sagen, und mag sich ein jeglicher selbsten abnehmen. Als er jedoch den Klosterdamm eine Weile aufgeschritten und bei der ersten Brücken kömmt, da wo der Ebereschenbaum stehet, siehet er zwo Wülfe, so auf ihn zulaufen, und da er kein Gewehr nit bei sich führet als einen Stecken, klettert er sofort in einen Baum, worauf die Wülfe umb selbigen herumtraben, ihn anblinzen mit den Augen, das Maul löcken und endlich sich mit den Vordertatzen gegen den Baum in die Höhe aufheben und hineinbeißen, wobei er gewahr worden, daß der eine Wulf, so ein He und ein langer feister Feger gewesen, nur ein Auge gehabt. Hebet also an in seiner Angst zu schreien, und die große Langmut des barmherzigen Gottes wollte ihn auch noch einmal erretten, doch ohne, daß er dadurch klug worden wäre. Denn das Dirnlein, so sich auf der Wiesen hinter einem Knirkbusch verkrochen, als sie den Junker kommen sieht, rennet forts auf das Schloß zurücke, worauf denn auch viel Volk alsobald herbeifähret, die Wülfe verjaget und den Junker erlöset. Selbiger ließ dahero eine große Wulfjagd des andern Tages in der Klosterheiden ansagen, und wer den einäugigen Feger ihm tot oder lebendig brächte, sölle eine Tonne Bier zum besten haben. Doch haben sie ihn nit gefangen, obgleich sie in den Netzen sonsten bei vier Wülfen diesen Tag gehabt und geschlagen. Also ließ er auch Weiteres in meinem Kapsel die Wulfsjagd ansagen. Doch wie der Kerl kömmt, die Glocke auf dem Turm zu rühren, hält er nit ein wenig inne, wie es bei Wulfsjagden der Brauch ist, sondern schläget sine mora* immer tapfer zu an die Glocke, so daß männiglich glaubt, es sei ein Feuer aufgegangen, und schreiend aus den Häusern herfürspringt. So läuft auch mein Töchterlein herbei (denn ich selbsten war zu einem Kranken nach Zempin gefahren, angesehen mir das Gehen schon etwas schwerfiele und ich's nunmehro ja auch besser haben mochte), hat aber noch nit lange gestanden und nach der Ursachen geforscht, als der Amtshauptmann selber auf seinem Schimmel, mit drei Fuder Zeug hinter ihm, herbeigaloppieret und dem Volk befiehlet, sogleich zur Heiden aufzubrechen und auf den Wulf zu klappern. Hierauf will er schon mit seinem Jägervolk und etzlichen Männern, so er sich aus den Häufen gegriffen, weiterreuten, umb hinter der Damerow den Zeug zu stellen, maßen die Insel dorten wunderlich schmal ist** und der Wulf das Wasser scheuet, als er meines Töchterleins gewahr wird, sein Pferd wieder umbdrehet, sie unter das Kinn greifet und freundlich examinieret, wer und woher sie sei. Als er solches erforschet, sagt er, daß sie schier so hübsch sei als eine Engelin und daß er gar nit gewußt, daß der Priester hierselbsten eine so schöne Dirne hab. Reutet darauf weiter, sich noch wohl an die zwei oder drei Malen nach ihr umbschauend, und gelangt auch im ersten Treiben schon zu dem einäufigen Wulf, so im Rohr an der Sehe gelegen, wie sie gleich an der

---

* Ohne zu pausieren
** Die Breite, welche immer mehr abnimmt, beträgt jetzt kaum noch einen Büchsenschuß.

Losung gespüret. Denn der Wulf loset immer auf einen Stein, die Wölfin aber tät ihre Losung mitten auf den Weg, und es ist platschicht, wogegen seins immer fast dicke ist. Das hat den Junker sehr ergetzet, und haben die Zeugknechte ihn mit großen eisernen Zangen aus dem Garn herfürholen und halten müssen, worauf er ihn bei einer Stunden lang unter großem Gelächter langsam und jämmerlich zu Tode gemartert, was ein Prognostikon ist, wie er's nachhero mit meinem armen Kinde gemacht, denn Wulf oder Lamm ist diesem Schalksknecht gleich. Ach, du gerechter Gott! – Doch ich will nichts übereilen noch zuvorkommen.

Des andern Tages kömmt den alten Seden sein gluderäugigt Weib, so wie ein lahmer Hund mit dem Hintern drehete, und stellet meinem Töchterlein für, ob sie nit wölle bei dem Amtshauptmann in Dienst treten, lobet ihn als einen frommen und tugendsamen Mann, und wäre alles, was die Welt von ihm afterrede, erstunken und erlogen, wie sie selbsten deren Zeugnis ablegen könne, angesehen sie länger denn zehn Jahre bei ihme in dem Dienst gestanden. Item lobet sie das Essen, so sie dorten hätte, und das schöne Biergeld, so große Herren, welche hier gar oft zur Herberge lägen, vor die Aufwartung spendeten, wie sie denn selbsten von Sr. Fürstlichen Gnaden, dem Herzogen Ernst Ludwig, mehr denn einmal einen Rosenobel überkommen. Auch hätt es hier sonsten oft viel junge, hübsche Leut, so daß es ihr Glück sein könnte, maßen sie ein schön Frauensbild wäre und nur das Aussuchen hätte, wen sie heiraten wölle, daß sie aber in Koserow, wo niemand nit käme, sich krumm und dumm sitzen könne, bevorab sie unter die Hauben geriete etc. Darob erzürnete sie mein Töchterlein über die Macht und antwortete: »Ei, du alte Hexe, wer hat dir gesagt, daß ich wölle in Dienst treten, umb unter die Hauben zu kommen? Packe dich, und komm mir nit ferner in das Haus, denn ich habe mit dir nichts zu schaffen!« Worauf sie denn auch alsobald wieder mummelnd ihrer Straßen zog.

Kaum aber waren etzliche Tage verschienen, und stehe ich

mit dem Glaser in der Stuben, so mir neue Fenster eingesetzet, als ich mein Töchterlein in der Kammer bei der Küchen schreien höre. Laufe alsogleich hinein und verhorresziere heftiglich, als ich den Amtshauptmann selbsten in der Ecken sahe, wie er mein Kind umbhalset hält. Läßt sie aber alsogleich fahren und spricht: »Ei, Ehre Abraham, was habt Ihr für eine kleine spröde Närrin zur Tochter. Will ihr nach meiner Weis einen Kuß zum Willkommen geben, da wehret sie sich und tut einen Schrei, als wär ich ein junger Fant, der sie überschlichen, so ich doch wohl doppelt ihr Vater sein könnte.« Als ich hierauf schwiege, hub er an fortzufahren, daß er sie habe zuversichtlich machen wollen, maßen er sie, wie ich wüßte, in seinen Dienst begehrete, und was er sonst fürbrachte und ich vergessen hab. Nötigte ihn darauf in die Stube, dieweil er immer meine von Gott gesetzte Obrigkeit ware, und fragte demütiglich, was Se. Gestrengen von mir wöllen, worauf er freundlich zur Antwort gab, daß er wohl billig mir zürnen möchte, angesehen ich ihn vor der ganzen Gemeine abgekanzelt, solches aber nit tun, sondern die Klageschrift contra me (gegen mich), so er schon gen Stettin an Se. Fürstliche Gnaden geschicket und mir leicht den Dienst kosten könnte, wiederkommen lassen wölle, so ich seinen Willen tät. Und als ich fragete, was Sr. Gestrengen Willen wär, auch mich von wegen der Predigt soviel entschuldiget, als ich konnte, gab er zur Antwort, daß er sehr benötiget sei um eine treue Ausgeberesche, so er dem andern Frauensvolk fürsetzen könnte, und da er in Erfahrung gezogen, daß mein Töchterlein eine treue und wackere Person sei, möcht ich sie ihme in den Dienst geben. »Siehe«, sprach er zu ihr und zwakkete sie in die Backen, »so will ich dich zu Ehren bringen, obwohl du ein so junges Blut bist, und doch schreistu, als wöllt ich dir zu Unehren verhelfen. Fu, schäme dich!« (Mein Töchterlein weiß dieses noch alles verbotenus*, ich hätte es über allen Jammer, so ich nachgehends gehabt, wohl hundertmal

---

* Wörtlich.

vergessen.) Aber sie ließ sich solches verdrießen, indem sie von der Bank aufsprange und kurz zur Antwort gab: »Ich danke Ihme für die Ehre, will aber nur meinem Papa wirtschaften helfen, das wird besser Ehre vor mich sein!« Worauf der Junker sich zu mir hinwendete, und was ich dazu sagte? Ich muß aber bekennen, daß ich in nit geringer Angst ware, inmaßen ich an die Zukunft gedachte und an das Ansehn, in welchem der Junker bei Sr. Fürstlichen Gnaden stande. Gab also demütig zur Antwort, daß ich mein Töchterlein nit zwingen könne, sie auch gerne umb mich behielte, angesehen meine liebe Hausfrau in der schweren Pestzeit bereits dieses Zeitliche gesegnet und ich nicht mehr Kinder hätte denn sie alleine. Se. Gestrengen müchten dannenhero nicht ungnädig werden, wenn ich sie nicht bei Se. Gestrengen in den Dienst schicken könnte. Dieses verdroß ihn heftiglich, und nachdeme er noch eine Zeitlang umbsonst disputieret, valedizierte er endlich, doch nicht, ohne mir zu dräuen, daß er es mir schon gedenken wölle. Item hat mein Knecht gehöret, so in dem Pferdestall gestanden, daß er, umb die Ecken gehend, für sich gesaget: »Ich will sie doch wohl kriegen!«

Solches machte mich schier wieder ganz verzaget, als den Sonntag darauf sein Jäger kam, namens Johannes Kurt, ein hübscher, großer Kerl und wohlgeputzet. Hatte einen Rehbock vor sich auf das Pferd gebunden und sagte, daß Se. Gestrengen mir solchen verehret in Hoffnung, ich würd mich besinnen über unsern Handel, anerwogen er seit der Zeit umbsonst nach einer Ausgebersche überall herumgegabelt. Se. Gestrengen wölle auch, so ich mich anders schickete, bei Sr. Fürstlichen Gnaden ein Fürwort tun, daß mir aus dem fürstlichen Aerario die Dotation des Herzogen Philippi Julii verabreichet würde etc. Dieser junge Kerl erhielt aber dieselbige Antwort denn sein Herr selbsten, und bate ihn, er wölle den Rehbock nur wieder mitnehmen. Aber solliches weigerte er sich, und da ich ihm von ungefährlich vorhero gesaget, daß Wildbret vor mich das liebste Essen sei, versprach er, mich auch in Zukunft reichlich zu versorgen, weilen es gar viel Wild in der Heiden hätte, er öftermalen hier am Streckelberge pirschen ginge und ich (wollte sagen: mein Töchterlein) ihm absonderlich gefiele, zumalen ich nit seines Herrn Willen tät, welcher, im Vertrauen geoffenbaret, kein Mädchen nit im Friede ließe, es also auch meine Jungfer nit lassen würde. Wiewohlen ich nun sein Wildbret rekusierete, brachte er es doch und kam inner 3 Wochen wohl an die vier oder fünf Malen und wurde immer freundlicher gegen mein Töchterlein. Schwätzete endlich auch viel von seinen guten Dienst und daß er sich eine gute Hausfrau suche, wo wir denn alsobald merketen, aus welcher Ecken der Wind bliese. Ergo gab ihm mein Töchterlein zur Antwort, wenn er sich doch eine Hausfrauen suche, so wundere es ihr, daß er die Zeit verliere, umbsonst nach Koserow zu reuten, denn hier wisse sie keine Hausfrau vor ihn, welches ihn fast schwer verdroß, und er nit wiederkam.

Nun hätte männiglich gläuben sollen, der Braten wäre doch auch vor den Amtshauptmann zu riechen gewest; nichtsdestoweniger aber kam er bald darauf wieder herbeigeritten und freiete nun geraderaus vor seinen Jäger um mein Töchterlein. Versprach auch, er wölle ihm ein eigen Haus in der Heiden bauen, intem ihm Kessel, Schüsseln, Betten etc. verabreichen, angesehen er den Kerl aus der heiligen Taufe gehoben und er sich auch inner sieben Jahre wacker und gut in seinem Dienst gestellet. Hierauf gab ihm mein Töchterlein zur Antwort, daß Se. Gestrengen ja bereits gehöret, daß sie ihrem Papa nur wirtschaften wölle, sie auch noch viel zu jung wäre, umb schon vor eine Hausfrau zu gelten.

Solches verdroß ihn aber nit, wie es den Anschein hatte, sondern nachdem er noch eine Zeitlang viel umbsonst diskurieret, ging er freundlich ab, wie ein Kätzlein, so sich auch stellet, als ließe sie von der Maus, und hinter die Ecken kreucht, so es doch nit ihr Ernst ist und sie alsbald wieder herfürspringt. Denn er sahe sonder Zweifel, daß er seine Sache sehr dumm angefangen, darumb ging er, sie besser anzuheben, und Satanas ging mit ihm wie weiland mit Judas Ischariot.

13. KAPITEL
Was sonsten in diesem Winter fürgefallen,
intem wie im Frühjahr die Zauberei
im Dorfe anhebt

Sonsten ist in diesem Winter nichts Sonderliches fürgefallen, als daß der barmherzige Gott großen Segen gab, im Achterwasser wie in der Sehe, und wieder gute Nahrung in der Gemeine kam, so daß auch von uns konnte gesaget werden, wie geschrieben stehet: »Ich hab dich ein klein Augenblick verlassen, aber mit großer Barmherzigkeit will ich dich sammlen.«* Dannenhero wurden wir auch nit müde, dem Herrn zu danken, und tät die Gemeine der Kirchen viel Gutes, kaufete auch wieder neue Kanzel- und Altartücher, da der Feind die alten geraubet, item wollte mir das Geld vor die neuen Kelche wiedererstatten, so ich aber nit genommen hab.

Doch hatte es noch bei zehen Bauern im Kapsel, die ihr Saatkorn zum Frühjahr nit schaffen kunnten, angesehen sie ihren Verdienst vor Vieh und das liebe Brotkorn ausgegeben. Machte also mit ihnen einen Vertrag, daß ich ihnen wölle das Geld dazu fürstrecken, und könnten sie es mir in diesem Jahr nicht wieder aufbringen, möchten sie es im nächsten mir wiedererstatten, welches sie auch dankbarlich annahmen, und schickten wir bei sieben Wagens nacher Friedland in Mecklenburg, vor uns alle Saatkorn zu holen. Denn mein lieber Schwager Martin Behring in Hamburg hatte mir allbereits durch den Schiffer Wulf, der zu Weihnachten schon wieder binnen gelaufen war, vor den Bernstein 700 Fl. übermachet, die ihme der Herr gesegnen wölle.

Sonsten starb diesen Winter die alte Thiemksche in Loddin, so eine Großmutter im Kapsel ware und auch mein Töchterlein gegriffen hat. Aber sie hat in letzter Zeit wenig Arbeit gehabt, inmaßen ich in diesem Jahre nur zwei Kinder getaufet, als Jung seinen Sohn und Lene Hebers ihr Töchterlein, so

---
* Jesaias 54,7.

die Kaiserlichen gespießet. Item sind es fast fünf Jahr, daß ich die letzten Brautleute vertrauet. Dannenhero männiglich schließen mag, daß ich hätte mögen zu Tode hungern, wenn der gerechte Gott mich nit auf andere Weis so grundgütig bedacht und gesegnet hätte. Darumb sei ihm allein die Ehr. Amen.

Hierzwischen aber begab es sich nicht lange darauf, als der Amtshauptmann das letzte Mal dagewesen, daß die Zauberei im Dorfe begunnte.

Saß eben und traktierte mit meinem Töchterlein den Virgilium im Zweiten Buch, von der graulichen Verwüstung der Stadt Troja, so doch noch erschröcklicher gewesen denn unsere, als das Geschreie kam, daß unsern Nachbauern Zabel seine rote Kuh, so er sich vor wenigen Tagen gekaufet, im Stalle alle viere von sich gestoßen und verrecken wölle und solches ein seltsam Ding wäre, angesehen sie noch vor einer halben Stunden wacker gefressen. Mein Töchterlein möchte doch hinkommen und ihr drei Haare aus dem Schweif ziehen und selbige unter der Stallschwellen verscharren. Denn sie hätten in Erfahrung gebracht, wenn solches eine reine Jungfer tät, würde es besser mit der Kuh. Tät ihnen mein Töchterlein also den Willen, dieweil sie die einige Jungfer im ganzen Dorf war (denn die andern seind noch alle Kinder), und schlug es auch von Stund an, so daß sich männiglich verwunderte. Aber es währete nit lange, so kam Witthahnsche ihrem Schwein beim gesunden Fressen auch was an. Selbige kam also angelaufen, daß mein Töchterlein sich umb Gotts willen erbarmen und ihrem Schwein auch etwas gebrauchen wölle, da böse Menschen ihme was angetan. Dannenhero erbarmte sie sich auch, und es half alsogleich wie das erste Mal. Doch hatte das Weib, so schwanger war, von dem Schröcken die Kindesnot überkommen, und wie mein Töchterlein kaum aus dem Stalle ist, geht sie jünsend und sich an allen Wänden stützend und begreifend in ihre Bude, rufet auch ringsumbher die Weiber zusammen, da die rechte Großmutter, wie bemeldet, verstorben war, und währet es nit lange, so schießt auch etwas unter ihr zur Erden. Doch als sich die Weiber darnach niederbükken, hebt sich der Teufelsspök, so Flügel gehabt, wie eine Fledermaus von der Erden, schnurret und burret in der Stuben umbher und schießt dann mit großem Rumor durch das Fenster, daß das Glas auf die Straßen klinget. Wie sie aber nachsehen, ist allens fort. Nun kann man genugsam bei sich selbsten abnehmen, welch ein groß, gemein Geschrei hieraus entstande. Und judizierete fast das ganze Dorf, daß niemand nit denn den alten Seden sein gluderäugigt Weib solchen Teufelsspök angerichtet.

Aber die Gemein wurde bald in solchem Glauben irrig. Denn desselbigen Weibes ihre Kuh kriegt es bald auch so wie alle andern ihre Kühe. Kam dahero auch wehklagend herbeigelaufen, daß mein Töchterlein sich ihrer erbarmen wöll, wie sie sich der andern erbarmet, und umb Gottes willen ihrer armen Kuh helfen. Hätte sie ihr verarget, daß sie von dem Dienst beim Amtshauptmann etwas gesaget, so wäre es ja aus gutem Herzen geschehen etc. Summa: sie beredete mein unglücklich Kind, daß sie auch hinginge und ihrer Kuh half.

Unterdessen lag ich an jeglichem Sonntag mit der ganzen Gemein auf meinen Knien dem Herrn an, daß er dem leidigen Satan nit wölle gestatten, uns dasjenige wiederumb zu nehmen, was seine Gnad uns nach so vielerlei Not zugewendet, item daß er den Urheber von solchem Teufelsspök an das Tageslicht bringen wölle, umb ihm die verdiente Straf zu geben.

Aber es half allens nit. Denn allererst waren wenige Tage verstrichen, so kam Stoffer Zuter seiner bunten Kuh auch was an, und kam er wieder, wie all die andern, zu meinem Töchterlein gelaufen. Ging sie also auch hin, aber es wollte nit anschlagen, sondern das Viehe verreckete fast unter ihren Händen.

Item hatte Käte Berow von dem Spinngeld, das sie diesen Winter von meim Töchterlein erhalten, sich ein Ferkelken angeschaffet, so das arme Weibstück wie ein Kind hielte und bei sich in der Stuben laufen hatte. Selbiges Ferkelken kriegt es auch wie die andern im Umbsehen; doch als mein Töchterlein hierzu gerufen wird, will es auch nit anschlagen, sondern es verrecket ihr abermals unter den Händen, und erhebt das arme Weibsbild ein groß Geschrei und reißt sich für Schmerz die Haare aus, so daß es mein Kind erbarmet und sie ihr ein ander Ferkelken verspricht, wenn meine Sau werfen würd.

Hierzwischen mochte wohl wieder eine Woche verstreichen, in währender Zeit ich mit der ganzen Gemein fortfuhre, den Herrn umb seinen gnädigen Beistand, wiewohl umbsonst, anzurufen, als Sedensche ihr Ferkel auch was ankömmt. Läuft dahero wieder mit großem Geschrei zu meiner Tochter, und wiewohl diese ihr sagt, daß sie ja sähe, es wölle nit mehr helfen, was sie vor das Vieh gebrauchte, hörte sie doch nit auf, selbiger mit großem Lamentieren so lange anzuliegen, bis sie sich abermals aufmachte, ihr mit Gotts Hülfe beizustehn. Aber es war auch umbsonst, angesehen das Ferkelken schon verreckete, bevorab sie den Stall verlassen. Was tät aber nunmehro diese Teufelshure? Nachdeme sie mit großem Geschrei im Dorfe umbhergelaufen, saget sie, nun sähe doch männiglich, daß mein Töchterlein keine Jungfer mehr wäre, denn warumb es sosnt jetzt nit mehr helfen sollte, wenn sie dem Viehe was gebrauchte, so es doch vorhero geholfen? Hätte wohl ihre Jungferschaft in dem Streckelberge gelassen, wohin sie diesen Frühjahr so fleißig trottiere, und wüßte Gott, wer selbige bekommen! Doch weiter sagt sie noch nichts, und erfuhren wir das allens nur hernachmals. Und ist wahr, daß mein Töchterlein diesen Frühjahr ist mit und ohne mich in den Streckelberg gespazieret, umb sich Blumen zu suchen und in die liebe Sehe überzuschauen, wobei sie nach ihrer Weis diejenigen Versus aus dem Virgilio, so ihr am besten gefallen, laut gerezitieret (denn was sie ein paarmal lese, das behielte sie auch).

Und solche Gänge weigerte ich ihr auch nicht, denn Wülfe hatte es nicht mehr im Streckelberge, und wenn es auch noch einen hatte, so fleucht er vor dem Menschen zur Sommerszeit. Doch nach dem Bernstein verbot ich ihr zu graben. Denn da er nunmehro schon zu tief fiele, und wir nicht wußten, wo wir mit dem Aufwurf bleiben söllten, daß es nit verraten würd, nahm ich mir für, den Herrn nicht zu versuchen, besondern zu warten, bis mein Fürrat am Gelde fast klein würde, bevorab wir wieder grüben.

Solliches tat sie aber nicht, wiewohl sie es versprochen, und ist aus diesem Ungehorsam all unser Elend herfürgegangen. (Ach, du lieber Gott, welch ein ernst Ding ist es doch um dein heilig viertes Gebot!) Denn da Ehre Johannes Lampius von Krummin, so mich im Frühjahr heimgesuchet, mir verzählet, daß der Kantor in Wolgast die Op. St. Augustini* verkaufen wölle, und ich in ihrer Gegenwärtigkeit gesaget, daß ich solche wohl vor mein Leben gerne kaufen möchte, aber das Geld davor nit übrig hätte, stunde sie ohne mein Wissen des Nachts auf, umb nach Bernstein zu graben, solchen auch, so gut sie könnte, in Wolgast zu versilbern und zu meinem Geburtstag, welcher den 28sten August einfällt, mir heimlich die Op. St. Augustini zu verehren. Den Aufwurf hat sie aber immer mit tännen Zweigen bedecket, so es genugsam in der Heiden hat, damit niemand nichtes verspüren möchte.

Hierzwischen aber begab sich, daß der junge Nobilis Rüdiger von Nienkerken eines Tages angeritten kam, umb Kundschaft von dem großen Zauber zu überkommen, so hier im Dorfe sein sölle. Als ich ihme nun solchen verzählet, schüttelte er ungläubig das Haupt und vermeinete, daß es mit aller Zauberei fast Lüg und Trug wäre, wovor ich mich heftiglich perhorreszierete, angesehen ich diesen jungen Herrn für einen klügeren Mann gehalten, und nun sehen mußte, daß er ein Atheiste war. Solches aber merkete er und gab lächelnd zur Antwort, ob ich jemals den Johannen Wierum** gelesen, so nichts wissen wölle von der Zauberei und argumentiere, daß alle Hexen melancholische Personen wären, die sich selb-

---

* Die Werke des heiligen Augustin.
** Ein niederländischer Arzt, der 1590 in einer Schrift das Unwesen des Zauberglaubens seiner Zeit angriff, dafür aber selbst für den ärgsten Hexenmeister verschrien wurde.

sten nur einbildeten, daß sie einen Paktum mit dem Teufel hätten, und ihm mehr erbarmens- denn strafwürdig fürkämen.

Hierauf gab ich zur Antwort, daß ich solchen zwar nit gelesen (denn sage, wer kann allens lesen, was die Narren schreiben?), aber der Augenschein zeige ja hier und allerorten, daß es ein ungeheurer Irrtum sei, die Zauberei zu leugnen, inmaßen man alsdann auch leugnen könnte, daß es Mord, Ehebruch und Diebstahl gäb.

Aber dieses Argumentum nannte er ein Dilemma*, und nachdem er viel von dem Teufel gedisputieret, so ich vergessen, da es arg nach Ketzereien roch, sagete er, er wölle mir von einem Zauber in Wittenberg erzählen, so er selbsten gesehen.

Als dorten nämlich ein kaiserlicher Hauptmann vor dem Elstertore eines Morgens sein gutes Roß bestiegen, umb sein Fähnlein zu inspizieren, hebet solches alsobald an, so grimmig zu toben, bäumet, schüttelt mit dem Kopfe, prustet, rennet und brüllet, nit wie Pferde sonst tun, daß sie wiehern, sondern es ist anzuhören gewest, als wenn die Stimm aus einem Menschenhalse käme, so daß männiglich sich verwundert und allens das Rößlein für bezaubert gehalten. Es hätte auch alsobald den Hauptmann abgeworfen, ihm mit seinem Huf den Schädel eingeschlagen, daß er dagelegen und gezappelt, und hätte nunmehro ins Weite wöllen. Da hätte ein Reutersmann sein Handröhr auf das verzauberte Roß abgedrukket, daß es gleich auf den Weg zusammengeschossen und verrecket sei. So wäre er auch mit vielen hinzugetreten, dieweil der Obrist alsofort Befehlig an den Feldscherer gegeben, daß Roß aufzuschneiden, umb zu sehen, wie es innerlich mit ihm stünde. Wäre aber alles gut gewest, und beide, der Feldscherer und Feldmedikus, hätten testifizieret, daß es ein kerngesund Roß sei, wannenhero allens denn noch weit heftiger über Zauberei geschrien. Hierzwischen aber hätte er selbsten (verstehe: den jungen Nobilis) gesehen, daß dem Rößlein ein feiner Rauch aus der Nasen gezogen, und als er sich niederge-

---

* Verfänglicher Schluß.

bucket, hätte er alsobald einen Lunten herfürgezogen, fast bei eines Fingers Länge, so noch geschwelet und ihme ein Bube mit einer Nadel heimlich zur Nase hineingestoßen. Da wäre denn die Zauberei auf einmal vergeschwunden, und man hätte den Täter nachgespüret, so auch alsobald gefunden wär, nämlich der Reutersknecht von dem Hauptmann selbsten. Denn da sein Herr ihm das Wammes ausgeklopfet, hätte er einen Eid getan, es ihm zu gedenken, so aber der Profoß selbsten gehöret, der von ungefährlich im Stall gestanden und geharnet. Item hätte ein anderer Kriegsknecht bezeuget, daß er gesehn, wie der Kerl ein Stück von der Lunten geschnitten, kurz zuvor ehe denn er seinem Herrn das Roß vorgeführet. – Also, meinte nun der junge Edelmann, wär es mit jeglicher Zauberei, so man damit auf den Grund ginge, wie ich ja auch selbsten in Gützkow gesehen, wo der Teufelsspök ein Schuster gewest, und würd es auch hier im Dorf wohl auf gleiche Weis zugestehn. Vor solche Rede wurde ich aber dem Junker von Stund an als einem Atheisten abhold, wiewohlen ich in Zukunft leider Gottes gesehen hab, daß er fast recht gehabt, denn wäre der Junker nit gewest, wo wäre dann mein Kind?

Doch will ich nichtes übereilen! – Summa: Ich ging fast verdrüßlich über diese Wort in der Stuben umbher, und fing der Junker nunmehro an, mit meinem Töchterlein über die Zauberei zu disputieren, bald deutsch und bald lateinisch, wie es ihm ins Maul kam, und sollte sie auch ihre Meinung sagen. Aber sie gab ihm zur Antwort, daß sie ein dumm Ding sei und keine Meinung haben könnte, daß sie aber dennoch gläube, der Spök hier im Dorfe ginge nit mit rechten Dingen zu. Hierüber rief mich die Magd abseiten (weiß nit mehr, was sie wollte), doch als ich wieder in die Stuben kam, war mein Töchterlein so rot wie ein Scharlachen, und der Junker stunde dicht vor ihr. Fragete sie dannenhero gleich, als er abgeritten, ob etwas fürgefallen, so sie aber leugnete und erst nachgehends bekannte, daß er in meinem Abwesen gesaget, daß er nur einen Menschen kenne, so zu zaubern verstünde.

Und als sie ihn gefraget, wer derselbige Mensch denn wäre, hätte er sie bei der Hand gegriffen und gesaget: »Sie ist es selbsten, liebe Jungfer, denn sie hat meinem Herzen etwas angetan, wie ich verspüre!« Weiteres aber hätte er nichtes gesaget, als daß er sie dabei mit brennenden Augen ins Angesicht geschauet, und darüber wäre sie so rot worden.

Aber so seind die Mädchens, sie haben immer ihre Heimlichkeiten, wenn man den Rücken drehet, und ist das Sprüchwort wahr: »Mätens to höden un Kücken to möten, sall den Düwel sülfst verdreten!«*, wie man leider nachgehends noch weiter finden wird.

14. KAPITEL
Wie der alte Seden plötzlich verschwindet,
item der große Gustavus Adolphus
nacher Pommern kömmt
und die Schanze zu Peenemünde einnimmt

Mit der Zauberei war es nunmehro eine Zeitlang geruhlig, so man die Raupen nicht in Anrechnung zeucht, welche mir meinen Obstgarten gar jämmerlich geruinieret, und welches sicherlich ein seltsam Ding war. Denn die Bäumlein blüheten alle so lieblich und holdselig, daß mein Töchterlein eines Tages sagte, als wir darunter umbhergingen und die Allmacht des barmherzigen Gottes preiseten: »So uns der Herr weiter gesegnet, ist es diesen Winter bei uns alle Abend heiliger Christ!« Aber es sollte bald anders kommen. Denn es befanden sich im Umbsehen so viele Raupen (große und kleine von allerhand Farb und Kolör) auf den Bäumen, daß

---

* Das ist etwa: »Mädchen und Küchlein zu hüten, soll den Teufel selbst verdrießen!« – wobei jedoch zu bemerken, daß die hochdeutsche Sprache das malerische Wort »möten« nicht ausdrücken kann, welches eigentlich bedeutet, mit vorgestreckten Armen das Korn oder einen andern lockenden Gegenstand vor dem Andrange der Tiere zu schützen.

man sie fast mit Scheffeln messen mochte, und währete nit lange, als meine arme Bäumekens allesamt wie die Besenreiser aussahen und das liebe Obst, so angesetzet, abfiel und kaum vor meinem Schwein zu gebrauchen war. Will hierbei auf niemand raten, doch hatte gleich dabei meine eigenen Gedanken und habe sie noch. Sonsten stand mein Gerstenkorn, so ich bei 3 Scheffeln in die Wörth gestreuet, sehr lieblich. Auf dem Felde hatte ich nichtes ausgeworfen, angesehen ich die Bosheit des leidigen Satans scheuete.

Auch hatte die Gemeine heuer nit viel Segen an Korn, inmaßen sie zum Teil aus großer Not keine Wintersaat gestreuet und die Sommersaat noch nit fort wollte. Sonsten an Fischen fungen sie in allen Dörfern durch die Gnade Gottes viel, insonderheit an Hering, welcher aber schlecht im Preise steht. Auch schlugen sie manchen Saalhund, und habe ich selbsten umb Pfingsten einen geschlagen, als ich mit meinem Töchterlein an der Sehe ging. Selbiger lag auf eim Stein dicht am Wasser und schnarchete wie ein Mensch. Zog mir also die Schuhe aus und ging heimlich hinzu, daß er nichts merkete, worauf ich ihm mit einem Stecken so über die Nasen schlug (denn an der Nasen kann er wenig vertragen), daß er gleich ins Wasser purzelte. Doch war ihm die Besinnung schon weg, und mochte ich ihn nunmehro leichtlich ganz zu Tode schlagen. Es war ein feistes Beest, obwohl nit gar groß, und brieten wir doch aus seinem Speck an die 40 Pott Tran, so wir beschlossen, zur Winternotdurft aufzuheben.

Hierzwischen aber begab es sich, daß dem alten Seden flugs etwas ankam, also daß er das heilige Sakrament begehrete. Ursache konnte er nit angeben, als ich zu ihm kam, hat es aber vielmehr wohl nit tun wöllen aus Furcht für seiner alten Lisen, so mit ihren Gluderaugen sein immer hütete und nicht aus der Stuben ging. Sonsten wollte Zutern sein klein Mädchen, ein Kind bei 12 Jahren, am Gartenzaun auf der Straßen, wo sie Kraut vor das Vieh gepflücket, gehört haben, daß Mann und Frau sich etzliche Tage zuvorab wieder heftig gescholten und der Kerl ihr fürgeschmissen, daß er nunmehro gewißlich in Erfahrung gebracht, daß sie einen Geist habe, und wölle er alsobald hingehen und es dem Priester verzählen.

Wiewohlen das nur Kindereien seind, will es doch wohl wahr seind, anerwogen Kinder und Narren, wie man saget, die Wahrheit sprechen.

Doch laß ich das in seinen Würden. Summa: Es wurde immer schlimmer mit meinem alten Fürsteher, und wenn ich ihne, wie ich den Brauch bei Kranken hab, alle Morgen und Abend heimsuchte, umb mit ihm zu beten, und oftmalen wohl merkete, daß er etwas annoch auf seim Herzen hatte, kunnte er doch nichts herfürbringen, angesehen die alte Lise immer auf ihrem Posten stunde.

So verblieb es eine Zeitlang, als er eines Tages umb Mittag aus zu mir schickete, ich wölle ihm doch ein klein wenig Silbers von dem Abendmahlkelch abschrapen*, weilen er den Rat gekriegt, daß es besser mit ihm werden würd, wenn er es mit Hühnermist einnähm. Wollte lange Zeit nit darangehen, maßen ich gleich vermutete, daß dabei wieder Teufelsspök verborgen, aber er drängete so lange, bis ich ihme den Willen tat. Und siehe, es half fast von Stund an, so daß er am Abend, als ich kommen war, mit ihme zu beten, schon wieder auf der Bank saß, ein Topf zwischen den Beinen, aus welchem er seine Suppen kellete. Wollte aber nit beten (ein seltsam Ding, da er doch sonsten so gerne gebetet und oftmals kaum die Zeit ausharren kunnte, ehe ich kam, so daß er wohl an die zween oder dreien Malen geschicket, wenn ich nit gleich zur Hand ware oder sonstwo mein Wesen hatte), sondern sagete, er hätte schon gebetet und wölle er mir vor meine Mühe den Hahnen zu einer Sonntagssuppen geben, wovon er den Mist eingenommen, maßen es ein großer, schöner Hahnen sei und er nichts Besseres hätte. Und weilen das Hühnerwerk schon aufgeflogen, trat er auch zu dem Wiem**, so er in der Stuben

---

* Plattdeutsch: abschaben.
** Plattdeutsch: Gerüst, auf welchem die Hühner sitzen.

hinter dem Ofen hatte, und langete den Hahnen herab, so er meiner Magd unter den Arm tät, so gekommen war, mich wegzurufen.

Hätte aber den Hahnen umb alles in der Welt nit essen wollen, besondern ließ ihn zur Zucht laufen. Wie ich nun ginge, fragte ihn noch, ob ich am Sonntage dem Herrn vor seine Besserung danken sölle, worauf er aber zur Antwort gab, daß ich solches halten könne, wie mir geliebte. Verließ also kopfschüttelnd sein Haus und nahm mir für, ihn alsogleich rufen zu lassen, wenn ich in Erfahrung gezogen, daß seine alte Lise nit heimisch (denn sie holete sich oft von dem Amtshauptmann Flachs, umb solchen aufzuspinnen).

Aber siehe, was geschah schon nach etzlichen Tagen? Es kam das Geschreie, der alte Seden wäre weggekommen, und niemand wüßte nit, wo er geblieben. Sein Weib vermeinete, er wäre in den Streckelberg gangen, und kam dahero diese vermaledeite Hexe auch mit großem Geheul bei mir vorgelaufen und forschete von meinem Töchterlein, ob sie ihren Kerl nit wo hätte daselbsten laufen gesehen, dieweil sie ja alle Tage in den Berg ginge. Mein Töchterlein sagte nein, sollte aber, sei's Gott geklagt, bald genugsam von ihme erfahren. Denn als sie eines Morgens, ehe denn die Sonne aufgegangen gewest, von ihrer verbotenen Gräberei zurückkömmt und in den Wald niedersteiget, höret sie flugs sich zur Seiten einen Grünspecht (so sicherlich die alte Lise selbsten gewest) so erbärmlich schreien, daß sie in das Gebüsche tritt zu sehen, was er hätte. So sitzt nun dieser Specht auf der Erden vor einem Flusch Haaren, so rot und ganz so gewest seind wie dem alten Seden seine, burret aber mit einem Schnabel voll auf, wie er ihrer gewahr wird, und verkreucht sich damit in ein Astloch. Wie mein Töchterlein noch stehet und diesen Teufelsspök betrachtet, kömmt der alte Paasch, so das Geschrei auch gehöret und mit seinem Jungen sich Daukelschächte* in dem Berg gehauen, auch herbei und entsetzet sich gleicherweis, wie er die

---

* Dachschächte (Dachsparren).

Haare an der Erden sieht. Und vermeinen sie erstlich, daß ihn ein Wulf gefressen, sehen dannenhero sich auch überall umb, aber finden kein einig Knöchelken. Wie sie aber in die Höhe schauen, kommt es ihnen für, als ob oben im Wipfel auch etwas Rotes glitzerte, und muß der Junge in den Baum steigen, wo er denn alsogleich ein groß Geschrei anhebt, daß es hier auch auf ein paar Blätter einen guten Flusch roter Haare hätte, so mit den Blättern zusammengeklebet wären wie mit Pech. Aber es wäre kein Pech nit, sondern sähe rot- und weißsprenklig aus wie Fischküt*. Item wären die Blätter ringsumbher, wo auch keine Haare säßen, bunt und fleckigt und voll unsauberen Stankes. Wirft also der Junge auf Geheiß seines Herren den Kletten herab, und judizieren sie beide gleich unten, daß dies den alten Seden sein Haar und Hirn sei und ihn der Teufel bei lebendigem Leibe geholet, weil er nit hat beten wöllen und dem Herrn danken vor seine Besserung. Solche gläubete ich auch selbsten und stellte es auch am Sonntag so der Gemeine für. Aber man wird weiters unten sehen, daß der Herr noch andere Ursachen gehabt, ihn in die Hand des leidigen Satans zu geben, angesehen er sich auf Zureden seines bösen Weibes von seinem Schöpfer losgesagt, umb nur wieder besser zu werden. Vor jetzo aber tät noch diese Teufelshure, als wäre ihr das größeste Herzeleid zugefüget, inmaßen sie sich die roten Haare bei ganzen Fluschen ausriße, wie sie von dem Grünspecht durch mein Töchterlein und den alten Paasch hörete, und lamentierte, daß sie nunmehro auch eine arme Wittib sei, und wer sie in Zukunft verpflegen würd etc.

Hierzwischen feierten wir auch an dieser öden Küsten, so gut wir kunnten und mochten, mit der ganzen protestantischen Kirchen den 25sten Tag des Monats Juni, wo für nunmehro 100 Jahren die Stände des Heiligen Römischen Reichs dem großmächtigsten Kaiser Carolo V. ihre Konfession zu Augsburg fürgeleget, und hielte ich die Predigt über

* Eingeweide der Fische.

Matth. 10,32 von der rechten Bekenntnis unsers Herrn und Heilandes Jesu Christ, worauf die ganze Gemeine zum Nachtmahl ging. Doch gegen den Abend desselbigen Tages, als ich mit meinem Töchterlein zur Sehe gespazieret war, sahen wir umb den Ruden* viel hundert Masten von großen und kleinen Schiffen, höreten auch ein merklich Schießen und judizierten alsbald, daß es der großmächtigste König Gustavus Adolphus sein möchte, so nunmehr, wie er versprochen, der armen, bedrängten Christenheit zur Hülf käme. Im währenden Judizieren aber segelte ein Boot von der Oie heran, worinnen Käthe Berowsche ihr Sohn saß, so dorten ein Bauer ist und seine alte Mutter heimsuchen wollte. Selbiger verzählete, daß es wirklich der König wär, so diesen Morgen von Rügen mit seiner Flotten den Ruden angelaufen, allwo ein paar Oier Leut gefischet und gesehen, daß er alsofort mit seinen Offiziers an das Land gestiegen und alldort mit geblößetem Haupt auf seine Knie gefallen sei.**

Auch, du gerechter Gott, da hatte ich unwürdiger Knecht am lieben Abend noch eine größere Jubelfreude denn am lieben Morgen, und kann man leichthin bei sich selbsten abnehmen, daß ich nicht angestanden, mit meim Töchterlein alsofort auch auf meine Knie zu fallen und es dem König nachzutun. Und weiß Gott, ich hab in meinem Leben nicht so brünstig gebetet denn diesen Abend, wo der Herr uns ein sollich Wunderzeichen fürstellete, daß der Retter seiner armen Christenheit gerade anlangen mußte an dem Tag, wo sie ihn allerorten umb seine Gnad und Hülfe für des Papstes und Teufels Mord und List auf ihren Knien angeschrien hatten. Konnte auch die Nacht darauf für Freuden nicht schlafen, besondern ging schon zur frühen Morgenzeit nach der Damerow, wo Vithen seinem Jungen etwas angekommen war. Gläubete schon, es würd auch Zauberei sein, aber es war dieses Mal keine Zauberei, angesehen der Junge in der Heiden

---

* Ruden und Oie, zwei kleine Inseln zwischen Usedom und Rügen.
** Man sehe auch das Theatrum Europacum, J. 226 fl.

etwas Schlimmes gefressen hatte. Was es für Beeren gewest, kunnte er nit mehr sagen, doch zog das Malum, so ihm das Fell ganz rot wie Scharlach gemachet, alsbald fürüber. Als ich darumb bald hernacher den Heimweg antrate, begegnete ich einem Boten von Peenemünde, so Ihro Majestät, der großmächtigste König Gustavus Adolphus, an den Amtshauptmann gesendet, daß er ihme am 29. Juni umb 10 Uhren morgens sölle drei Wegweiser bei Koserow gestellen, umb Se. Majestät durch die Wälder nach der Swine zu geleiten, allwo die Kaiserlichen sich verschanzet hatten. Item verzählete er, daß Ihro Majestät schon gestern die Schanze zu Peenemünde eingenommen (was wohl das Schießen bedeutet, so wir den Abend zuvor gehöret) und hätten die Kaiserlichen gleich allens verlaufen und die rechten Buschreuter gespielet. Denn nachdem sie ihr Lager in Brand gestecket, wären sie zu Busch gesprungen, umb zum Teil nach Wolgast, zum Teil nach der Swine zu entkommen.

Alsobald beschloß nun in meiner Freud, Sr. Majestät, so ich mit des allmächtigen Gotts Hülf sehen sollte, ein Carmen gratulatorium* zu fabrizieren, welches mein Töchterlein ihme überreichen könnte.

Tät ihr alsogleich nach meiner Heimkunft den Fürschlag, und sie fiele für Freuden mir davor umb den Hals und fing alsdann an, in der Stuben umbherzutanzen. Doch als sie sich ein wenig besunnen, meinete sie, daß ihr Kleid nicht gut genug wäre, umb Sr. Majestät darinnen aufzuwarten, und möchte ich ihr noch ein blauseidin Kleid mit gelbem Schurzfleck kaufen, da dieses die schwedische Kolör sei und Sr. Majestät baß gefallen würd. Wollte aber lange nicht daran, anerwogen ich solch hoffärtig Wesen hassete, aber sie tribulierete so lange mit ihren guten Worten und Küßleins, daß ich alter Narre ja sagete und meinem Ackersknecht befahl, noch heute mit ihr nach Wolgast zu fahren, umb sich den Zeug zu kaufen. Achte darumb, daß der gerechte Gott, so den Hoffärtigen

---

* Glückwünschungsgedicht.

widerstehet und den Demütigen Gnade gibt, mich von wegen solcher Hoffart mit Recht gestrafet. Denn ich hatte selbsten eine sündliche Freude, als sie mit zwo Weibern, so ihr söllten helfen, zurückekam und mir den Zeug fürlegete.

Des andern Tages hub auch gleich das Nähen mit der Sonnen an, in währendem ich mein Carmen fabrizierte. War aber noch nit weit gelanget, als der junge Edelmann Rüdiger von Nienkerken vorgeritten kam, umb sich zu erkundigen, wie er sagte, ob Sr. Majestät in Wahrheit über Koserow marschieren würd. Und als ich ihm hievon gesaget, was ich wußte, item unser Fürhaben mitgeteilet, lobete er solches gar sehr und instruierte mein Töchterlein (die ihn heute freundlicher ansah, als mir recht war), wie die Schweden das Lateinisch sprächen, als ratscho für ratio, üt für ut, schis für scis etc., damit sie Sr. Majestät nit die Antwort schuldig blieb. Und hätte er sowohl in Wittenberge als in Griepswalde viel mit Schweden konversieret, wöllten dahero, so es ihr geliebte, ein klein Kolloquium anstellen, und wölle er den König machen.

Hierauf setzte er sich vor sie auf die Bank, und hatten sie beide alsogleich ihr Geschwätze, was mich fast heftig verdroß, insonderheit als ich sahe, daß sie die Nadel wenig rührete, aber sage, Lieber, was kunnte ich dabei tun? Ging also meiner Straßen und ließ sie schwätzen bis gegen Mittag, wo der Junker endlich sich wieder aufmachete. Doch versprach er, am Dienstag, wenn der König käm, sich auch einzustellen, gläube auch, daß die ganze Insel alsdann wohl bei Koserow zusammenlaufen würde.

Als er fort war und mir die Vena poetica*, wie leicht zu erraten, noch verstopfet war, ließ ich meinen Wagen anspannen und fuhre im ganzen Kapsel umbher, in allen Dörfern das Volk vermahnende, daß sie am Dienstag umb 9 Uhren an dem Hünenstein vor Koserow wären, und sollten sie alle niederfallen auf ihre Knie, wenn sie sähen, daß der König käm und ich auf meine Knie fallen würd, item gleich einstimmen,

---

* Poetische Ader.

wenn die Glocken anhüben zu läuten und ich den Ambrosianischen Lobgesang intonierete. Solches versprach sie auch alle zu tun, und nachdeme ich am Sonntag in der Kirchen sie noch einmal hierzu vermahnt und vor Se. Majestät von ganzem Herzen zu dem Herrn gebetet, kunnten wir kaum den lieben Dienstag vor großen Freuden erharren.

15. KAPITEL
*Von der Ankunft des großmächtigen
Königs Gustavi Adolphi und was sonsten
dabei fürgefallen*

Hierzwischen wurde nun auch mein Carmen in metro elegiaco* fertig, so mein Töchterlein abschriebe (inmaßen ihre Handschrift trefflicher ist denn die meine) und wacker memorierete, umb solches Sr. Majestät aufzusagen. Item wurden die Kleider fertig, so ihr fast lieblich stunden, und ginge sie den Montag zuvor in den Streckelberg, unangesehen es eine so große Hitze war, daß die Krähe auf den Zaum jappte**. Denn sie wollte sich Blumen suchen zu einem Kranz, welchen sie aufzusetzen gedachte und so auch blau und gelb sein söllten. Kam auch gegen Abend wieder mit einem Schurzfleck voll Blumen aller Art, doch waren ihre Haare ganz naß und hingen ihr kladdrig*** umb die Schultern. (Ach, Gott, ach, Gott, so mußte mir armen Mann alles zu meinen Verderben gereichen!) Fragete also, wo sie gewest, daß ihre Haare so kladdrig aussähen, worauf sie zur Antwort gab, daß sie von dem Kölpin****, umb den sie sich Blumen gepflücket, zum Strande gangen und sich dorten in der Sehe gebadet, dieweil es eine große Hitze gewest und sie niemand

---

* Im elegischen Versmaß
** Plattdeutsch: nach Luft schnappen.
*** Plattdeutsch: zottig, mit dem Nebenbegriff des Feuchten.
**** Ein kleiner Landsee in der Nachbarschaft des Meeres.

nit gesehen. Könnte doch Sr. Majestät nun morgen, wie sie kurzweilig fortfuhre, doppelt als eine reine Jungfer unter die Augen treten.

Mir gefiel solches gleich nicht, und sahe ich ehrbar aus, doch sagete ich nichtes.

Am andern Morgen ware das Volk schon umb 6 Uhr umb den Hünenstein, Männer, Weiber, Kinder. Summa: Was nur gehen kunnte, das hatte sich eingefunden. Auch war mein Töchterlein schon umb 8 Uhren ganz in ihrem Schmuck, nämlich eim blauseidin Kleid, gelbem Schurzfleck, gelbem Tüchlein und einer gelben Haarhauben, so genetzet ware und worauf sie das Kränzlein von blau und gelben Blümeken setzte. Währete nit lange, so war mein Junker auch wieder da, gleichfalls sauber und ausstaffieret, wie eim Edelmann zustehet. Hätte doch Kundschaft einziehen wöllen, wannenhero ich mit meinem Töchterlein nach dem Stein ginge, angesehen sein Herr Vater, Hans von Nienkerken, item Wittich Appelmann wie die Lepels vom Gnitze auch noch kämen, auch viel Volks überall auf der Landstraßen lief, als wenn er heut allhie Jahrmarkt hätte. Aber ich sahe sogleich, aß es ihme nur umb die Jungfer zu tun war, anerwogen er gleich wieder sein Wesen mit ihr hatte und alsofort auch das lateinische Geschwätze anhub. Sie mußte ihm ihr Carmen an Sr. Majestät aufsagen, worauf er, den König fürstellend, ihr antwortete: »Dulcissima et venustissima puella, quae mihi in coloribus coeli, ut angelus dominis appares, utinam semper mecum esses, nunquam mihi male cederet!«* Worauf sie rot wurd und mir es nicht viel anders erging, doch aus Ärger, wie man leichtlich schließen mag. Bate dahero, Se. Gestrengen wölle nur zum Stein sich aufmachen, angesehen mein Töchterlein mir noch meinen Chorrock umbhelfen müßte, worauf er aber zur Antwort gab, daß er solange in der Stuben warten wölle,

---

* »Du süßeste und anmutigste Dirne, die du mir wie ein Engel des Herrn in den Farben des Himmels erscheinst, wärst du doch immer um mich, dann würde es mir niemals unglücklich ergehen!«

und könnten wir ja zusammen gehen. Summa: Ich gesegnete mich abermals für diesem Junker, aber was half es? Da er nit weichen wollte, mußte ich schon ein Auge zutun, und wir gingen bald hernacher zusammen nach dem Stein, wo ich mir allerersten drei tüchtige Kerls aus dem Haufen griff, daß sie auf den Turm gehen söllten und anheben, mit den Glocken zu läuten, wenn sie sähen, daß ich auf den Stein stiege und mein Schweißtüchlein schwenkete. Solliches versprachen sie auch zu tun und gingen gleich ab, worauf ich mich mit meim Töchterlein auf den Stein setzte und sicherlich gläubte, der Junker würd ein Ansehn gebrauchen, aber er tät es nicht, sondern setzte sich mit auf den Stein. Und saßen wir drei ganz allein daselbsten, und alles Volk sahe uns an, doch kam niemand nit näher, umb meines Töchterleins Putz zu betrachten, auch die jungen Dirnens nicht, wie sie doch sonst pflegeten, was mir nur nachhero beigefallen ist, als ich erfuhre, wie es schon dazumalen umb uns stund.

Gegen 9 Uhren kamen auch Hans von Nienkerken und Wittich Appelmann angegaloppieret, und rief der alten Nienkerken sogleich seinen Sohn mit fast heftigem Ton ab, und da er nit gleich hörete, sprengete er zu uns an den Stein und schrie, daß alle Welt es hörete: »Kannstu Bub nit hören, wenn dein Vater dir rufet?« Worauf er ihm verdrüßlich folgete, und sahen wir aus der Fernen, daß er seinen Sohn bedräuete und vor ihm ausspie. Wußten noch nit, was solches bedeutete, sollten es aber leider Gotts bald erfahren.

Bald darauf kamen auch von der Damerow her die beiden Lepele vom Gnitze*, und salutierten sich die Edelleut auf einem grünen Brink dicht bei uns, doch ohne uns anzusehen. Und hörte ich, daß die Lepele sagten, so dieser Straßen gezogen waren, daß von Sr. Majestät noch nichtes zu sehen wär, aber die Scheerenflotte umb den Ruden würde schon unruhig und käme bei vielen hundert Schiffen angesegelt. Da solches nun mehrere gehöret, lief alles Volk sogleich zur Sehe (so nur

---

* Eine Halbinsel auf Usedom.

ein klein Endiken von dem Stein ist), und die Edelleute ritten selbsten hinan, ausgenommen Wittich, so von dem Pferde gestiegen war, und da er sahe, daß ich den alten Paasch seinen Jungen in eine hohe Eiche schickete, umb nach dem König überzuschauen, sich alsofort wieder an mein Töchterlein gemacht hatte, die nunmehro ganz allein auf dem Stein saß. Warumb sie seinen Jägersmann nicht genommen, und ob sie sich nit besinnen wölle und ihn noch nehmen oder sonsten bei ihme (dem Amtshauptmann) selbsten in Dienst treten, denn täte sie dieses nicht, so achte er, daß es ihr leid werden müge. Worauf sie ihm, wie sie sagete, zur Antwort gegeben, daß ihr nur eines leid tät, nämlich daß Se. Gestrengen sich so viel vergebliche Mühe umb sie gäbe. Somit wär sie eiligst aufgestanden und zu mir an den Baum getreten, wo ich dem Jungen nachsahe, wie er droben kletterte. Unsere alte Ilse aber sagete, daß er einen großen Fluch getan, als ihm mein Töchterlein den Rücken gewendet, und alsobald in das Ellerholz getreten wäre, so dicht an der Landstraßen hinläuft und wo die alte Hexe Lise Kolken auch gestanden.

Hierzwischen ging ich aber mit meinem Töchterlein auch zur Sehe, und war es wahr, daß die ganze Flotte von dem Ruden und der Oie herüberkam und gen Wolgast zu steuerte, auch gingen manche Schiffe so nah an uns fürüber, daß man kunnte die Soldaten darauf stehen und die Waffen blitzen sehen. Item höreten wir die Pferde wiehern und das Kriegsvolk lachen. Auf eim ging auch die Trummel, und auf einem andern blöketen Schafe und Rinder. In währendem Schauen aber wurden wir flugs einen Rauch von einem Schiff gewahr, und es folgete ein großer Knall, also daß wir bald auch die Kugel sahen auf dem Wasserspiegel rennen, so daß es ringsumbher schäumete und sprützete und gerade auf uns zukam. Lief also das Volk mit großem Geschrei auseinander, und höreten wir deutlich darüber das Kriegsvolk auf den Schiffen lachen. Aber die Kugel hob sich alsbald in die Höhe und schlug dicht bei Paasch seinem Jungen in eine Eiche, so daß gegen zwei Fuder Sträuch mit großem Rumor von dem Schlag zur

Erden stürzeten und den Weg überschütteten, wo Se. Majestät kommen mußte. Dannenhero wollte der Junge nit mehr oben im Baum bleiben, wie sehr ich ihn dazu vermahnete, schrie aber in währendem Niederklettern, daß ein groß Haufen Kriegsvolk nunmehro bei Damerow aus der Heiden käm und solches wohl der König sein möchte. Darum befahl der Amtshauptmann, geschwind den Weg aufzuräumen, und da solliches eine Zeitlang währete, inmaßen sich die dicken Äst und Gezweige rechtes und linkes in den Bäumen umbher geklemmet hatten, wollten die Edelleut, als allens fertig war, Sr. Majestät entgegenreuten, blieben aber auf dem kleinen Brink halten, dieweil man dicht vor uns in der Heiden es schon fahren, klappen und sprechen hörte.

Währete auch nit lange, als die Kanonen herfürbrachen, und saßen die drei Wegweiser oben darauf. Da ich nun den einen kannte, so Stoffer Krauthahn von Peenemünde war, ginge ich näher und bat ihne, mir zu sagen, wann der König käm. Aber er antwortete, daß er weiterginge mit den Kanonen bis Koserow, und möcht ich nur achthaben auf den langen schwarzen Mann, so einen Hut mit einer Feder trüg und eine güldene Ketten umb seinen Hals, solliches wäre der König, und ritte er alsbald hinter der Hauptfahnen, worauf ein gelber Löwe stünd. Observierete also genau den Zug, wie er aus der Heiden herfürbrach. Und kamen nach der Artillerie zuvorauf die finnischen und lappischen Bogenmänner, so mitten im Sommer, was mich verwunderte, noch in Pelzen einhertrottiereten. Darauf kam viel Volks, so ich nit erfahren, was es gewesen. Alsbald sah ich über dem Haselbusch, so mir im Wege stund, daß ich nicht allens gleich observieren kunnte, wenn es aus dem Busch kam, die große Hauptfahn mit dem Löwen und hintennach auch den Kopf von einem ganzen schwarzen Mann mit güldener Ketten umb seinen Hals, so daß ich gleich judizierete, dies müßte der König sein. Schwenkete dahero mein Schweißtüchlein gen den Turm zu, worauf auch alsofort die Glocken anschlugen, und in währendem uns der schwarze Mann näher ritte, zog ich mein Käpplein ab, fiel auf meine Knie und intonierte den Ambrosianischen Lobgesang, und alles Volk folgete mir nach, riß sich auch die Hüte vom Haupt und sank auf allen Seiten singend zur Erden, Männer, Weiber, Kinder; ausgenommen die Edelleut, so ruhig auf dem Brink halten blieben, und erst, als sie sahen, daß Se. Majestät dero Roß anhielt (war ein pechschwarzer Rapp und blieb gerade mit den Vorderfüßen auf mein Ackerstück stehen, was ich für ein gut Zeichen nahm), zogen sie auch die Hüt und gebärdeten sich aufmerksam.

Nachdeme wir geendet, stiege der Amtshauptmann rasch vom Roß und wollte mit seinen drei Wegweisern, so hinter ihm gingen, zum König, item hatte ich mein Töchterlein bei der Hand gefaßt und wollte auch zum König. Winkete also Se. Majestät den Amtshauptmann ab und uns hinzu, worauf ich Se. Majestät auf lateinisch beglückwünschte und Ihr hochmütiges Herze rühmete, daß Sie der armen, bedrängten Christenheit zu Schutz und Hülfe hätte den deutschen Boden heimsuchen wöllen, es auch vor ein göttlich Anzeichen priese, daß sollichs gerade an diesem erschienen Jubelfest unserer armen Kirchen geschehen sei, und möchte Se. Majestät es gnädiglich aufnehmen, wenn mein Töchterlein ihme was zu bescheren gedächt, worauf Se. Majestät sie lieblich lächelnde ansahe. Sollich freundlich Wesen machte sie wieder zuversichtlich, da sie vorhero schon merklich gezittert, und antwortete sie, ihm ein blau und gelbes Kränzlein überreichend, auf welchem das Carmen lag: »Accipe hanc vilem coronam et haec!«*, worauf sie anfinge, das Carmen herzubeten. Hierzwischen wurde Se. Majestät immer lieblicher, sahe bald sie an und bald in das Carmen und nickete besondern freundlich, als der Schluß kam. Als sie nun schwiege, sprach Se. Majestät: »Propius accedas patria virgo, ut te osculer!«** Worauf sie, sich verfärbende, ihm an das Roß trat. Und gläubete ich, er würde sie nur auf die Stirne küssen, wie sonsten die Potenta-

---

* »Nimm diesen schlechten Kranz und dieses!«
** »Komm näher, vaterländische Jungfrau, damit ich dich küsse!«

ten zu tun pflegen, aber nein! Er küßte sie also gerade auf den Mund, daß es schmatzte und seine langen Hutfedern ihr umb den Nacken hingen, so daß mir abermal ganz bange vor sie wurd. Doch richtete er sich bald wieder in die Höhe, nahm die güldene Kette sich ab, an welcher unten sein Konterfei bummelte, und hing sie meinem Töchterlein umb ihren Hals.

Hierauf kam der Amtshauptmann abermals mit seinen drei Kerls an und verneigete sich vor Sr. Majestät zur Erden. Da er aber kein Lateinisch nit kunnte, item auch kein Italienisch oder Französisch verstande, spielte ich alsobald den Dolmetscher. Denn es fragete Ihro Majestät, wie weit es bis zur Swine wär und ob es dorten noch viel fremd Kriegsvolk hätte? Und meinete der Amtshauptmann, daß annoch an die 200 Krabaten im Lager lägen, worauf Se. Majestät dem Roß die Sporen gab und freundlich nickend ausrief: »Valete!« Nun kam aber erst das andere Kriegsvolk, bei 3000 Mann gewaltig, aus dem Busch, so gleichfalls ein wacker Ansehen hatte, auch keine Narreteidinge fürnahm, wie es sonsten wohl pfleget, als es bei unserm Häuflein und den Weibern vorbeizog, sondern fein ehrbar einhertrat, und begleiteten wir den Zug noch bis hinter Koserow an die Heiden, wo wir ihn dem Schutz des Allmächtigen empfohlen und ein jeglicher wieder seiner Straßen heimzog.

16. KAPITEL
Wie die kleine Maria Paaschin
vom Teufel übel geplaget wird und mir
die ganze Gemein abfällt

Ehe ich weiters gehe, will ich zuvorab vermelden, daß der durchläuchtigste König Gustavus Adolphus, wie wir alsbald die Zeitung bekommen, auf der Swine an die 300 Krabaten niedergehauen und darauf zu Schiff nacher Stettin gefahren ist. Gott wölle ihm ferner gnädig sein. Amen.

Nunmehro aber nahm meine Not von Tage zu Tage zu, angesehen der Teufel bald so lustig wurde, wie er nie nicht gewesen. Gläubete schon, daß Gottes Ohren auf unser brünstig Gebet gemerket hätten, aber es gefiele ihm, uns noch härter heimzusuchen. Denn etzliche Tage nach der Ankunft des durchläuchtigsten Königs G. A. kam das Geschreie, daß meiner Tochter ihre kleine Pate von dem leidigen Satan besessen sei und gar erbärmlich auf ihrem Lager haushalte, so daß sie niemand nit halten könne. Machte sich mein Töchterlein alsogleich auf nach ihrer kleinen Pate, kam aber alsobald weinend zurücke, daß der alte Paasch sie gar nit zu ihr gelassen, sondern sie fast hart angeschnauzet und gesaget, sie sölle ihm nie wieder in sein Haus kömmen, inmaßen sein Kind es von dem Stuten* gekriegt, so sie ihm am Morgen verehret. Und es ist wahr, daß mein Töchterlein ihr einen Stuten geschenket, indem die Magd den Tag vorher nacher Wolgast gewesen war und ein Tüchlein voll Stutens mitgebracht.

Solche Botschaft verdroß mich fast heftig, und nachdeme ich meinen Priesterrock angezogen, machte ich mich auf den Weg zum alten Paaschen, umb den leidigen Satan zu beschwören und solchen Schimpf von meinem Kinde abzuwenden. Fand also den alten Mann auf der Dielen**, wie er an der Bodenleiter stand und weinete, und nachdem ich den »Frieden Gottes« gesprochen, fragete ihn allererst, ob er in Wahrheit gläube, daß seine kleine Marie es von dem Stuten gekriegt, so ihr mein Töchterlein verehret? Er sagete: »Ja.« Und als ich darauf zur Antwort gab, daß denn ich selbsten es auch hätte kriegen müssen, item Pagels sein klein Mädchen, angesehen wir auch von dem Stuten gessen, schwieg er stille und sprach mit einem Seufzer, ob ich nit wölle in die Stube gehen und sehen, wie es stünd. Als ich dannenhero mit dem »Frieden Gottes« hereintrat, stunden an die sechs Menschen umb der kleinen Marie ihr Bette, und hatte sie die Augen zu und

---

* Plattdeutsch: Semmel.
** Plattdeutsch: Flur.

war so steif wie ein Brett, weshalben Stoffer Wels (als er denn ein junger und wähliger Kerl ist) das Kindlein bei eim Bein ergriff und es von sich reckete wie einen Zaunpfahl, damit ich sähe, wie der Teufel es plagete. Als ich nun ein Gebet anhob und Satanas merkete, daß ein Diener Christi angekommen, fing er an, so schröcklich in dem Kindlein zu rumoren, daß es ein Jammer anzusehen war. Denn sie schlug also mit Händen und Füßen umb sich, daß sie kaum vier Kerls halten kunnten, item ging ihr das Bäucheken so auf und nieder, als wenn ein lebendiges Geschöpf darinnen säße, so daß letztlich die alte Hexe Lise Kolken sich oben auf das Bäucheken setzete. Als es nun ein wenig besser wurd und ich das Kindlein aufforderte, den Glauben zu beten, umb zu sehen, ob es wirklich der Teufel sei, so sie besessen*, wurd es noch ärger denn zuvor, angesehen sie anhub, mit den Zähnen zu knirschen, die Augen zu verkehren und also greulich mit den Händen und Füßen zu schlagen, daß sie ihren Vater, so auch ein Bein hielt, fast mitten in die Stuben warf, und darauf sich den Fuß gegen das Bettholz zerquetschte, daß das Blut ihr herfürsprang, auch die alte Lise Kolken mit ihrem Bäucheken auf und nieder flog als ein Mensch, so in einem Schockreep** sitzet. Und als ich hierauf nit müde wurd, sondern den Satan beschwore, aus ihr zu fahren, finge sie allererst an zu heulen und darauf wie ein Hund zu bellen, item zu lachen, und sprach endlich mit grober Baßstimme, als sie ein alter Kerl führet: »Ik wieke nich!«***

Aber er hätte schon weichen sollen, wenn nicht Vater und Mutter mich bei Gotts Sakrament beschworen, ihr arm Kind

---

* Man nahm nämlich in jener schrecklichen Zeit an, daß, wenn der Kranke die drei Artikel und außerdem einige auf das Erlösungswerk bezügliche Bibelsprüche nachsprechen konnte, er *nicht* besessen sei, weil niemand Jesum einen Herrn heißen könne, ohne durch den Heiligen Geist, 1. Kor., 12,3.
** Plattdeutsch: Schaukel.
*** »Ich weiche nicht!«

in Frieden zu lassen, dieweil es ja nichts hülfe, sondern immer ärger mit ihr würd. Stunde also notgedrungen von meinem Fürhaben ab und vermahnete nur die Eltern, daß sie wie das kananäische Weib sollten Hülfe suchen in wahrer Bußfertigkeit und unablässigem Gebet, auch mit ihr im beständigen Glauben seufzen: »Ach, Herr, du Sohn Davids, erbarme dich mein, meine Tochter wird vom Teufel übel geplaget!« (Matth. am 15ten). Dem Heiland würde dann alsbald das Herze brechen, daß er sich ihres Töchterleins erbarmete und dem Satan zu weichen beföhle. Item versprach ich, am Sonntag mit der ganzen Gemein für ihr armes Töchterlein zu beten, und möchten sie selbige, wo irgend möglich, selbst zur Kirchen tragen, anerwogen ein brünstig Kirchengebet durch die Wolken drünge. Sollliches versprachen sie auch zu tun, und ging ich nunmehro betrübt zu Hause, wo ich aber bald erfuhr, daß es etwas besser mit ihr worden wär, und war also wieder wahr, daß der Satan außer dem Herrn Jesu nichts mehr hasset denn die Diener des Evangeliums. Aber harre, er bringet dich doch unter die Füße, es wird dir nichtes helfen!

Bevorab aber noch der liebe Sonntag kam, merkete ich, daß mir männiglich aus dem Wege ging, sowohl im Dorfe als im Kapsel, wo ich etzliche Kranken heimsuchte. Insonderheit als ich in Ückeritze zu dem jungen Tittelwitz wollte, arrivierete es mir wir folget. Clas Pieper, der Bauer, stund in seinem Hofe und klöbete Holz, wurf aber alsobald, als er mein ansichtig wurde, die Axt aus der Faust, daß sie in die Erde fuhr, und wollte in seinen Schweinestall laufen, indem er ein Kreuze schlug. Winkete ihm also, daß er bleiben sölle, und warumb er für mir als seinem Beichtvater liefe? Ob er vielleicht auch gläube, daß mein Töchterlein ihre kleine Pate behext? Ille*: Ja, so gläube er, dieweil es der ganze Kapsel gläube. Ego: Warumb sie ihr denn vorhero so viel Gutes getan und in der schrecklichsten Hungersnot sie wie ein Schwesterlein gehalten? Ille: Sie hätte wohl schon mehr verwirket

---

* Jener.

denn dieses. Ego: Was sie denn verwirket hätte? Ille: Das bliebe sich gleich. Ego: Er sölle es mir sagen, oder ich müßte es dem Richter klagen. Ille: Das sölle ich nur tun. Worauf er trotziglich seiner Straßen ging.

Und kann man nunmehro leichtlich schließen, daß ich nichtes versäumete, überall Kundschaft einzuziehen, was man meinete, daß mein Töchterlein verwirket, aber es wolle mir niemand nichtes sagen, und hätte ich mich zu Tode grämen mügen über solchen bösen Leumund. Auch kam in dieser ganzen Wochen kein Kind zu meinem Töchterlein in die Schule, und als ich ursachshalber die Magd ausschickete, brachte sie Botschaft, daß die Kinderken krank wären oder auch die Eltern sie zu ihrem Handwerk gebrauchten. Judizierete also und judizierete, doch half es mir allens nicht, bis der liebe Sonntag in das Land kam, wo ich gläubte, ein groß Nachtmahl zu haben, angesehen sich schon viele zu Gottes Tisch im vorab gemeldet. Doch kam es mir gleich seltsam für, daß niemand, wie sie doch sonsten zu tun pfleget, auf dem Kirchhof stehen sahe, meinete aber, sie wären in die Häuser getreten. Aber als ich endlich mit meim Töchterlein in die Kirche kam, waren nur bei sechs Menschen versammlet, unter welchen die alte Lise Kolken, und sahe die vermaledeiete Hexe nit alsobald mein Töchterlein mir folgen, als sie ein Kreuze schlug und wieder zur Turmtüren hinausrannte, worauf die übrigen fünf, benebst meinem einigen Fürsteher Claus Bulken (denn für den alten Seden hatte ich annoch keinen wieder angenommen) ihr folgeten. Ich entsatzte mich, daß mir das Blut geranne und ich also zu zittern begunnte, daß ich mit der Achsel an den Beichtstuhl fiel. Fragete mein Töchterlein also, welcher ich noch nichtes gesaget hatte, umb sie zu verschonen: »Vater, was fehlet den Leuten, sind sie vielleicht auch besessen?« Worauf ich wieder bei mir kam und auf den Kirchhof ging, umb nachzusehen. Aber sie waren alle weg bis auf meinen Fürsteher Claus Bulken, welcher an der Linden stand und für sich ein Liedlein pfiff. Trat also hinzu und fragete, was den Leuten angekommen, worauf er zur Antwort gab, das wisse er nicht. Und als ich abermals fragete, warumb er selbsten denn auch gelaufen wär, sagte er, was er hätte allein in der Kirchen tun sollen, dieweil der Bedelt* doch nit hätte gehen können. Beschwure ihn also, mir die Wahrheit zu sagen, welch greulicher Verdacht gegen mich in die Gemein gekomen? Aber er antwortete, ich würd es bald schon selbsten erfahren, und sprang über die Mauer und ging in der alten Lisen ihr Haus, so dicht am Kirchhofe steht.

Mein Töchterlein hatte eine Kälbersuppen zum Mittag, vor die ich sonst allens stehenlasse, aber ich kunnte keine Löffel voll in den Hals bringen, sondern saß und hatte mein Haupt gestützet und sanne, ob ich es ihr sagen wöllte oder nicht. Hierzwischen kam die alte Magd herein, ganz reisig und mit einem Tuch voll Zeug in der Hand, und bat weinend, daß ich ihr den Abschied geben wölle. Mein arm Kind wurde blaß wie ein Leich und fragete verwundert, was ihr angekommen? Aber sie antwortete bloß: »Nicks!« und wischte sich mit der Schürzen die Augen. Als ich die Sprache wiedergewunnen, so mir schier vergangen war, dieweil ich sahe, daß dies alte, treue Mesnch mir auch abtrünnig worden, hub ich an, sie zu examinieren, warumb sie fort wölle, da sie doch so lange bei mir verharret, auch in der großen Hungersnot uns nicht verlassen wöllen, besondern getreulich ausgehalten, ja mich selbsten mit ihrem Glauben gedemütiget und ritterlich auszuhalten vermahnet, was ich ihr nie vergessen würd, solang ich lebte. Hierauf finge sie wieder an, nur noch heftiger zu weinen und zu schluchzen, und brachte endlich herfür, daß sie annoch eine alte Mutter bei 80 Jahren in der Liepen wohnend hätte, und wölle sie hin, selbige bis an ihr Ende zu pflegen. Worauf mein Töchterlein aufsprunge und weinend zur Antwort gab: »Ach, alte Ilse, darumb willtu nit weg, denn dein Mütterlein ist ja bei deinem Bruder. Sage mir doch, warumb du mich verlassen willt und was ich gegen dich verwirket, da-

---

* Klingelbeutel.

mit ich es wiedergutmachen kann?« Aber sie verbarg ihr Gesicht in der Schürzen und schluchzete nur, ohne ein Wörtlein herfürzubringen, wannenhero mein Töchterlein ihr die Schürzen wegziehen und ihr die Wangen streicheln wollte, umb sie zum Reden zu bringen. Aber als sie sollich es merkete, schlug sie mein arm Kind auf die Finger und rief: »Pfui!«, spie auch vor ihr aus und ging alsobald aus der Türen. Sollliches hatte sie nie nit getan, da mein Töchterlein ein klein Mädken war, und entsatzten wir beide uns also, daß wir kein Wörtlein sprechen kunnten.

Währete aber nit lange, so erhob mein arm Kind ein groß Geschrei und warf sich über die Bank und lamentierete, immerdar rufend: »Was ist geschehn, was ist geschehn?« Gläubete also, daß ich ihr sagen müßte, was ich in Kundschaft gezogen, nämlich daß man sie vor eine Hexe ansäh, worauf sie anfinge zu lächeln, anstatt noch mehr zu weinen, und aus der Türen lief, umb die Magd einzuholen, so bereits aus dem Hause gangen war, wie wir gesehen hatten. Kehrete aber nach einer Glockenstunden mit großem Geschrei zurücke, daß alle Leute im Dorfe vor ihr gelaufen, als sie sich von der Magd hätte Kundschaft einziehen wöllen, wo sie geblieben. Item hätten die kleinsten Kinder geschrien, so sie in der Schulen gehabt, und sich vor ihr verkrochen; auch hätte ihr niemand nit ein Wörtlein geantwortet, sondern wie die Magd vor ihr ausgespien. Wäre jedoch auf dem Heimwege gewahr worden, daß schon ein Boot auf dem Wasser sei, darauf eilends an das Ufer gelaufen und der alten Ilsen aus vollen Kräften nachgeschrien, so allbereits in dem Boot gesessen. Aber sie hätte sich an nichts gekehrt, sich auch gar nit einmal nach ihr umbgesehen, sondern sie mit der Hand fortgewinket. – Und nunmehro fuhr sie fort zu weinen und zu schluchzen den ganzen Tag und die ganze Nacht hindurch, daß ich elender war denn zuvor in der großen Hungersnot. Doch sollt es noch ärger kommen, wie man im folgenden Kapitel sehen wird.

17. KAPITEL
*Wie mein arm Kind als Hexe eingezogen
und gen Pudagla abgeführet wird*

Tags darauf, Montag, den 12. Juli, morgens umb 8 Uhren, als wir in unserer Kümmernis saßen und judizierten, wer uns wohl sollich Herzeleid bereitet, auch bald übereinkamen, daß niemand anders nit denn die vermaledeiete Hexe Lise Kolken es gewest, kame ein Wagen mit vier Pferden vor mein Haus gejaget, worauf sechs Kerls saßen, so alsogleich heruntersprungen. Und gingen zwo an der Vorder-, andere zwo an den Achtertüren stehen, und aber zwo, worunter der Büttel Jakob Knake, kamen in die Stuben und geben mir ein offen Schreiben von dem Amtshauptmann, daß mein Töchterlein, so als eine gottlose Hexe im gemeinen Geschrei stünde, vom peinlichen Rechts wegen sölle eingeholet und inquirieret werden. Nun kann männiglich vor sich selbsten abnehmen, wie mir umb das Herze ward, da ich solches lase. Stürzete zu Boden wie ein umbgehauener Baum und kam erst wieder bei mir, als mein Töchterlein sich mit großem Geschrei auf mich warf und ihre Tränen mir warm über das Angesicht liefen. Als sie aber sahe, daß ich wieder bei mir kam, finge sie an, mit lauter Stimmen Gott davor zu preisen, suchte mich auch zu trösten, da sie ja unschuldig wär und ein gut Gewissen vor ihren Richter trüge, item rezitierete sie mir das schöne Sprüchlein, Matth. am 5ten: »Selig seid ihr, wenn euch die Menschen um meinetwillen schmähen und verfolgen und reden allerlei Übels wider euch, so sie daran lügen.«

Und möchte ich nur aufstehen und meinen Rock über das Wammes überziehen und mit ihr kommen, denn ohne mich ließe sie sich nicht vor den Amtshauptmann führen. Hierzwischen nun aber war das ganze Dorf vor meiner Türen zusammengestürzet, Weiber, Männer, Kinder; hielten sich aber geruhlich und sahen nur alle nach den Fenstern, als wöllten sie uns durch das Haus schauen. Als wir uns beide fertig gemacht und der Büttel, so mich anfänglich nicht mitnehmen gewollt, nunmehro aber ein Einsehen gebrauchte vor ein gut Trinkgeld, so ihm mein Töchterlein verehrete, traten wir an den Wagen, aber ich ware so machtlos, daß ich nit hinaufkummen kunnte.

Kam also der alte Paasch, so es sahe, und half mir auf den Wagen, wobei er sagte: »Gott tröst Em, wat müt He an Sien Kind erlewen!«* und mir die Hand zum Abschied küssete.

Auch kamen noch mehr an den Wagen, so ihm folgen wollten, aber ich bate, sie söllten mir das Herze nicht noch schwerer machen und nur ein christlich Aufsehen auf mein Haus und meine Wirtschaft haben, bis ich wiederkäm. Möchten auch fleißig vor mich und mein Töchterlein beten, daß der leidige Satan, so lange Zeit wie ein brüllender Löwe in unserm Dorf umbhergangen und nun mich selbsten zu verschlingen drohe, seinen Willen nicht vollenführete, sondern mich und mein Kind verlassen müßte wie den unschuldigen Heiland in der Wüsten. Aber hiezu sagte niemand nichts, besondern als wir wegfuhren, höret ich gar wohl, daß viele hinter uns ausspien, und einer sagte (mein Töchterlein meinete, es wäre Berowsche ihre Stimme gewest): »Wi willen di lewer Föhr unter dem Rock böten as vör di beden!«** Seufzeten noch über solche Reden, als wir gen den Kirchhof kamen, wo die vermaledeiete Hexen Lise Kolken in ihrer Haustüren saß, ihr Gesangbuch für Augen, und laut das Lied »Gott, der Vater, wohn uns bei« quäkete, als wir fürüberfuhren, welches mein arm Töchterlein also verdroß, daß sie unmächtig wurd und mir wie tot auf den Leib fiel. Bat also den Kutscher zu halten und schrie der alten Lise zu, daß sie uns sölle einen Topf mit Wasser bringen, aber sie tät, als könne sie nit hören, und fuhr fort zu singen, daß es schallte. Dannenhero sprang der Büttel ab und lief auf mein Begehr in mein Haus zurück, umb einen Topf mit Wasser zu holen, kam auch alsobald wieder mit dem

---

* »Gott tröst Ihn, was muß Er an Seinem Kinde erleben!«
** »Wir wollen dir lieber Feuer unter dem Rock anlegen als für dich beten!«

Topf und alles Volk hinter ihm, so nunmehro anhub, laut zu judizieren, daß es das böse Gewissen sei, so mein Kind geschlagen, und sie jetzunder sich schon selbsten verraten. Dankete dahero Gott, als sie wieder ins Leben kam und es aus dem Dorf ging. Aber in Ückeritze war es nicht anders, inmaßen dort auch alles Volk zusammengelaufen war und vor Labahnen seinem Hof auf dem Brink stund, als wir ankamen.

Selbiges hielte sich aber ziemlich geruhsam, als wir fürüberfuhren, unangesehen etzliche riefen: »Wo ist 't möglich, wo ist 't möglich!« Sonsten hörte ich nichtes. Aber in der Heiden an der Wassermühlen brach der Müller mit allen seinen Knappen herfür und schrie lachend: »Kiekt de Hex, kiekt de Hex!« Worauf auch ein Knappe mit dem Staubbeutel, so er in den Händen hatte, also nach meim arm Kind schlug, daß sie ganz weiß wurd und das Mehl wie eine Wolke umb den Wagen zoge. Auf mein Schelten lachete der arge Schalk und vermeinete, wenn sie nie keinen andern Rauch denn diesen in der Nasen kriegte, künnte es ihr nicht schaden. Item wurd es in Pudagla noch fast ärger denn in der Mühlen. Das Volk stand also dicke auf dem Berg vor dem Schloß, daß wir kaum durchkunnten, und ließe der Amtshauptmann wie zu einem Aviso annoch das Armesünderglöcklein auf dem Schloßturme läuten, worauf auch aus dem Kruge und den Häusern noch immer mehr Volks herberannte. Etzliche schrien: »Is dat de Hex?«, etzliche: »Kiekt de Presterhex, de Presterhex!« und sonsten mehr, was ich aus Scham nicht hierhersetzen mag, rafften auch den Kot aus der Rinne, so aus der Schloßküchen läuft, und bewurfen uns damit, item mit einem großen Stein, der aber auf ein Pferd fiel, also daß es scheu wurde und vielleicht den Wagen umbgeworfen hätte, wenn nicht ein Kerl hinzugesprungen und es gehalten.

Solches geschahe alles vor der Schloßpforten, in welcher der Amtshauptmann lächelnd stund, eine Reiherfeder auf seim grauen Hut, und uns zusahe. Als das Pferd aber zur Ruhe gebracht, kam er an den Wagen und sprach spöttisch zu meinem Töchterlein: »Sieh, Jungfer! Du wolltest nit zu mir kommen, und nun kommstu ja doch!« Worauf sie zur Antwort gab: »Ja, ich komme, und möchtet Ihr einst zu Eurem Richter kommen als ich zu Euch!« Worauf ich »Amen« sprach und ihn fragete, wie Se. Gestrengen es für Gott und Menschen verantworten wölle, was er an mir armen Mann und meim Kind täte? Aber er antwortete, warumb ich mitgekommen? Und als ich ihm von dem unartigen Volk hieselbst, item von dem argen Mühlenknappen sagte, vermeinete er, dieses wäre nicht seine Schuld, bedräuete auch das Volk umbher mit der Faust, so einen großen Rumor machte. Darauf befahl er meim Töchterlein, abzusteigen und ihme zu folgen, trat voraus in das Schloß, winkete dem Büttel, so mitlaufen wollte, unten an der Treppen zu verharren, und hob an, mit meim Kind allein den Windelstein in die obern Gemächer aufzusteigen.

Aber sie bliese mir heimlich zu: »Vater, verlaßt mich nicht!« Und folgete ich bald darauf ihnen sachte nach, hörete auch an der Sprach, in welchem Zimmer sie waren, und legete das Ohr daran, umb zu horchen. Und stellte der Bösewicht ihr für, daß, wenn sie ihn liebhaben wolle, sollt es ihr allens nichtes schaden, und hätt er schon Macht in Händen, sie für dem Volk zu erretten. Wölle sie aber nit, so käme morgen das Gericht, und möchte sie vor sich selbsten abnehmen, wie es ihr erginge, dieweilen sie, wie viel Zeugen gesehen, mit dem leidigen Satan selbsten Unzucht getrieben und sich von ihm küssen lassen. Hierauf schwieg sie stille und schluchzete nur, was der Erzschalk vor ein gut Zeichen nahm und fortfuhr: »Hastu den Satan selbsten geliebt, kannstu mich auch schon lieben!« und näher trat, umb sie zu umbhalsen, wie ich merkete. Denn sie stieß einen lauten Schrei aus und wollte zur Türen heraus, aber er hielt sie feste und bate und dräuete, wie der Teufel es ihm eingab. Und wollte ich schon hineintreten, als ich hörete, daß sie ihm mit den Worten: »Weiche von mir, Satan!« also in das Gesichte schlug, daß er sie fahrenließ. Worauf sie unversehens aus der Türen sprang, so daß sie mich zur Erden stieß und mit einem lauten Schrei selbsten über mich hinfiel. Hiervor erstarrete der Amtshauptmann, so ihr gefolget war, hub aber alsobald wieder an zu schreien: »Warte, Pfaffe, ich werde dir horchen lehren!« und lief hinzu und winkete dem Büttel, so unten an der Treppen stund. Selbigen hieß er, mich die Nacht in ein Loch stecken, weilen ich ihn behorchet, und worauf er wiederkömmen sölle, umb mein Töchterlein in ein ander Loch zu stecken. Aber er besunne sich wieder, als wir den Windelstein halb herniedergestiegen waren, und sprach, er wölle es mir noch einmal schenken, der Büttel sölle mich nur laufenlassen und mein Töchterlein in ein fest Verwahrsam bringen, ihme nachhero auch die Schlüssel übergeben, angesehen sie eine verstockte Person seie, wie er aus dem ersten Verhör gemerket, so er mit ihr angestellet.

Hierauf wurde denn mein arm Kind von mir gerissen, und ward ich unmächtig auf der Treppen, weiß auch nit, wie ich herniederkommen, sondern wie ich wieder bei mir kam, war ich in des Büttels seiner Stuben, und sein Weib sprützete mir Wasser unter der Nasen. Alldorten blieb ich auch die Nacht auf eim Stuhl sitzen und sorgete mehr, denn ich betete, angesehen mein Glaube fast schwach worden war, und der Herr kam nit, ihn mir zu stärken.

18. KAPITEL
Vom ersten Verhör und was daraus erfolget

Am andern Morgen, als ich auf dem Vorhof auf und nieder ginge, dieweil ich den Büttel vielmals umbsonst gebeten, mich zu meinem Töchterlein zu geleiten (er wollte mir aber nit einmal sagen, wo sie säß), und letzlich für Unruhe dorten umherlief, kam gegen 6 Uhren auch schon ein Wagen von Usedom*, auf welchem Seine Edlen, Herr Samuel Pieper, Consul dirigens**, item der Camerarius Gebhard Wenzel und

---

* Ein Städtchen, von dem die ganze Insel den Namen führt.
** Erster Bürgermeister.

ein Scriba* saßen, so ich zwar erfahren, wie er geheißen, es aber wieder vergessen hab. Auch mein Töchterlein hat es wieder vergessen, angesehen sie sonst ein fast trefflich Gedächtnis hat, mir auch das meiste von dem, was nunmehro folget, vorgesagt, alldieweil mein alter Kopf fast bersten wollte, so daß ich selbsten wenig mehr davon behalten. Trat also gleich an den Wagen und bate, daß Ein ehrsam Gericht mir erlauben wölle, bei dem Verhör zugegen zu sein, inmaßen mein Töchterlein noch unmündig wär, welches mir aber der Amtshauptmann nicht zugestehen wollte, so inzwischen auch an den Wagen getreten war von dem Erker, wo er übergeschauet. Doch Seine Edlen, Herr Samuel Pieper, so ein klein, kurz Männeken war mit einem feisten Bäuchlein und eim Bart, grau mengeliert und ihme bis auf den Gürtel herabhängende, reichte mir gleich die Hand und kondolierete mich als ein Christ in meiner Trübsale: sölle nur in Gottes Namen in das Gerichtszimmer kommen, und wünsche er von Herzen, daß allens erstunken und erlogen wär, so man gegen mein Töchterlein fürgebracht. Aber ich mußte noch wohl bei zween Glockenstunden ausharren, ehe denn die Herren wieder den Windelstein herabkamen. Endlich gegen 9 Uhren hörete ich, daß der Büttel die Stühl und Bänken im Gerichtszimmer rükkete, und da ich vermeinete, daß nunmehro die Zeit gekommen, trat ich hinein und setzte mich auf eine Bank. Es war aber noch niemand nicht da außer dem Büttel und sein Töchterken, so den Tisch abwischte und ein Röslein zwischen den Lippen hielt. Selbige ließ ich mir verehren, umb daran zu riechen, und meine ich auch, daß man mich heute tot aus der Stuben getragen, wenn ich sie nicht gehabt. So weiß der Herr uns selbst durch ein schlecht Blümlein das Leben aufzuhalten, wenn es ihm geliebt!

Endlich kamen die Herren und satzten sich umb den Tisch, worauf Dn. Consul** auch allererst dem Büttel winkete, mein

* Protokollführer.
** Dominus Consul oder der Herr Bürgermeister.

Töchterlein zu holen. Hierzwischen aber fragete er den Amtshauptmann, ob er Ream* habe schließen lassen, und als er »Nein!« sagete, gab er ihm einen Verweis, so daß es mir durch das Mark zog. Aber der Amtshauptmann entschuldigte sich, daß er, angesehen ihres Standes, solches nit getan, sie aber in ein fest Gewahrsam habe bringen lassen, aus dem es unmöglich sei zu entkommen, worauf Dn. Consul zur Antwort gab, daß dem Teufel viels möglich sei und sie nachhero würden die Verantwortung haben, wenn Rea fortkäme. Das verdroß den Amtshauptmann, und er vermeinete, wenn der Teufel sie könne durch das Gemäure führen, so bei sieben Fuß Dicke und drei Türen vor hätte, könne er ihr auch gar leichte die Ketten abreißen, worauf Dn. Consul antwortete, daß er sich nachhero selbsten die Gefängnis besehen wölle. – Und meine ich, daß der Amtshauptmann bloß darum so gütig gewest, weil er noch immer in Hoffnung gestanden (wie man solches auch nachmals erfahren wird), mein Töchterlein zu seinem Willen zu beschwatzen.

Nunmehro aber ging die Türe auf, und mein arm Kind trat herein mit dem Büttel, aber rücklings** und ohne Schuhe, so sie draußen mußte stehenlassen. Es hatte sie der Kerl bei ihren langen Haaren gegriffen und leitete sie also vor den Tisch, worauf sie sich erst umbkehren und die Richter ansehen mußte. Dabei hatte er ein groß Wort und war in alle Wege ein dreuster und mutwilliger Schalk, wie man bald weiters hören wird. Nachdeme nun Dn. Consul einen großen Seufzer gelassen und sie von Kopf bis zu den Füßen sich angesehen, fragete er erstlich, wie sie heiße und wie alt sie wär, item ob sie wüßte, warumb sie hierher gefordert. Auf letzten Punkt gab sie zur Antwort, daß der Amtshauptmann solches

---

* Die Verklagte.
** Dies lächerliche Verfahren schlug man in der Regel bei dem ersten Verhör einer Hexe ein, weil man in dem Wahne stand, sie bezaubere sonst von vornherein die Richter mit ihren Blicken. Hier wäre der Fall nun allerdings gedenkbar gewesen.

ja bereits ihrem Vater vermeldet, und wölle sie niemand Unrecht tun, gläube aber, daß der Amtshauptmann selbsten ihr zu dem Geschrei einer Hexen verholfen, umb sie zu seinem unkeuschen Willen zu bringen. Hierauf verzählete sie, wie er es vom Anfang an mit ihr getrieben und sie durchaus zu einer Ausgeberschen verlanget. Da sie aber solches nicht hätte tun wöllen, obgleich er selbsten unterschiedliche Malen zu ihrem Vater ins Haus gekommen, hätte er einsmals, als er aus der Türen gegangen, für sich in den Bart gemummelt: »Ich will sie doch wohl kriegen!«, wie solches ihr Ackersknecht Claus Neels im Pferdestall, wo er gestanden, mit angehöret. Und solches habe er alsobald zu vollenführen gesucht, indeme er viel mit einem gottlosen Weibe, so Lise Kolken hieße und früher bei ihme im Dienst gestanden, konversieret. Selbige möchte wohl die Zauberstückchen gespielet haben, so man ihr andichte, sie wisse von keinem Zauber. Item verzählete sie, wie der Amtshauptmann es gestern abend mit ihr gemacht, als sie kaum angekommen, und wäre er nunmehro auch zum ersten Male frisch mit der Sprache herfürgerücket, weil er gläube, sie in seiner Gewalt zu haben. Ja, er wäre selbsten diese Nacht wieder ins Gefängnis zu ihr gekommen und hätte ihr abermals die Unzucht angetragen, und wölle er sie schon frei machen, wenn sie seinen Willen täte. Da sie ihn aber abgestoßen, habe er mit ihr gerungen, wobei sie ein laut Geschrei erhoben und ihne an der Nasen gekratzet, wie annoch zu sehen wäre, worauf er sie verlassen. Darumb könne sie den Amtshauptmann nicht vor ihren Richter anerkennen und hoffe zu Gott, daß er sie retten würd aus der Hand ihrer Feinde, wie weiland er die keusche Susanna gerettet.

Als sie hierauf mit lautem Schluchzen schwiege, sprang Dn. Consul auf, nachdem er dem Amtshauptmann, wie wir alle, nach der Nasen gesehen und alldorten auch die Schramme befunden, und rief wie verstürzet: »Sprech Er, umb Gottes willen, sprech Er, was muß ich von Sr. Gestrengen hören?« Worauf der Amtshauptmann, ohne sich zu verfärben, also zu Antwort gab, daß er zwar nicht nötig habe, vor

Sr. Edlen zu sprechen, angesehen er das Oberhaupt vom Gericht wäre und aus zahllosen Indizien herfürgehe, daß Rea eine boshafte Hexe sei und darumb kein Zeugnis gegen ihn oder männiglich ablegen könne, daß er aber dennoch sprechen wölle, umb dem Gericht keine Ärgernis zu geben. Alle Anschuldigungen, so diese Person gegen ihn herfürgebracht, wären erstunken und erlogen. Doch hätte er sie in alleweg vor eine Ausgebersche mieten wöllen, inmaßen er umb eine solche sehr benötigt gewest, da seine alte Dorte schon schwach würde. Auch hätte er sie zwar gestern insgeheimb fürgenommen, umb sie im Guten zum Geständnis und dadurch zur Milderung ihrer Strafe zu persuadieren, angesehen ihn ihre große Jugend gejammert, hätte aber kein unartiges Wort zu ihr gesaget, noch wäre er in der Nacht zu ihr kommen, besonderen die Schramm hätte ihm sein kleines Schoßhündlein, Below geheißen, gekratzet, mit dem er heute morgen gespielet. Solliches könne seine Dorte bezeugen, und hätte die schlaue Hexe dieses gleich benutzet, umb das Gericht uneinig zu machen und daurch mit des Teufels Hülfe ihren Vorteil zu gebrauchen, alldieweil sie fast eine verschmitzte Kreatur wäre, wie das Gericht auch bald weiters ersehen würde.

Nunmehro aber fassete ich mir auch ein Herze und stellte für, daß alles so wahr sei, wie es mein Töchterlein ausgesaget, und ich gestern abend selbst vor der Türen mit angehöret, daß Se. Gestrengen ihr einen Antrag getan und Narrenteidinge mit ihr zu treiben versuchet, item daß er sie schon in Koserow einmal hätte küssen wöllen, item was Se. Gestrengen mir sonsten für Herzeleid von wegen dem Mistkorn zugefüget.

Aber der Amtshauptmann überschrie mich alsobald und sprach, wenn ich ihne, als einen unschuldigen Mann, in der Kirchen von der Kanzel verleumdet, wie die ganze Gemeinde sein Zeuge wär, würd es mir ein leichtes sein, solches auch hier für Gericht zu tun, unangesehen ferner, daß kein Vater für sein Kind ein Zeugnis ablegen könne.

Aber Dn. Consul wurde ganz wie verstöret und schwiege und stützete darauf sein Haupt in tiefen Gedanken auf den Tisch. Hierzwischen fing aber der dreuste Büttel an, ihm zwischen den einen Arm durch an seinen Bart zu fingerieren, und gläubete Dn. Consul wohl, es wäre eine Fliege, und schlug, ohne emporzuschauen, mit der Hand darnach. Als er aber auf den Büttel seine Hand traf, fuhr er in die Höhe und fragete ihn, was er wölle? Worauf der Kerl zur Antwort gab: »Oh, Em kröp da man ehne Luus, de ick griepen wollde.«*

Solche Dreustigkeit verdroß Se. Edlen also heftig, daß er dem Büttel eine Maultasche stach und ihm bei harter Strafe befohl, aus der Türen zu reisen.

Hierauf wendete er sich an den Amtshauptmann und schrie für Zorn: »Was alle zehn Teufel, wie hält Se. Gestrengen den Büttel in Respekt? Und überhaupt ist das allens ein seltsam Ding, woraus ich nicht klug werden kann.« – Aber es antwortete der Amtshauptmann: »Nicht also? Sollte Er nit klug daraus werden, wenn Er an die Aale gedenkt?«

Hierauf wurde Dn. Consul mit einmal ganz blaß, also daß er zu zittern begunnte, wie es mir fürkam, und er den Amtshauptmann abseiten in ein ander Zimmer rief. Habe niemals erfahren können, was solches zu bedeuten gehabt, so er von den Aalen sagte.

Hierzwischen saß aber Dominus Camerarius Gebhard Wenzel und käuete eine Feder und schauete dabei mit vielem Grimm bald auf mich, bald auf mein Töchterlein, doch ohne ein Wörtlein zu sagen, auch antwortete er dem Scriba nicht, der ihm oft etwas ins Ohr bliese, denn daß er brummete. Endlich kame die zwo Herren wieder zur Türen herein, und begunnte Dn. Consul, nachdem er sich mit dem Amtshauptmann wieder gesetzet, mein arm Kind fast heftig anzufahren, daß sie Ein löblich Gericht zu turbieren versuchet, inmaßen Se. Gestrengen ihme das Hündlein selbst gezeiget, so ihm die Schramme gekratzet, und dieses auch von seiner alten Ausge-

---

* »Oh, Ihm kroch da nur eine Laus, die ich greifen wollte.«

berschen bezeuget wurde. (Ja, die wollte ihn auch wohl nicht verraten, denn die alte Vettel hat es jahrelang mit ihm gehalten und auch einen gadlichen* Jungen von ihm, wie man noch weiters erfahren wird!)

Item sagete er, daß so viel Indizia ihrer Übeltat fürhanden, daß es unmöglich sei, ihr Glauben zu stellen, sie sölle dannenhero Gott die Ehre geben und in allen Stücken aufrichtig bekennen, umb ihre Strafe zu mildern. Möchte alsdann noch, ihrer Jugend halben, mit dem Leben davonkommen etc.

Hierauf setzte er sich die Brille auf die Nase und hube an, sie bei vier Stunden zu verhören aus eim Papier, so er in Händen hielte. Und waren solches etwan die Hauptstücke, so wir beide davon behalten haben:

Quaestio.** Ob sie zaubern könne?
Responsio.*** Nein, sie wisse von keinem Zauber nicht.
Q. Ob sie denn böten**** könne?
R. Wär ihr ingleichen unbekannt.
Q. Ob sie wohl mal auf den Blocksberg gewest?
R. Der wäre vor sie zu weit, und kenne sie wenig Berge mehr denn den Streckelberg, wo sie öftermalen gewest.
Q. Was sie denn dorten fürgenommen?
R. Sie hätte zur Sehe überschauet oder sich Blümleins gepflücket, item sich auch wohl eine Schürze dürres Reiswerk geholet.
Q. Ob sie dorten wohl den Teufel angerufen?
R. Wär ihr niemalen in den Sinn gekommen.
Q. Ob der Teufel ihr denn ohne Anrufen dorten erschienen?
R. Davor solle sie Gott bewahren.
Q. Also sie könne nit zaubern?
R. Nein!

---

* Plattdeutsch: halberwachsen.
** Frage.
*** Antwort.
**** Entzaubern.

Q. Was denn Stoffer Zuter seiner bunten Kuh angekommen, so plötzlich in ihrem Beisein verrecket?
R. Das wisse sie nicht, und wäre das eine seltsame Frag.
Q. Dann wäre es auch wohl eine seltsame Frag, warumb Käthe Berowschen ihr klein Ferkelken verrecket?
R. Allerdings, sie verwundre sich, was man ihr zur Last lege.
Q. Also hätte sie dieses auch nit behext?
R. Nein, da sei Gott vor.
Q. Warumb sie denn aber der alten Käthen, wenn sie unschuldig wär, ein Ferkelken wieder versprochen, wenn ihre Sau werfen würd?
R. Das hätte sie aus gutem Herzen getan. Hierbei aber hube sie an fast heftig zu weinen und sagte, sie sehe wohl, daß sie dieses alles der alten Lise Kolken verdanke, welche ihr oftmalen gedrohet, wenn sie ihr Unbegehren nicht hätte erfüllen wöllen, denn sie verlange allens, was ihren Augen fürkäme, zu einem Geschenk. Selbige wär auch zu den Leuten gangen, als das Vieh im Dorf bezaubert gewest, und hätte ihnen zugeredet, daß, wenn nur eine reine Jungfer dem Vieh ein paar Haare aus dem Schwanz griffe, es mit selbigem besser werden würde. So habe sie sich denn erbarmet und wäre hingangen, weilen sie sich eine reine Jungfer gefühlet, und hätte es auch etzliche Male geholfen, letzlich aber nicht mehr.
Q. Weme es denn geholfen?
R. Zabels roter Kuh, item Witthanschen ihrem Schwein, auch der alten Lisen ihrer eignen Kuh.
Q. Warumb es denn nachmalen nit mehr geholfen?
R. Das wisse sie nit, vermeine aber, wiewohl sie niemand nit beschweren wölle, daß die alte Lise Kolken, so lange Jahre im gemeinen Geschrei als Hexe gewest, dieses alles angerichtet und unter ihrem Namen das Vieh bezaubert und auch wieder umgeböter, wie ihr geliebet, bloß umb sie in das Elend zu stürzen.
Q. Warumb die alte Lise denn auch ihre eigene Kuh bezau-

bert, item ihr eigen Ferkelken verrecken lassen, wenn sie den Rumor im Dorf gemacht und wirklich böten könne?
R. Das wisse sie nicht. Es möchte wohl einer sein (wobei sie den Amtshauptmann ansahe), der ihr allens doppelt erstatte.
Q. Sie suche vergebens, die Schuld von sich zu wenden, denn ob sie auch nicht dem alten Paaschen, ja ihrem eignen Vater die Saat bezaubert und durch den Teufel umbstürzen lassen, item die Raupen in ihres Vaters Baumgarten gemacht?
R. Die Frage wäre bald so ungeheuer denn die Tat. Da säße ihr Vater, Se. Edlen müge ihn selbsten fragen, ob sie sich jemals als ein ruchlos Kind gegen ihn gezeiget.
Hier wollte ich aufstehen und das Wort nehmen, aber Dn. Consul ließ mich nit zu Worte kommen, sondern fuhr fort zu examinieren, weshalben ich verstürzet schwieg.
Q. Ob sie denn auch leugne, daß sie daran schuld gewest, daß die Witthahnsche einen Teufelsspök zur Welt gebracht, so gleich sich aufgenommen und durchs Fenster gefahren, auch nachhero, als die Wehemutter nachgesehen, verschwunden gewesen?
R. Jawohl, sie hätte eher denen Leuten Gutes getan ihr lebelang, denn ihnen geschadet, und sich oft selbsten in der grausamen Hungersnot den Bissen vom Munde weggezogen und ihn andern, insonderheit den kleinen Kindleins, abgeteilet. Solches müge ihr auf Befragen die ganze Gemeind bezeugen. Da nun aber die Zauberer und Hexen den Menschen Böses und nicht Gutes täten, wie unser Herr Jesus, Matth. am 12ten, lehre, allwo die Pharisäer ihn auch gelästert, daß er durch Beelzebub die Teufel austriebe, so möge Se. Edlen sich abnehmen, ob sie in Wahrheit eine Hexe sein könne.
Q. Er werde ihr die Gotteslästerungen alsbald zeigen. Er sähe schon, daß sie ein groß Maul hätte, und sölle sie nur antworten, auf was sie gefraget würd. Denn es käme nit darauf an, *was* sie den Armen für Gutes getan, sondern *wo-*

mit solches beschehen. Möchte dahero anzeigen, wie sie benebst ihrem Vater plötzlich zu solchem Reichtum gelanget, daß sie in seidinen Kleidern einherstolziere, da sie vorhero doch ganz arm gewest?

Hierbei schauete sie auf mich und sprach: »Vater, soll ich's sagen?« Worauf ich antwortete: »Ja, mein Töchterlein, jetzunder mußt du alles fein aufrichtig sagen, wenn wir dadurch auch wieder blutarme Leut würden.« Sie bezeugete also, wie sie zuerst in unserer großen Not den Bernstein gefunden, und was für ein Gewinn uns daraus herfürgegangen durch die beiden holländischen Kaufleut.

Q. Wie diese Kaufleut geheißen?

R. Dieterich von Pehnen und Jakob Kiekebusch, wären aber, wie wir durch einen Schiffer in Erfahrung gezogen, in Stettin an der Pest verstorben.

Q. Warumb wir solchen Fund verschwiegen?

R. Aus Furcht für unserm Feind, dem Amtshauptmann, so dem Anschein nach uns zum Hungerstode verdammet, indeme er der Gemeind verboten, uns nichts mehr, bei harter Pön, zu verabreichen, und wölle er ihr schon einen bessern Priester zuweisen.

Hierauf sahe Dn. Consul wieder dem Amtshauptmann scharf ins Angesicht, welcher zur Antwort gab, daß er solches in allewg gesaget, angesehen der Priester ihn fast abscheulich abgekanzelt, daß er aber auch gar wohl gewußt, es sei noch weit mit ihm vom Hungerstod.

Q. Woher so viel Bernstein in den Streckelberg käm? Sie sölle nur gestehn, daß ihr der Teufel solchen zugetragen.

R. Davon wisse sie nichts. Doch hätte es allerorten eine große Ader von Bernstein, wie sie männiglich noch heute zeigen könnte, und hätte sie ihn daraus gebrochen, das Loch aber wieder mit tännen Zweigen wohl verwahret, daß man es nit finden müge.

Q. Wann sie in den Berg gegangen wäre, des Tags oder des Nachts?

Hierauf verfärbete sie sich und hielt einen Augenblick inne, gab aber alsobald zur Antwort, daß solches bald des Tages, bald in der Nacht beschehen sei.

Q. Warumb sie stöttere, sie sölle nur frei bekennen, daß ihre Straf geringer würd. Ob sie nit den alten Seden dorten dem Satan übergeben, daß er ihn durch die Luft geführet und nur sein Hirn und Haare noch zum Teil oben in der Eichen geklebet?

R. Sie wisse nit, ob es sein Haar oder Hirn gewest, auch nit, wie es dorten hinkommen. Weilen ein Grünspecht eines Morgens so jämmerlich geschrien, wäre sie an den Baum getreten, item der alte Paasch, so das Geschrei auch gehöret, wäre ihr alsobald gefolget mit seiner Holzaxt.

Q. Ob der Grünspecht nit der Teufel gewesen, so den alten Seden selber geholet?

R. Das wisse sie nicht. Er müsse aber schon lange tot gewest sein, dieweil das Hirn und Blut, so der Junge vom Baum geholet, schon betrocknet gewesen.

Q. Wie und wann er denn zu Tode kommen?

R. Das wisse der allmächtige Gott. Es hätte wohl Zutern sein klein Mädchen ausgesaget, daß sie eins Tages, als sie Nessel vor das Vieh an Seden seinem Zaun gepflücket, vernommen, daß der Kerl sein gluderäugigt Weib bedräuet, er wölle es dem Priester sagen, daß sie, wie er nunmehro gewißlich in Erfahrung gezogen, einen Geist habe, worauf der Kerl auch alsbald verschwunden sei. Doch wären solches Kinderreden, und wölle sie niemand nit damit beschweren.

Hierauf sahe abermalen Dn. Consul dem Hauptmann steif ins Angesicht und sagete, die alte Lise Kolken müsse noch heute eingeholet werden, worauf aber der Hauptmann keine Antwort gab, und er fortfuhr:

Q. Sie verbleibe also dabei, daß sie nichtes vom Teufel wisse?

R. Dabei verbleibe sie und werde sie verbleiben bis an ihr selig Ende.

Q. Und doch hätte sie sich, wie Zeugen gesehen, von ihm am hellen Tage in der Sehe umbtaufen lassen.

Hier verfärbete sie sich abereins und hielt ein wenig inne.

Q. Warumb sie sich wiederumb verfärbe? Sie sölle doch umb Gottes willen an ihre Seligkeit gedenken und die Wahrheit bekennen.

R. Sie hätte sich in der Sehe gebadet, angesehen der Tag sehr heiß gewesen, das sei die reine Wahrheit.

Q. Welche keusche Jungfer sich wohl in der Sehe bade? Du leugst! Oder willtu etwan auch leugnen, daß du den alten Paasch sein klein Mägdlein durch einen Stuten behext?

R. Ach wohl, ach wohl! Sie liebte das Kindlein wie ihr eigen Schwesterken, hätte sie nit bloß mit allen andern umbsonst informieret, besondern auch in der großen Hungersnot sich den Bissen oftmalen aus dem Munde gezogen und ihr denselben eingestecket. Wie sie darumb ihr solch Leid hätte zufügen mügen?

Q. Willtu noch immer leugnen? Ehre Abraham, wie verstockt ist Sein Kind! – Schaue denn her, ist das keine Hexensalbe*, so der Büttel diese Nacht aus deinem Koffer geholet? Ist das keine Hexensalbe, he?

R. Wäre nur eine Salbe vor die Haut, so darnach fein weiß und weich werden sölle, wie der Apotheker in Wolgast ihr gesaget, bei dem sie solche gekaufet.

Hierauf fuhr er kopfschüttelnd fort:

Q. Was? Willtu denn auch endlich noch leugnen, daß du diesen verschienen Sonnabend, den 10ten Juli, nachts umb 12 Uhren, den Teufel, deinen Buhlen, auf dem Streckelberg mit greulichen Worten angerufen, er dir darauf als ein großer und haariger Riese erschienen und dich umbhalset hab und geherzet?

---

* Man glaubte, der Teufel gäbe den Hexen eine Salbe, um sich durch deren Gebrauch unsichtbar zu machen, in Tiere zu verwandeln, durch die Luft zu fahren usw.

Bei diesen Worten wurd sie blasser denn ein Leich und fing an, also heftig zu wanken, daß sie sich an einen Stuhl halten mußte. Als ich elender Mensch, der ich wohl vor sie mich in den Tod geschworen, solches sah und hörete, vergingen mir die Sinnen, also daß ich von der Bank stürzete und Dn. Consul den Büttel wieder hereinrufen mußte, umb mir aufzuhelfen.

Als ich mich in etwas wieder vermündert* und der dreuste Kerl unsere gemeine Verstürzung sahe, schrie er greinend das Gericht an: »Ist't rut, ist't rut, hett se gebichtet?«** Worauf Dn. Consul ihme abermals die Türe wies mit vielen Scheltworten, wie man sich selbsten abnehmen kann, und will dieser Bub genug dem Amtshauptmann immer die Vetteln zugeführt haben, wie es heißt, denn sonsten, achte ich, wäre er nicht so dreust gewesen.

Summa: Ich wäre fast umbkommen in meim Elend, wenn ich nicht das Röslein gehabt, so mit des barmherzigen Gotts Hülf mich wacker hielt, als nunmehro das ganze Gericht aufsprange und mein hinfällig Kind bei dem lebendigen Gott und ihrer Seelen Seligkeit beschore, nit ferner zu leugnen, sondern sich über sich selbsten wie über ihren Vater zu erbarmen und die Wahrheit zu bekennen.

Hierauf tät sie einen großen Seufzer, und so blaß sie gewesen, so rot wurde sie, inmaßen selbsten ihre Hand auf dem Stuhl wie ein Scharlachen anzusehen war und sie die Augen nit von dem Boden hube.

R. Sie wölle auch jetzunder die reine Wahrheit bekennen, da sie wohl sähe, daß böse Leute sie des Nachts beschlichen. Sie hätte Bernstein vom Berge geholt und bei der Arbeit nach ihrer Weis und umb sich das Grauen zu vertreiben, das lateinische Carmen gerezitieret, so ihr Vater auf den durchlauchtigsten König Gustavum Adolphum gesetzet, als der junge Rüdiger von Nienkerken, der oftermalen

---

* Plattdeutsch: ermuntert.
** »Ist's heraus, ist's heraus, hat sie gebeichtet?«

in ihres Vaters Haus gekommen und ihr von Liebe vorgesaget, aus dem Busch getreten wäre, und da sie für Furcht aufgeschrien, sie auf lateinisch angeredet und in seinen Arm genommen. Selbiger hätte einen großen Wulfspelz angehabt, damit die Leute ihn nit erkennen möchten, so sie ihme etwan begegneten, und es seinem Herrn Vater wiederverzählen, daß er des Nachts auf dem Berg gewest.

Auf solch ihr Bekenntnis wollte ich schier verzweifeln und schrie für Zorn: »Ob du gottlos ungehorsam Kind, also hastu doch einen Buhlen? Habe ich dir nicht verboten, des Nachts auf den Berg zu steigen? Was hastu des Nachts auf den Berg zu tun?« Und hub an, also zu klagen und zu winseln und meine Hände zu ringen, daß es Dn. Consulem selbsten erbarmete und er näher trat, umb mir Trost einzusprechen. Hierzwischen aber trat sie heran und hub an, mit vielen Tränen sich zu verteidigen: daß sie wider mein Verbot des Nachts auf den Berg gestiegen, umb so viel Bernstein zu gewinnen, daß sie mir heimlich zu meinem Geburtstag die Opera Sancti Augustini, so der Kantor in Wolgast verkaufen wölle, anschaffen möge. Und könne sie nicht davor, daß der Junker ihr eines Nachts aufgelauert, doch schwöre sie mir bei dem lebendigen Gott, daß dorten nichts Ungebührliches fürgefallen und sie annoch eine reine Jungfer sei.

Und hiemit wurde nunmehro das erste Verhör beschlossen, denn nachdem Dn. Consul denen Schöppen etwas ins Ohr gemürmelt, rief er den Büttel wieder herein und befahle ihm, auf Ream ein gut Augenmerk zu haben, item sie nunmehro nit mehr los im Gefängnis zu belassen, sondern anzuschließen. Solches Wort stach mir abermals durch mein Herze, und beschwur ich Se. Edlen, angesehen meines Standes und meiner altadligen Abkunft, mir nicht solchen Schimpf anzutun und mein Töchterlein schließen zu lassen. Ich wölle mich vor Ein achtbares Gericht mit meinem Kopf verbürgen, daß sie nit entrinnen würde, worauf Dn. Consul, nachdem er hinausgegangen und sich die Gefängnis angesehen, mir auch willfährig war und dem Büttel befahl, es mit ihr zu lassen wie zeithero

19. KAPITEL
Wie der leidige Satan unter des gerechten Gottes
Zulassung uns ganz zu unterdrücken beflissen
und wir alle Hoffnung fahrenlassen

Selbigen Tages, wohl um 3 Uhren nachmittags, als ich zu dem Krüger Conrad Seep gangen war, umb doch etwas zu genießen, anerwogen ich nunmehro in zwei Tagen nichts nicht in meinen Mund bekommen denn meine Tränen, er mir auch etwas Brot und Wurst benebst einer Kannen Bier fürgesetzet, trat der Büttel ins Zimmer und grüßete von dem Amtshauptmann, ohne daß er seine Küsse* anrührete, ob ich nicht wölle bei Sr. Gestrengen das Mittagsmahl speisen. Se. Gestrengen hätt es nicht gleich beachtet, daß ich wohl noch nüchtern wär, dieweil das Verhör so lange gezögert. Ich gab hierauf dem Büttel zur Antwort, daß ich mir allbereits, wie er wohl einsäh, mein Mittagsbrot hätte verabreichen lassen und mich bei Se. Gestrengen bedankete. Darüber verwunderte sich der Kerl und gab zur Antwort, ob ich nicht säh, wie gut es Se. Gestrengen mit mir vermeinete, wiewohl ich ihn wie einen Juden abgekanzelt. Söllte doch an mein Töchterchen denken und nachlässig** gegen Sr. Gnaden sein, so könnte vielleicht noch allens gut ablaufen. Denn Sr. Gnaden wäre nicht ein so grober Esel als Dn. Consul und hätt es gut mit mir und meim Kind im Sinn, als einer rechtschaffenen Obrigkeit geziemete.

Als ich nun mit Mühe den dreusten Fuchs losworden, versuchete ich, ein wenig zu genießen, aber es wöllte nicht herunter bis auf das Bier. Saß dahero bald wieder und sanne, ob ich mich bei Conrad Seep einmieten wöllte, umb immer umb mein Kind zu sein, item ob ich M. Vigelio, dem Pfarrherrn zu Benz, nicht wöllte meine arme und verführte Gemeind übergeben, solange mich der Herr noch in Versuchung hielte. Da wurd ich wohl nach einer Stunden durchs Fenster gewahr, daß ein lediger Wagen für das Schloß gefahren kam, auf wel-

* Wahrscheinlich: Mütze.
** Nachgebend.

chen alsobald der Amtshauptmann und Dn. Consul mit meinem Töchterlein stiegen, item der Büttel, so hinten aufhockte. Ließ dannenhero allens stehn und liegen und lief zu dem Wagen, demütig fragend, wohin man mein arm Kind zu führen gesonnen? Und als ich hörete, daß sie in den Streckelberg wöllten, umb nach dem Bernstein zu sehen, bat ich, daß man mich müge mitnehmen und bei mein Kind sitzen lassen, wer wüßte, wie lange ich noch bei ihr säß.

Solches wurde mir auch verstattet, und bote mir der Amtshauptmann unterweges an, daß ich könnte im Schloß meine Wohnung aufschlagen und an seinem Tisch speisen, solange mir geliebte, wie er auch meim Töchterlein alle Tage von seinem Tisch schicken würd. Denn er hätte ein christlich Herze und wüßte ganz wohl, daß wir söllten unserm Feinde verzeihen. Vor solche Freundschaft bedankete mich aber untertänigst, wie mein Töchterlein auch tat, anerwogen es uns jetzunder noch nit so arm erginge, umb uns nicht selbsten unterhalten zu können. Als wir vor der Wassermühlen vorbeikamen, hatte der gottlose Knappe wieder den Kopf durch ein Loch gestecket und schnitt meinem Töchterlein ein schiefes Maul. Aber, Lieber, es sollt ihm aufgedruckt werden! Denn der Amtshauptmann winkete dem Büttel, daß er den Buben herausholen mußte, und nachdeme er ihm seinen doppelten Schabernack, so er gegen mein Kind bewiesen, fürgehalten, mußte der Büttel den Kutscher seine neue Peitsche nehmen und ihme 50 Prügel aufzählen, die weiß Gott nicht aus Salz und Wasser waren. Er brüllete letzlich wie ein Ochse, welches aber niemand vor dem Rumor der Räder in der Mühlen hörete, und da er sich stellete, als könnte er nicht mehr gehen, ließen wir ihn auf der Erden liegen und fuhren unsrer Straßen.

In Ückeritze lief auch viel Volks zusammen, als wir durchkamen, so sich aber ziemlich geruhsam hielte, ohn allein einen Kerl, so, salva venia, in den Weg hoffierete, als er uns kommen sah.* Der Büttel mußte auch wieder abspringen,

---

* Entweder wohl um seine Verachtung auszudrücken oder aus einem abergläubischen Bewegungsgrund.

kunnte ihn aber nicht einholen, und die andern wollten ihn nicht verraten, sondern gaben für, sie hätten nur auf unsern Wagen gesehen und es nicht beachtet. Kann auch immer wahr sein! Und will es mir dahero fürkommen, daß es der leidige Satan selbsten gewest, umb über uns zu spotten, denn merke umb Gottes willen, was uns im Streckelberg begegnete! Ach, wir kunnten durch Verblendung des bösen Feindes die Stelle nicht wiederfinden, wo wir den Bernstein gegraben. Denn wo wir vermeineten, daß sie sein mußte, war ein großer Berg Sand wie von eim Sturmwind zusammengeblasen, und auch die tännen Zweige, so mein Töchterlein hingedecket, waren weg. Sie ward fast unmächtig, als sie solches sahe, und range die Hände und schrie mit ihrem Erlöser: »Mein Gott, mein Gott, warumb hastu mich verlassen!«

Hierzwischen jedoch mußten der Büttel und der Kutscher graben. Aber es befand sich kein Stücklein Bernstein bei eines Körnleins Größe, worauf Dn. Consul das Haupt schüttelte und mein arm Kind fast hart anschnauzete. Und als ich zur Antwort gab, daß der leidige Satan, wie es den Anschein hätte, uns wohl die Kuhle verschüttet, umb uns ganz in seine Gewalt zu überkommen, mußte der Büttel aus dem Busch einen hohen Staken holen, umb damit noch tiefer zu stoßen. Aber es war nirgends ein hart Objektum zu fühlen, obgleich der Amtshauptmann wie Dn. Consul und ich selbsten in meiner Angst überall mit der Stangen probiereten.

Dannenhero bat mein Töchterlein das Gericht, mit gen Koserow zu kommen, wo sie annoch vielen Bernstein in ihrem Koffer hätte, so sie allhier gefunden. Denn wär es damit Teufelswerk, so würde selbiger auch wohl verwandelt sein, dieweil sie in Erfahrung gezogen, daß alle Geschenke, so der Teufel denen Hexen zu verehren pflege, sich alsobald in Kot oder Kohlen umbwandelten. Aber Gott erbarm's, Gott erbarm's, als wir in Koserow zu gemeiner Verwunderung wieder ankamen und mein Töchterlein an ihren Kasten trat, war alles Zeug darinnen umbgerissen und der Bernstein fort. Sie schrie hierauf so laut, daß es hätte einen Stein erbarmen mögen, und rief: »Das hat der böse Büttel getan! Als er die Salbe aus meinem Koffer geholet, hat er mir elenden Magd auch den Bernstein gestohlen!« Aber der Büttel, so dabeistund, wollte ihr in die Haare fahren und schrie: »Du Hexe, du vermaledeiete Hexe, ist es nit genug, daß du meinen Herrn verleumdet, willtu mich nun auch noch verleumden?« Aber Dn. Consul wehrete ihm, daß er sie nicht anfassen durfte. Item war all ihr Geld fort, so sie sich für heimlich verkauften Bernstein gesparet und, wie sie vermeinete, schon an die 10 Fl. betragen.

Aber ihr Kleid, welches sie bei der Ankunft des durchlautigsten Königs Gustavi Adolphi getragen, wie die güldene Ketten mit dem Konterfei, so er ihr verehret, hatte ich wie ein Heiligtum in meinen Kirchenkasten bei denen Altar- und Kanzeltüchern verschlossen, und fanden wir's auch noch für. Doch als ich solches entschuldigte und sagete, daß ich es hier bis auf ihren Hochzeitstag aufheben wöllen, sahe sie mit starren Augen in den Kasten und rief: »Ja, wenn ich gebrennet werd, o Jesu, Jesu, Jesu!« – Hier schudderte sich Dn. Consul und sprach: »Sieh, wie du immerdar dich mit deinen eigenen Worten schlägest. Umb Gottes und deiner Seligkeit willen bekenne, denn wenn du dich unschuldig befindest, wie kannstu daran denken, daß du brennen sollt.« Aber sie schauete ihm noch immer starr in die Augen und hube an, auf lateinisch auszurufen: »Innocentia, quid est innocentia? Ubi libido dominatur, innocentiae leve praesidium est!«*

Hier schudderte sich Dn. Consul abereins also, daß ihm der Bart wackelte, und sprach: »Was, kannstu in Wahrheit Lateinisch? Wo hastu das Lateinische gelernet?« Und als ich solche Frage ihm beantwortet, soviel ich für Schluchzen dazu imstande war, schüttelte er sein Haupt und sprach: »Habe im Leben nicht vernommen, daß ein Weibsbild Lateinisch kann.«

---

* »Unschuld, was ist Unschuld? Wo die Begierde gebietet, da hat die Unschuld eine schwache Schutzwehr!« – Worte von Cicero, wenn ich nicht irre.

Hierauf fiel er vor ihrem Kasten auf die Knie und suchete alles darinnen durch, rückete ihn darauf von der Wand, und als er nichts gefunden, ließ er sich ihr Bette zeigen und machte es damit auch so. Solches verdroß letzlich den Amtshauptmann und fragete ihn, ob sie nicht wieder fahren wöllten, inmaßen es sonsten Nacht würde? Aber er gab zur Antwort: »Nein, ich muß erst den Packzeddul* haben, so ihr der Satan gegeben!« und fuhr fort, überall umbherzusuchen, bis es fast dunkel war. Aber sie fanden nichtes nicht, wiewohl Dn. Consul samt dem Büttel in der Küchen wie im Keller kein Plätzlein verschoneten. Darauf stiege er brummend wieder auf den Wagen und befahl, daß mein Töchterlein sich so setzen mußte, daß sie ihne nicht ansäh. Und hatten wir jetzunder mit der vermaledeieten Hexen, der alten Lise Kolken, wieder dasselbige Spektakulum, angesehen sie wieder in ihrer Türen saß, als wir vorbeifuhren, und aus voller Kehlen »Herr Gott, dich loben wir!« anstimmte. Quäkete aber wie ein angestochen Kalb, so daß es Dn. Consul verwunderte, und nachdem er vernommen, wer sie wäre, fragete er den Amtshauptmann, ob er sie nicht gleich wölle durch den Büttel aufgreifen und hinten an den Wagen binden lassen, umb nachzulaufen, da wir keinen Platz mehr vor sie hatten. Denn er hätte nun schon oftmalen in Erfahrung gezogen, daß alle alte Weiber, so rote Gluderaugen und eine finnige Kehle hätten, auch Hexen wären, unangesehen, was Rea Verdächtiges gegen sie aussaget. Aber er gab zur Antwort, daß er solches nit tun könne, dieweil die alte Lise ein unbescholten und gottesfürchtig Weibsbild wäre, wie Dn. Consul anjetzo auch selbsten hören künnte. Doch hätte er sie auf morgen mit den andern Zeugen fordern lassen.

Ja wahrlich, ein schön gottesfürchtig Weibsbild! Denn wir waren kaum aus dem Dorf, als ein also schwer Wetter einbrach mit Donner, Blitze, Sturm und Hagel, daß rund umb

---

* Man stand nämlich in dem Wahn, daß wie der Mensch dem Teufel, so der Teufel dem Menschen sich *handschriftlich* verpflichte.

uns das Korn zu Boden geschlagen wurde wie von eim Drescher und die Pferde fast wild für dem Wagen wurden; währete aber nit lange. Doch mußte mein arm Töchterlein auch wieder die Schuld tragen, inmaßen Dn. Consul vermeinete, daß nicht die alte Lise, wie es doch so klar wie die Sonne ist, sondern mein arm Kind dies Wetter gemacht.* Denn, Lieber, sage, was hätt es ihr nutzen können, wenn sie auch die Kunst verstanden? Aber solches sahe Dn. Consul nicht ein, und der leidige Satan sollte unter des gerechten Gottes Zulassung es alsobald noch ärger mit uns machen. Denn wir waren allererst an den Herrendamm** kommen, als er wie ein Adebar*** über uns angefahren kam und eine Pogge also exakt von oben niederwarf, daß sie meim Töchterlein in den Schoß fiel. Selbige schrie hell empor, aber ich bliese ihr ein, stille zu sitzen, und wollte die Pogge heimlich bei eim Fuß vom Wagen werfen.

Aber der Büttel hatte es gesehen und rief: »Herrje, herrje, kiekt, de verfluchte Hex, wat schmitt ihr de Düwel in den Schoot?« Worauf sich der Amtshauptmann und Dn. Consul umbsahen und befunden, wie ihr ein Pogge in den Schoß kroch, so der Büttel aber zuvor erst dreimal anbliese, ehe er sie aufhub und den Herren zeigete. Davor bekam Dn. Consul das Speien und befahl, nachdem es fürüber, dem Kutscher stillezuhalten, stieg vom Wagen und sagete, wir söllten nur nach Hause fahren, ihm wäre übel, und wölle er zu Fuß nachlaufen, ob es besser werden möchte. Zuvor aber bliese er noch dem Büttel heimlich ein (wie wir aber deutlich verstanden), er sölle alsogleich, wenn er zu Haus käm, mein arm Kind, jedoch menschlich, anschließen, worauf weder sie noch ich für Tränen und Schluchzen antworten konnten. Aber der Amts-

---

* Denn die Entstehung von dergleichen plötzlichen Ungewittern schrieb man auch den Hexen zu.
** Führt bis auf den heutigen Tag diesen Namen und ist eine Viertelmeile von Koserow entfernt.
*** Storch; Pogge: plattdeutsch Frosch.

hauptmann hatte es auch gehöret, was er sagte, und als wir ihn nit mehr sehen konnten, hub er an, meim Töchterlein von hintenzu die Wangen zu streicheln; sie sölle nur zufrieden sein, er hätte auch noch ein Wörtlein dazwischenzureden, und der Büttel solle sie noch nicht schließen. Sie möge aber doch aufhören, gegen ihn sich also hart zu gebärden wie bishero, und übersteigen, bei ihm auf sein Bund sitzen gehen, damit er ihr heimlich einen guten Rat geben könne, was zu tun wäre. Hierauf gab sie mit vielen Tränen zur Antwort, sie wölle nur bei ihre Vater sitzen bleiben, inmaßen sie nit wüßte, wie lange sie noch bei ihm säß, und bäte sie um nichtes mehr, denn daß Se. Gestrengen sie möge in Frieden lassen. Aber solches tat er nicht, sondern druckete sie mit seinen Knien in den Rücken und in die Seiten, und da sie solches litte, weilen es nicht zu ändern stund, wurd er dreuster und nahm es für ein gut Zeichen. Hierzwischen schrie aber Dn. Consul dicht hinter uns (denn dieweilen ihn grauete, trottierete er dicht hinter dem Wagen): »Büttel, Büttel, kommt geschwinde her, allhier liegt ein Schweinsigel mitten im Weg!« Worauf der Büttel auch vom Wagen sprang.

Solches aber machte den Amtshauptmann noch dreuster, und stund letzlich mein Töchterlein auf und sprach: »Vater, wir wollen auch zu Fuß gehen, ich kann mich vor ihme hier hinten nit mehr bergen!« Aber er riß sie beim Kleid wieder nieder und rief zornig: »Warte, du boshafte Hex, ich werde dir helfen zu Fuß gehen! Willtu also, so solltu in Wahrheit noch diese Nacht an den Block!« Worauf sie zur Antwort gab: »Tu Er, was Er nicht lassen kann. Der gerechte Gott wird hoffentlich auch einst mit ihm tun, was er nicht lassen kann!«

Hierzwischen aber waren wir beim Schloß ankommen und kaum vom Wagen niedergestiegen, als Dn. Consul, so sich einen guten Schwitz gelaufen, auch mit dem Büttel anlangete und diesem sogleich mein Kind übergab, so daß ich ihr kaum noch valedizieren konnte. Blieb also händeringend im Dunklen auf der Dielen stehn und horchete, wohin sie gingen, alldieweil ich nicht das Herz hatte nachzufolgen, als Dn. Consul, so mit dem Amtshauptmann in ein Zimmer getreten war, wieder aus der Türen schauete und dem Büttel nachrief, Ream noch einmal wieder anherzubringen. Und als er solches tät und ich mit in das Zimmer trate, hielt Dn. Consul einen Brief in der Hand, und nachdem er dreimal ausgespucket, hub er an: »Willstu noch leugnen, du verstockte Hex? Horch mal zu, was der alte Ritter Hans von Nienkerken an das Gerichte schreibt!« Und hierauf las er uns für, daß sein Sohn also verstürzt sei über die Sage, so die vermaledeiete Hexe auf ihn getan, daß er von Stund an krank worden wäre, und ihme, dem Vater, ginge es auch nicht besser. Sein Sohn Rüdiger wäre wohl einigemal, wenn es der Weg so gefüget, beim Pastore Schweidler eingekehret, mit dem er auf einer Reise Kundschaft gemachet, schwüre aber, daß er schwarz werden wölle, wenn er jemalen mit der verfluchten Teufelshuren, seiner Tochter, irgendeine Kurzweil oder Narreteiding betrieben, geschweige nachts auf dem Berg gewest wäre und sie dort umbhalset hätte.

Auf solche erschröckliche Botschaft fielen wir beide (verstehe: mein Töchterlein und ich) zu gleicher Zeit in Unmacht, angesehen wir auf den Junker annoch unsere letzte Hoffnung gesetzet, und weiß ich nicht, was man weiters mit mir fürgenommen. Denn als ich wieder bei mir kam, stund der Krüger Conrad Seep über mir und hielt mir einen Trichter zwischen den Zähnen, in welchen er mir eine Biersuppen einkellete, und hatte ich mich niemalen elender in meinem Leben befunden, wannenhero Meister Seep mich auch wie ein klein Kindlein ausziehen und zu Bette bringen mußte.

20. KAPITEL
*Von der Bosheit des Amtshauptmanns und der alten Lisen,
item vom Zeugenverhör*

Am andern Morgen waren meine Haare, so bis dato graumenglieret gewest, ganz weiß wie ein Schnee, wiewohlen mich der Herre sonsten wunderlich gesegnet. Denn umb Tagesanbruch kam eine Nachtigall in den Fliederbusch vor mein Fenster und sange also lieblich, daß ich gleich gläubte, sie sei ein guter Engel gewest. Denn nachdem ich sie eine Zeitlang angehöret, kunnte ich mit einemmal wieder beten, was ich seit dem Sonntag nit mehr können. Und da nun der Geist unsers Herrn Jesu Christi anhub, in meinem Herzen zu schreien: »Vater, lieber Vater!«, nahm ich daraus eine gute Zuversicht: Gott wölle mich, sein elendig Kind, wieder zu Gnaden annehmen, und nachdem ich ihm für soviel Barmherzigkeit gedanket, gewann ich nach langer Zeit wieder eine so erquickliche Ruhe, daß die liebe Sonne schon hoch am Himmel stund, als ich aufwachte.

Und dieweil mir noch also zuversichtlich umbs Herze war, richtete ich mich im Bette empor und sang mit heller Stimme: »Verzage nicht, du Häuflein klein!« Worauf Meister Seep in die Kammer trat, vermeinend, ich hätte ihn gerufen. Blieb aber andächtig stehen, bis ich fertig war, und nachdem er sich anfänglich über meine schlohweißen Haare verwundert, verzählete er, daß es schon bei 7 Uhren wär, item wäre meine halbe Gemein schon allhier bei ihme versammlet, um heute Zeugnis abzulegen, worunter auch mein Ackersknecht Claus Neels. Als ich solches vernommen, mußte der Krüger selbigen alsofort aufs Schloß schicken, umb zu fragen, wann das Verhör anhübe, worauf er die Botschaft brachte, daß man es nit wisse, inmaßen Dn. Consul schon heute gen Mellenthin zu dem alten Nienkerken gefahren, aber noch nicht wieder zurück wär. Diese Botschaft gab mir wieder einen guten Mut, und fragte ich den Burschen, ob er auch kommen wär, umb gegen mein arm Kind zu zeugen? Darauf sagete er: »Nein, ich weiß nichtes von ihr denn Gutes, und wollte ich den Kerls wohl was brauchen, aber ...«

Solche Rede verwunderte mich, und drang ich fast heftig in ihn, mir sein Herze zu offenbaren. Aber er hub an zu weinen und sagte letzlich, er wisse nichtes. Ach, er wußte nur zuviel und hätte jetzunder mein arm Kind retten können, so er gewollt. Aber aus Furcht vor der Marter schwieg er stille, wie er nachgehends bekannte. Und will ich hier gleich einrücken, was ihm diesen Morgen begegnet:

Er gehet, umb allein mit seiner Braut zu sein, welche ihm das Geleit geben (sie ist Steffen seine Tochter von Zempin, aber nicht den Bauern, sondern den lahmen Gicht-Steffen seine), heute in guter Frühzeit von Haus und gelanget schon gegen 5 Uhren in Pudagla an, wo er aber noch niemand im Kruge fürfindet denn die alte Lise Kolken, welche aber auch alsobald auf das Schloß wackelt. Und dieweil seine Braut wieder heimgekehret, wird ihm die Zeit lang und er steiget über den Krügerzaun in den Schloßgarten, allwo er hinter eim Buschwerk sich auf den Bauch wirft, umb zu schlafen. Währet aber nit lange, so kömmt der Amtshauptmann mit der alten Lisen an, und nachdem sie sich überall umbgeschauet und niemand befunden, gehen sie in eine Laube dicht vor ihm, worauf sie ein solch Gespräch geführet:

Ille*: Jetzunder wären sie beide allein, was sie nun von ihm wölle?

Illa**: Sie käme, umb sich das Geld zu holen vor die Zauberei, so sie im Dorf angerichtet.

Ille: Was ihm all diese Zauberei genützet? Mein Töchterlein ließe sich nicht schröcken, sondern würde immer trutziger, und gläube er nicht, daß er sie jemalen zu seinem Willen bekäm.

Illa: Sölle sich nur Zeit lassen, wenn es erst zur Angstbank ginge, würd ihr schon das Brusen*** ankommen.

* Jener.
** Jene.
*** Niedriger, plattdeutscher Ausdruck.

Ille: Das wäre möglich, aber eher bekäme sie auch kein Geld.

Illa: Was? Ob sie ihm vor sein Vieh auch was brauchen sölle?

Ille: Ja, wenn ihr der Podex früre, möge sie's tun. Im übrigen gläube er, daß sie ihm selbsten schon was gebrauchet, angesehen er eine Brunst zu der Pfarrerstochter hätte, wie er vormals nie verspüret.

Illa (lachend): Dasselbige hätt er vor dreißig Jahren gesagt, als er sich allererst an sie gemacht.

Ille: Pfui, du alte Vettel, hilf mir nicht darauf, sondern siehe nur zu, daß du drei Zeugen bekömmst, wie ich dir letzlich gesaget, denn sonsten, sorge ich, recken sie dir doch noch die alten lahmen Lenden!

Illa: Sie hätte die drei Zeugen und verließe sich im übrigen auf ihn. Denn wenn sie gerecket würde, würde sie allens offenbaren, was sie wüßte.

Ille: Sie sölle ihr großes Maul halten und zum Teufel gehen.

Illa: Ja, aber zuerst müßte sie ihr Geld haben.

Ille: Sie kriegte kein Geld nicht, ehbevor er mein Töchterlein zu seinem Willen bracht.

Illa: So möge er ihr doch allererst ihr Ferkelken bezahlen, so sie sich selbsten, umb nicht in Mißgunst zu kommen, zu Tode gehext.

Ille: Sie könne sich wieder eines aussuchen, wenn seine Schweine trieben, und sölle nur sagen, sie hätt es ihm bezahlt.

Hiermit, sagte mein Ackersknecht, wären auch schon die Schweine getrieben und eines in den Garten gelaufen, da die Pforte aufgestanden, und weil der Sauhirt ihm gefolget, wären sie beide auseinandergegangen, doch hätte die Hexe noch für sich gemürmelt: »Nu help, Düwel, help, datt ick ...«, aber ein mehreres hätte er nicht verstanden.

Solches alles verschwieg mir aber der furchtsame Knabe, wie oben bemeldet, und sagete nur mit Tränen, er wisse nichts. Gläubete ihm also und satzte mich vor das Fenster, umb auszuschauen, wenn Dn. Consul wieder heimkehren würde. Und als ich solches gesehen, hub ich mich alsogleich empor und ging auf das Schloß, wo mir der Büttel auch schon mit meim Töchterlein, so er bringen sollte, vor dem Gerichtszimmer begegnete. Ach, sie sahe so froh aus, wie ich sie lange nit gesehen, und lächelte mich an mit ihrem lieblichen Mündlein. Da sie aber mein schlohweiß Haar erblickte, tät sie einen Schrei, also daß Dn. Consul das Gerichtszimmer offenschlug und herausrief: »Ha, ha, du merkest wohl schon, welch Zeitung ich dir bringe, komm nur herein, du verstockt Teufelskind!« Worauf wir zu ihm in das Zimmer traten und er anhube, seine Worte an mich zu richten, nachdem er sich mit dem Amtshauptmann, so bei ihm war, niedergesetzet.

Als er mich gestern abend vor einen Toten hätte zu Meister Seep tragen lassen, sagte er, und dies mein verstockt Kind wieder wär ins Leben bracht, hätt er sie abereins aus allen Kräften beschworen, nicht länger dem lebendigen Gott zu lügen, sondern die Wahrheit zu bekennen, worauf sie sich aber fast ungebärdig gestellet, die Hände gerungen, geweint und geschluchzet und letzlich zur Antwort geben, daß der junge Adlige solches unmöglich könne gesaget haben, besondern sein Vater hätte dieses geschrieben, welcher ihr abhold wäre, wie sie wohl gemerket, als der schwedische König in Koserow gewest wäre. Diese ihre Sag hätte er, Dn. Consul, zwar gleich in Zweifel gezogen, wäre aber als ein gerechter Richter heute morgen zu guter Zeit mit dem Scriba nacher Mellenthin gefahren, umb den Junker zu verhören.

Und könne ich nun selbsten abnehmen, welch erschröckliche Bosheit in meim Kind stecke. Denn der alte Ritter hätte ihn an das Bett seines Sohne geführet, so noch für Ärger krank läge, und selbiger hätte allens, was der Vater geschrieben, bestätiget und die schändliche Unholdin (wie er mein Kind genennet) verfluchet, daß sie ihm wölle seine adlige Ehre rauben. »Was sagstu nun«, fuhr er fort, »willtu noch deine große Übeltat leugnen? Sieh hier das Protokollum, so der Junker manu propria unterschrieben!«

Aber die elendige Magd war hierzwischen schon wieder umbgefallen, und der Büttel hatte solches nicht alsobald gesehen, als er nach der Küchen lief und mit einem brennenden Schwefelfaden zurückekam, den er ihr unter der Nasen halten wollte.

Aber ich wehrete es ihm und sprützete ihr einen Topf mit Wasser über das Gesicht, so daß sie auch wieder die Augen aufschlug und sich an einem Tisch in die Höhe richtete. Stand aber jetzo eine ganze Zeit, ohne ein Wörtlein zu sagen noch meines Jammers zu achten, bis sie anhub, freundlich zu lächeln und also zu sprechen: Sie sähe wohl, wie wahr der Heilige Geist gesaget: »Verflucht ist, der sich auf Menschen verläßt!«*

Und hätte die Untreue, so der Junker an ihr bewiesen, gewißlich ihr armes Herze gebrochen, wenn der barmherzige Gott ihme nicht gnädig zuvorgekommen und ihr in dieser Nacht einen Traum eingegeben, so sie erzählen wölle, nicht umb den Richter zu persuadieren, sondern umb das weiße Haupt ihres armen Vaters wieder aufzurichten.

»Nachdeme ich die ganze Nacht gesessen und gewachet«, sagete sie, »hörte ich gegen den Morgen eine Nachtigall gar lieblich in dem Schloßgarten singen, worauf mir die Augen zufielen und ich entschlief. Alsbald kam es mir für, als wäre ich ein Lämmlein und weidete in Koserow ruhig auf meiner Bleichen. Da sprang der Amtshauptmann über den Zaun, wandelte sich aber in einen Wulf umb, der mich in sein Maul nahm und mit mir auf den Streckelberg zu lief, allwo er sein Nest hatte. Ich armes Lämmlein zitterte und blökete vergeblich und sahe meinen Tod für Augen, als er mich vor sein Nest niedersetzte, allwo die Wülfin mit ihren Jungen lag. Aber siehe, alsobald reckete sich eine Hand, wie eines Mannes Hand, durch das Gebüsche und ergriff die Wülfe, einen jeglichen unter ihnen mit eim Finger, und zerscheiterte sie also, daß nichtes von ihnen übrigblieb denn ein grau Pulver.

---

* Jeremias 17,5.

Darauf nahm die Hand mich selbsten auf und trug mich wieder zu meiner Bleichen.«

Lieber, wie ward mir anjetzo zumute, als ich dies allens und auch von der lieben Nachtigallen hörete, woran du nunmehro auch nit mehr zweifeln wirst, daß sie Gottes Dienerin gewest. Ich umbhalsete mein Töchterlein sogleich mit tausend Tränen und verzählete ihr, wie's mir gangen, und gewunnen wir beide einen solchen Mut und Zuversicht, als wir noch nie gehabt, so daß sich Dn. Consul verwunderte, wie es den Anschein hatte, der Amtshauptmann aber blaß wurde wie ein Laken, als sie anjetzo auf die beiden Herrschaften hinzutrat und sprach: »Jetzo machet mit mir, als Euch geliebet. Das Lämmlein erschröcket nicht, denn es stehet in der Hand des guten Hirten!«

Hierzwischen trat nun auch Dn. Camerarius mit dem Scriba ein, entsatzte sich aber, als er ungefährlich mit dem Rockzipf meim Töchterlein an die Schürzen stieß, und stund und schrapete an seim Rock als ein Weib, so Fische schrapet. Endiglich, nachdem er zuvor zu dreien Malen ausgespien, redete er das Gerichte an, ob sie nicht anheben wöllten, den Zeugeneid abzunehmen, angesehen alles Volk schon längstens im Schloß und Kruge versammlet wäre. Solches ward angenehm aufgenommen, und erhielt der Büttel Befehl, mein Kind so lange in seinem Zimmer aufzubewahren, bis das Gericht sie wieder rufen würd. Ging also mit ihr, hatten aber viel Plage von dem dreusten Schalk, inmaßen er nicht blöde war, den Arm meinem Töchterlein umb die Schulter zu legen und in mea praesentia* von ihr ein Küsseken zu verlangen. Aber ehbevor ich noch kunnte zu Worte kommen, riß sie sich los und rief: »Ei, du böser Schalk, soll ich's dem Gerichte klagen, hastu vergessen, was du schon aufgeladen?« Worauf er aber lachend zur Antwort gab: »Kiek, kiek, wo oet!«** und nunmehro fortfuhr, sie zu persuadieren, daß sie sich sölle williger

---

* In meiner Gegenwart.
** »Sieh, sieh, wie spröde!«

finden lassen und ihren eignen Vorteil nicht vergessen. Denn er hab es ebensogut mit ihr im Sinn als sein Herr, sie möge es gläuben oder nicht, und was er weiters herumlärmte und ich überhöret hab. Denn ich nahm mein Töchterlein auf meinen Schoß und legte mein Haupt an ihren Nacken, und so saßen wir stille und weineten.

21. KAPITEL
*De confrontatione testium**

Als wir wieder vorgefordert wurden, war die ganze Stuben voll Menschen, und schudderten sich etzliche, als sie uns sahen, etzliche aber greineten. Und war meines Töchterleins Sage ganz so wie hiebevor vermeldet worden. Als aber unsre alte Ilse fürgerufen ward, so hinten auf einer Bank gesessen, also daß wir sie nit sehen kunnten, war die Kraft, womit sie der Herr angetan, wieder zu Ende, und wiederholete sie des Heilands Worte: »Der mein Brot isset, tritt mich mit Füßen« und hielt sich an meim Stuhl fest.

Auch die alte Ilse kunnte vor Jammer nit gerade gehn, weder vor Tränen zu Worte kommen, sondern sie rang und wand sich wie eine Gebärerin für dem Gerichte. Als sie aber Dn. Consul bedräuete, daß der Büttel ihr gleich sölle zu Wort helfen, bezeugte sie, daß mein Kind gar oft zu nachtschlafender Zeit heimlich aufgestanden und den bösen Feind laut angerufen hätte.

Q. Ob sie gehöret, daß Satanas ihr Antwort geben?
R. Hätte sie niemalen nit gehöret.
Q. Ob sie gewahr worden, daß Rea einen Geist gehabt und in welcher Gestalt? Sie sölle an ihren Eid gedenken und die Wahrheit reden.
R. Hätte sie niemalen nit verspüret.

---

* Von der Konfrontation der Zeugen.

Q. Ob sie wohl gehöret, daß sie zum Schornstein herausgefahren?
R. Nein, sie wäre immer heimlich aus der Türen gangen.
Q. Ob sie nie am Morgen einen Besenstiel oder Ofengabel vermisset?
R. Einmal wäre ihr Besen fortgewest, sie hätte ihn aber hinter dem Backofen wiederfunden, und möchte sie selbsten ihn wohl in Gedanken dort hingesetzet haben.
Q. Ob sie nie gehöret, daß Rea einen Zauber vorgehabt oder diesen und jenen verwünschet?
R. Nein, niemalen, sondern sie hätte ihrem Nächsten nur Gutes angewünschet, auch in der bittern Hungersnot sich selbsten den Bissen aus dem Mund gezogen und ihn andern abgeteilet.
Q. Ob sie denn auch nicht diese Salbe kenne, so man in Rea Koffer fürgefunden?
R. O ja, die Jungfer hätte sie sich vor die Haut aus Wolgast mitgebracht, auch ihr abgeteilet, als sie einmal spröde Hände gehabt, und hätte solches wacker angeschlagen.
Q. Ob sie sonsten noch was zu sagen wisse?
R. Nein, nichtes denn alles Gute.
Hierauf wurde mein Ackersknecht Claus Neels aufgerufen. Selbiger trat auch weinend hinzu, antwortete aber auf alle Fragen mit »Nein« und bezeugete endlich, daß er nie Unrechtes von meinem Töchterlein gesehn noch gehöret, auch von ihrem nächtlichen Wandel nichts vernommen, angesehen er im Stall bei den Pferden schliefe, und auch sicher gläube, daß böse Leute, wobei er auf die alte Lise sah, ihr dies Herzeleid bereitet und sie ganz unschuldig sei.
Als nunmehro auch an dies alte Satanskind die Reihe kam, so ein Hauptzeugnis ablegen sollte, erkläretete mein Töchterlein abermalen, daß sie das Gezeugnis der alten Lisen nit annehmen müge und das Gericht um Gerechtigkeit anriefe, denn sie wäre ihr von Jugend auf gram und länger in dem Geschrei der Zauberei gewest denn sie selbsten.
Aber die alte Vettel rief: »Gott vergebe dir deine Sünden!

Das ganze Dorf weiß, daß ich ein fromm Weib bin und meinem Gott diene, wie sich gebühret!« Worauf sie den alten Zuter Witthahn und meinen Fürsteher Claus Bulk aufrief, welche auch für sie Zeugnis ablegeten. Aber der alte Paasch stund und schüttelte das Haupt. Doch als mein Töchterlein sagte: »Paasch, warumb schüttelt Ihr mit dem Kopf?«, verzufzete* er sich und gab zur Antwort: »I, nicks!«**

Dieses wurde aber auch Dn. Consul gewahr und fragete ihm, ob er etwas Unartiges wider die alte Lise fürzubringen habe, so möge er Gott die Ehre geben und solches bekennen; item stünde es einem jeglichen erlaubt, solches zu tun, ja das Gericht beföhl es ihme an zu sprechen, so er etwas wüßte.

Aber aus Furcht vor dem alten Drachen schwiegen sie alle so mäusekenstill, daß man die Fliegen kunnte brummen hören umb das Tintenfaß. Da stund ich Elender auf und strekkete meine Arme über mein verzagt und verstürzetes Volk aus und sprach: »Könnt ihr mich also kreuzigen mit meim arm Kinde, hab ich das umb euch verdienet? Sprecht doch, ach, will niemand sprechen?« Aber ich hörete wohl etzliche heulen, doch niemanden sprechen, und jetzunder mußte sich mein arm Töchterlein wohl zufriedengeben.

Und war die Bosheit der alten Vettel so groß, daß sie meinem Kinde nicht nur die erschröcklichste Zaubereien fürhielt, besondern auch die Zeit ausrechnen wollte, wann sie sich dem leidigen Satan ergeben, umb ihr zugleich ihre jungfräuliche Ehr zu rauben, inmaßen sie behauptete, daß dazumalen Satanas ihr sonder Zweifel wohl die Jungfrauschaft genommen, als sie nit mehr hätte das Viehe heilen mügen, sondern es gestorben wär. Hierzu sagte mein Töchterlein aber nichts, denn daß sie die Augen niederschlug und verschamrotete über solche Unfläterei, und auf die andere Lästerung, so die Vettel mit vielen Tränen ausstieß, daß sie nämlich ihren Mann lebendig dem Satanas übergeben, antwortete sie, wie

---

* Plattdeutsch für zusammenfahren.
** »Ei, nichts!«

oben gedacht worden. Doch als die Vettel auf ihre Umtaufe in der Sehe kam und fürgab, daß sie im Busch nach Erdbeeren gesuchet, worauf sie alsbald meines Töchterleins Stimm erkannt und herangeschlichen wäre und so das Teufelswerk gewahret, fiel selbige ihr lächelnd in die Rede und gab zur Antwort: »Ei, du böses Weib, wie kannstu meine Stimm, wenn ich an der Sehe spreche, oben auf dem Berg in der Heiden hören? Du leugst ja, denn das Mürmeln der Wellen macht es dir unmüglich!« Solches verdroß den alten Drachen, und wollt er's besser machen, macht es aber noch ärger, indem er sprach: »Du rührtest ja das Maul, wie ich sehen kunnte, und daraus habe ich abgenommen, daß du den Teufel, deinen Buhlen, angerufen!« Denn mein Töchterlein versetzte alsobald: »O du gottlos Weib, sagst ja, du wärst' in der Heiden gewest, als du meine Stimm gehöret; wie magstu denn in der Heiden sehen, ob ich unten am Wasser das Maul rühre oder nit?«

Solche Widersprechung verwunderte auch Dn. Consulem, und hub er an, die alte Vettel zu bedräuen, daß sie doch noch am Ende würde gerecket werden, wenn sie solche Lügen fürbrächte, worauf selbige aber zur Antwort gab: »So sehet denn, ob ich lüge! Als sie nacket ins Wasser ginge, hatte sie noch kein Zeichen an ihrem Leib, als sie aber wieder daraus herfürstieg, sahe ich, daß sie zwischen den beiden Brüsten ein Zeichen bei eines Wittens Größe hat, woraus ich abnahm, daß der Teufel ihr solches geben, obwohl ich ihn nicht umb sie gesehen noch sonst einen Geist oder Menschenkind, sondern es den Anschein hatte, daß sie ganz allein war.«

Hierauf sprang der Amtshauptmann von seinem Sessel auf und rief, daß solchem gleich müßte nachgeforschet werden, worauf Dn. Consul zur Antwort gab: »Ja, aber nit durch uns, sondern durch ein paar ehrsame Weiber.« Denn er achtete nit, daß mein Töchterlein sagte, solches wäre ein Muttermal, und hätte sie es von ihrer Jugend auf gehabt. Dannenhero mußte den Büttel seine Frau kommen, welcher Dn. Consul etwas ins Ohr mürmelte, und als kein Bitten und Weinen helfen wollte, mußte mein Töchterlein mitgehen. Doch erhielt sie es, daß die alte Lise Kolken ihr nicht folgen durfte, wie sie es zwar gewollt, sondern unsre Magd, die alte Ilse. So ging ich auch mit in meinem Gram, weilen ich nicht wissen kunnte, was die Weibsbilder mit ihr fürnehmen würden. Sie weinete heftig, als selbige sie auszogen, und hielt sich für Scham die Hand für die Augen.

Ach Gott, sie war geradeso weiß auf ihrem Leibe wie meine Selige, da sie doch in ihrer Jugend, wie ich mich erinnere, fast gelb gewest, und sah ich mit Verwundrung den Fleck zwischen ihren Brüsten, von dem ich vorhero auch nie was in Erfahrung gezogen. Aber alsobald schrie sie heftig auf und sprang zurücke, angesehen den Büttel sein Weib, wie niemand gewahr worden, ihr eine Nähnadel in den Fleck gestoßen, also daß das rote Blut ihr über die Brüste lief. Darob erzürnete ich heftig, aber das Weib gab für, daß sie solches auf Geheiß des Richters getan*, wie es auch nicht anders war. Denn als wir wieder in das Gerichtszimmer kamen und der Amtshauptmann fragete, wie es stünd, bezeugete sie, daß alldorten zwar ein Mal bei eines Guldens Größe und gelblich anzusehen fürhanden, daß aber Gefühl in selbigem wäre, angesehen Rea laut aufgeschrien, als sie unvermerkt mit einer Nadel hineingestoßen. Hierzwischen sprang aber Dn. Camerarius plötzlich auf und trat für mein Töchterlein, ihr die Augenlider auseinanderschiedend, worauf er zu zittern begunnte und ausrief: »Sehet hier das Zeichen, welches nimmer trügt!« Worauf das ganze Gericht aufsprang und ihr das kleine Mal beschauete, so sich unter dem rechten Lide wies, was von eim Gerstenkorn gekommen, aber niemand nit gläuben wollte. Besondern Dn. Consuln sprach: »Sieh, der Satan hat dich gezeichnet an Leib und Seelen, und du fährest den-

---

* Man nahm nämlich an, daß dergleichen Male bei den Hexen *alsdann* unzubezweifelnde Zeichen des Teufels wären, wenn sie *kein* Gefühl hatten, und wurde diese Prozedur mit jedem der Zauberei Verdächtigen vorgenommen.

noch fort, dem Heiligen Geist zu lügen, aber es wird dir nichtes helfen, du machst dein Urteil nur schwerer. O du schamlos Weibsbild, willtu der alten Lisen ihr Gezeugnis nit annehmen, willtu es dann auch nicht dieser Leute Zeugnis, so dich sämtlich haben auf dem Berge mit ihr deinen Buhlen, den Teufel, anrufen hören, worauf èr dir als ein haarigter Riese erschienen und dich geherzet und geküsset?«

Hierauf traten der alte Paasch, Witthahnsche und Zuter herfür und bezeugeten, daß solches umb Mitternacht geschehen und sie auf solch Bekenntnis leben und sterben wöllten. Die alte Lise hätte sie in der Samstagnacht bei 11 Uhren geweckt, ihnen einen Krug Bier fürgesetzet und sie beredet, der Priestertochter heimlich nachzugehen, umb zu sehen, was sie in dem Berg täte. Und hätten sie zu Anfang nit gewollt, aber umb der Zauberei im Dorf auf den Grund zu kommen, hätten sie sich endlich nach einem andächtigen Gebet willig finden lassen und wären ihr in Gottes Namen gefolget.

Hätten die Hexe auch bald durch das Buschwerk im Mondschein gesehen, wo sie getan, als wenn sie gegraben und laut in einer absonderlichen Sprachen geredet, worauf der grimmige Erzfeind plötzlich erschienen und ihr umb den Hals gefallen. Nunmehro wären sie verstürzet fortgerannt und mit des allmächtigen Gottes Hülfe, auf den sie von Anbeginn ihr Vertrauen gesetzet, auch erhalten und beschützet worden vor der Macht des bösen Feindes. Denn wiewohlen er sich nach ihnen umbgesehen, als es im Busch gerustert, hätte er ihnen doch nit schaden mögen.

Endlich wurde es meim armen Töchterlein auch noch als ein Crimen ausgelegt, daß sie unmächtig worden, als man sie von Koserow nacher Pudagla abgeführet, und wollte es abereins ihr niemand gläuben, daß solches vor Verdruß über der alten Lisen ihren Gesang geschehen sei und nicht aus bösem Gewissen, wie der Richter fürgab.

Als nunmehro sämtliche Zeugen verhöret waren, befragte Dn.Consul sie noch, ob sie letzlich das böse Wetter gemacht, item was die Pogge zu bedeuten gehabt, so ihr in den Schoß gefallen, item der Schweinsigel, so vor ihm mitten im Wege gelegen, worauf sie zur Antwort gab, daß sie so wenig das eine getan, als sie umb das andre wisse, worauf aber Dn. Consul abermals mit dem Kopf schüttelte und sie dann letzlich fragete, ob sie wölle einen Advokaten haben oder allens der besten Einsicht des Gerichtes anheimstellen, worauf sie zur Antwort gab, daß sie in alle Wege einen Advokaten wölle, und schickete ich dannenhero des nächsten Tages meinen Ackersknecht Claus Neels nach Wolgast, umb den Syndikus Michelsen zu holen, der ein frommer Mann ist und bei dem ich etzliche Male eingekehret bin, wenn ich zur Stadt gefahren, dieweil er mich höflichst invitieret.

Auch muß ich noch notieren, daß meine alte Ilse nunmehro wieder bei mir zog, denn nachdeme die Zeugen fortgangen waren, blieb sie annoch allein im Zimmer und trat mutiglich für mich, bittend, daß ihr müget vergönnet werden, ihren alten Herrn und ihre liebe Jungfer wieder zu pflegen. Denn nunmehro hätte sie ihre arme Seel gerettet und allens geoffenbaret, was sie wüßte. Darum könne sie es nit länger mit ansehen, daß es ihrer alten Herrschaft so traurig ginge und sie nicht einmal einen Mundvoll Essen hätten, angesehen sie in Erfahrung gezogen, daß die alte Seepsche, so die Kost vor mich und mein Kind bis dato bereitet, oftermalen die Grütze hätte anbrennen lassen, item die Fische und andere Kost versalzen. Auch wäre ich vor Alter und Gram ja also schwach, daß ich Beistand haben müßte, und wölle sie mir solchen getreulich leisten, auch gerne im Stall schlafen, wo es sein müßte. Lohn verlange sie nicht dafür, und sölle ich sie nur nicht verstoßen. Solche Gutheit erbarmete mein Töchterlein zu Tränen, und sprach sie zu mir: »Siehe, Vater, die guten Menschen kommen schon wieder zu uns, sollten uns die guten Engel denn auf immer verlassen? Ich danke dir, alte Ilse, ja, du sollst mir die Kost bereiten und sie mir immer bis an die Gefängnistür tragen, wenn du nit weitergehen darfst, und letzlich darauf achten, was der Büttel damit fürnimmt, hörstu?«

Solches versprach die Magd zu tun, und nahm sie von jetzo an in meinem Stall ihre Herberge. Gott lohn es ihr am Jüngsten Gerichte, was sie für mich und mein arm Kind getan!

22. KAPITEL
Wie der Syndikus Dn. Michelsen gearrivieret und seine Defension für mein arm Töchterlein eingerichtet

Des andern Tages umb 3 Uhren nachmittags kam Dn. Syndikus angekarret und stieg bei mir im Kruge ab. Er hatte einen großen Sack mit Büchern bei sich, war aber nicht so freundlich, als ich sonsten an ihme gewohnet gewest, besondern ehrbar und geschweigsam. Und als er mich in meim Zimmer salutieret und gefraget, wie es müglich wäre, daß mein Kind zu solchem Unglück kommen, verzählete ich ihm den ganzen Fürgang, wobei er aber nur mit dem Kopf schüttelte. Auf meine Frag, ob er heute noch wölle zu meinem Töchterlein gehen, antwortete er »Nein«, sondern daß er zuvor erst die Akta studieren wölle. Nachdem er also ein wenig von einer wilden Enten gegessen, so meine alte Ilse vor ihm gebraten, hielt er sich auch nit auf, sondern ging alsofort aufs Schloß, von wannen er erst des andern Nachmittags heimkehrete. Er war aber nicht freundlicher, denn er bei seiner Ankunft gewest, und folgte ich ihm mit Seufzen, als er mich ersuchte, nunmehro ihn zu meinem Töchterlein zu geleiten.

Als wir mit dem Büttel eintraten und ich mein arm Kind, so in ihrem Leben niemalen ein Würmlein gekränket, zum erstenmal in Ketten vor mir sahe, hätte ich aufs neu für Jammer vergehen mögen. Doch sie lächelte und rief Dn. Syndiko entgegen: »Ist Er der Engel, der mich wie St. Petrum von meinen Ketten befreien will?«* Worauf er mit einem Seufzer zur Antwort gab: »Das gebe der allmächtige Gott!« Und da weiter

---
* Apostelgeschichte 12,7.

kein Stuhl im Gefängnis fürhanden (so ein garstig und stinkend Loch war, und worinnen es so viele Kellerwürmer hatte, als ich in meinem Leben nie gesehn) als der Stuhl, worauf sie an der Wand saß, setzeten Dn. Syndikus und ich uns auf ihr Bette, welches man ihr auf mein Bitten gelassen, und befahl selbiger dem Büttel, nunmehro wieder seiner Straßen zu gehen, bis er ihn rufen würd. Hierauf fragete er mein Töchterlein, was sie zu ihrer Entschuldigung herfürbringen wölle, und war sie noch nit weit in ihrer Defension gekommen, als ich an dem Schatten, so sich an der Türen rührete, abnahm, daß jemand vor selbiger stehen mußte. Trat also eiligst in die Türe, welche halb offenstund, und betraf den dreusten Büttel, welcher hiervor stehengeblieben, umb zu horchen. Solches verdroß Dn. Syndikum dermaßen, daß er seinen Stock ergriff, umb ihm das Kehraus zu geben, aber der Erzschalk lief alsobald von dannen, als er solches merkete. Dieses benützete mein Töchterlein, umb ihrem Herrn Defensori zu erzählen, was sie von diesem dreusten Kerl ausgehalten und daß ihr müge ein anderer Büttel geben werden, inmaßen er in vergangener Nacht noch in böser Absicht bei ihr gewest, so daß sie letzlich laut geschrien und ihn mit den Ketten aufs Haupt geschlagen, worauf er endlich von ihr gewichen. Solches versprach Dn. Syndikus zu besorgen, aber ihre Defension anlangend, die sie nunmehro fortsetzete, so vermeinete er, daß es besser geschähe, wenn des Impetus* nicht weiter gedacht würde, so der Amtshauptmann auf ihre Keuschheit versuchet. »Denn«, sprach er, »dieweil das fürstliche Hofgericht in Wolgast dein Urteil spricht, würde dir solches Fürgeben mehr schaden denn nützen, angesehen der Präses desselbigen ein Vetter von dem Amtshauptmann ist und häufig mit ihm auf der Jagd konversieret. Dazu kömmt, daß du, als einer so großen Übeltat gerüchtiget, nicht Fidem hast, zumalen du keine Zeugen wider ihn stellen kannst. Es würde dannenhero nimmer zu Recht wider dich erkannt werden, daß du solche Sag

---

* Angriff.

in der Urgicht* solltest bekräftigen, als von welcher ich dich durch meine Defension zu lösen doch anherokommen bin.« Solche Gründe schienen letzlich uns beiden vernünftig, und beschlossen wir, die Rache dem allmächtigen Gott zu überlassen, der in das Verborgene siehet und dem wir alleine unsere Unbill klagen wöllten, da wir sie denen Menschen nicht klagen durften.

Was mein Töchterlein aber sonst fürbrachte, von der alten Lisen, item von dem guten Leumund, in welchem sie ehedem bei männiglich gestanden, wöllte er allens zu Papier bringen und von dem Seinen hinzufügen, so viel und so gut es ihm müglich, umb sie von der Marter mit des allmächtigen Gottes Hülfe zu erlösen. Sie söllte sich nur geruhsam halten und sich demselbigen anempfehlen. Binnen zweener Tage Frist hoffe er mit seiner Defension fertig zu sein, umb ihr solche fürlesen zu können.

Als er nunmehro den Büttel wieder rief, kam selbiger aber nit, sondern schickete sein Weib, umb die Gefängnis zuzuschließen, und nahm ich mit vielen Tränen von meim Kind Abschied, unterdes Dn. Syndikus auf ihren dreusten Kerl schalt und ihr verzählete, was fürgefallen, umb es ihm wiederzusagen. Doch schickete er das Weib noch einmal weg, sagend, er hätte vergessen, gewisse Kundschaft einzuziehen, ob sie wirklich die lateinische Sprach verstünde. Sie möge also ihre Defension einmal auf lateinisch sagen, so es ihr müglich. Und hob sie nunmehro an, eine Viertelstunde lang und darüber selbige also zu führen, daß nit bloß Dn. Syndikus, sondern ich selbsten mich über sie verwundern mußte, angesehen ihr kein einzig Wörtlein fehlte denn das Wörtlein »Schweinsigel«, so wir beide in der Eile aber auch nit wußten, als sie uns darumb befragte. Summa: Dn. Syndikus wurde ein groß Teil freundlicher, als sie ihre Rede beendiget, und nahm Abschied von ihr mit dem Versprechen, sich alsofort an die Arbeit zu machen.

* Auf der Folter.

Und sahe ich ihn nunmehro nit wieder bis auf den dritten Tag morgens umb 10 Uhren, angesehen er im Schloß auf einem Zimmer arbeitete, so ihm der Amtshauptmann gegeben, allwo er auch gessen, wie er mir durch die alte Lise sagen ließ, als sie ihm des andern Tages die Frühkost bringen wollte.

Umb vorbemeldete Zeit aber ließ er mich durch den neuen Büttel rufen, so allbereits auf sein Fürwort aus Usedom angekommen. Denn der Amtshauptmann hätte sich fast sehr erzürnet, als er vernommen, daß der dreuste Kerl mein Kind im Gefängnis wäre angegangen, und im Zorn gerufen: »Potz Element, ich werde dich karessieren helfen!«, ihm darauf auch mit einer Hundepeitschen den Buckel wacker abgebläuet, so daß sie jetzunder wohl Friede vor ihm haben sölle.

Aber der neue Büttel war fast ärger denn der alte, wie man leider bald weiters hören wird. Er hieß Meister Köppner und war ein langer Kerl mit eim grausamen Antlitz und einem also großen Maul, daß ihm bei jeglichem Wort der Speichel zur Seiten herausfuhr und an seim langen Bart wie ein Saufenschaum bekleben blieb, also daß mein Töchterlein für ihm eine absonderliche Angst hatte. Auch tat er bei jeglicher Gelegenheit, als wenn er hohnlachete, welches auch beschah, als er uns die Gefängnistüre aufgeschlossen und mein arm Kind in ihrem Jammer sitzen sah. Ging aber alsbald ungefordert seiner Straßen, worauf Dn. Syndikus seine Defension aus der Taschen zog, umb uns solche fürzulesen. Und haben wir nur die fürnehmsten Stücke davon behalten, so ich hier anführen will:

1. Hub er an, daß mein Töchterlein bishero immer in eim gut Geschrei gewesen, wie nicht nur das ganze Dorf, sondern auch meine Dienstleute bezeugeten, ergo könne sie keine Hexe sein, inmaßen der Heiland gesaget: »Ein guter Baum kann nicht arge Früchte bringen.« (Matth. am 7ten)

2. Was die Zauberei im Dorf anbelangte, so möchte solche wohl die alte Lise angerichtet haben, angesehen sie einen Haß gegen Ream trüge und schon lange in eim bösen Ge-

schrei gewest, und hätte nur die Gemein aus Furcht für dieser alten Hexen nit sprechen wöllen. Darumb müsse noch Zutern ihr klein Mädchen verhöret werden, als welche es gehört, daß ihr Ehekerl zu der alten Lisen gesaget, sie hätte einen Geist, und wölle er's dem Priester sagen. Denn wiewohl selbige annoch ein Kind wäre, stünde doch geschrieben (Ps. 8): »Aus dem Munde der jungen Kinder und Säuglinge hastu dir eine Macht zugerichtet.« Und hätte der Heiland selbsten (Matth. 21) auf das Gezeugnis derer Kinder sich berufen.

3. Dannenhero möchte die alte Lise auch wohl die Ackerstücke item die Obstbäume bezaubert haben, anerwogen nicht anzunehmen stünde, daß Rea, so sich bishero als eine artige Tochter bezeuget, ihrem eigenen Vater sölle das Korn behexet oder ihm Raupen gemacht haben. Denn niemand, sage die Schrift, könne zween Herrn dienen.

4. Item möchte sie auch wohl der Grünspecht gewesen sein, so Rea wie dem alten Paaschen im Streckelberg begegnet wäre, und selbsten ihren Ehekerl aus Furcht vor dem Priester dem bösen Feind übergeben haben, anerwogen der Malleus maleficarum* außer Zweifel setzete, daß die leidigen Kinder des Satanas sich oftermalen in allerlei Tiere verkehreten, nicht minder als es der garstige Unhold selbsten schon im Paradiese getan, da er unsere ersten Eltern unter der Gestalt einer Schlangen verführet (Genes, am 3ten).

5. Hätte die alte Lise auch wohl das böse Wetter gemacht, als Dn. Consul mit Rea vom Streckelberg gekommen, alldieweil es unmüglich wäre, daß dieses Rea gewest, indem sie auf dem Wagen gesessen, und die Hexen, wenn sie Wetter macheten, immer im Wasser stünden und sich solches rücklings über den Kopf würfen, item die Steine mit eim Stock abklopfeten. Selbige möge denn auch wohl am besten um die Pogge und den Schweinsigel wissen.

---

* Der berühmte »Hexenhammer« Innocentius' VIII., welcher 1489 erschien und das bei den Hexenprozessen zu beobachtende Verfahren vorschrieb.

6. Würde Rea irrtümlich als ein Crimen ausgeleget, was doch zu ihrer Rechtfertigung gedeihen müßte, nämlich ihr plötzlicher Reichtum. Denn der Malleus maleficarum besage ausdrücklich, daß nie eine Hexe nicht reich würde, besondern Satanas zur Unehre Gottes sie immer umb ein Spottgeld kaufe, damit sie nit durch solchen Reichtum sich verrieten.* Dieweil nun aber Rea reich worden wäre, könne sie ihr Gut nicht durch den leidigen Erzfeind gewonnen haben, besondern es wäre wahr, daß sie Bernstein im Berg gefunden. Daß solche Ader aber nachmalen nit zu finden gewest, möge auchwohl durch den Zauber der alten Lisen beschehen sein, oder die Sehe hätte auch den Berg unten abgespület, wie oftermalen geschähe, also daß er oben nachgeschossen und die Stätte verschüttet wäre, so daß hierbei nur ein miraculum naturale** sich ereignet. (Den Beweis, den er aus der Schrift beibrachte, haben wir vergessen, da er auch nur gadlich*** war.)

7. Ihre Umtaufe anlangend, so hätte die alte Vettel selbsten gesaget, daß sie weder den Teufel noch irgendeinen Geist oder Menschen umb Ream gesehen, und möge sie sich dannenhero immer natürlich gebadet haben, umb des andern Tages den schwedischen König zu begrüßen, angesehen es heißes Wetter gewesen und solches nicht geradezu die Schamhaftigkeit einer Jungfer turbiere. Denn daß sie einer sehen würd, hätte sie wohl so wenig vermutet als die Bathseba, die Tochter Eliams, das Weib Uriae, des Hetiters, so sich auch gebadet, wie 2. Sam. 11,2 geschrieben stünd, ohne zu wissen, daß David ihrer ansichtig worden. Auch könne ihr Mal kein Satansmahl sein, dieweil ein Gefühl darinnen vorhanden gewest, ergo wäre es ein natürlich Mal und erlogen, daß sie es vor ihrem Bade noch nicht gehabt. Überdies wär an diesem Punkt der alten Vettel gar nit zu trauen, da sie dabei von einer Widersprechung in die andere geraten, wie Akta besagten.

---

* Nach den Originalworten des »Hexenhammers«, Tom. I., Quaest. 18.
** Natürliches Wunder.
*** Plattdeutsch: mittelmäßig.

8. Auch die Zauberei mit Paaschen sein klein Töchterlein möge Ream nit mit Recht zugemutet werden. Denn da die alte Lisen auch in der Stuben aus und ein gegangen, ja sich auf das Bäucheken des kleinen Mägdleins gesetzet, als Pastor sie besuchet, möge dieses böse Weib, so einmalen einen großen Groll auf Ream trüge, solches Zauberwerk mit der Macht des bösen Feindes und unter Zulassung des gerechten Gottes auch wohl fürgenommen haben. Denn der Satanas sei ein Lügner und ein Vater der Lügen, wie unser Herr Christus sage (Johannes am 8ten).

9. Anlangend nun den Spök des leidigen Bösewichts, so in Gestalt eines haarigten Riesen auf den Berg erschienen, so wäre dieses freilich das schwerste Gravamen, anerwogen nit bloß die alte Lise, sondern auch drei achtbare Zeugen sein ansichtig worden. Allein, wer wüßte, ob die alte Lise nit auch diesen Teufelsspök herfürgebracht, umb ihren Feind ganz zu verderben. Denn wiewohlen solcher Spök der Junker nit gewest, wie Rea fürgegeben, wäre es gar leichtlich müglich, daß sie dennoch nit gelogen, besondern den Satanas, der die Gestalt des Junkers angenommen, für selbigen angesehen. Ein Exempel gäbe die Schrift selbsten. Denn alle Theologen der gesamten protestantischen Kirchen stimmeten darinnen überein, daß der Spök, so die Hexe von Endor dem Könige Saul gewiesen, nicht Samuel selbsten, besondern der leidige Satanas gewest. Nichtsdestoweniger hätte Saulus ihn für den Samuel gehalten. Also möge die alte Vettel Reae auch wohl den leidigen Teufel fürgezaubert haben, ohne daß sie es gemerket, daß es nicht der Junker, sondern Satanas gewest, der nur des Junkers Gestalt genommen, umb sie zu verführen. Denn da Rea ein schön Weib sei, wäre es nicht zu verwundern, daß der Teufel sich mehr Müh umb sie gäbe denn umb eine alte trockene Vettel, angesehen er von jehero nach schönen Weibern getrachtet, umb sie zu beschlafen (Genes. 6,2).

Endlich brachte er für, daß Rea auch nicht als eine Hexe gezeichnet und weder eine krumme Nase noch rote Gluderaugen hätte. Wohl aber hätte die alte Lise beides, so Thephrastus Paracelsus als ein sicher Merkzeichen der Zauberei angäbe, sprechend: »Die Natur zeichnet niemands also, es sei denn ein Mißgerät, und seind dies die Hauptzeichen, so die Hexen an ihnen haben, wenn sie der Geist des Bösen überwunden hat.«

Als Dn. Syndikus nunmehro mit seiner Defension fertig war, war mein Töchterlein so erfreut darüber, daß sie ihm wollte die Hand küssen: allein er riß seine Hand zurücke und pustete dreimal darüber, so daß wir leichtlich vermuten kunnten, es wäre ihme mit solcher Defension annoch selbsten kein Ernst. Brach auch alsobald mürrisch auf, nachdem er sie dem Schutz des Höchsten empfohlen, und bat mich, meinen Abschied kurz zu machen, da er heute noch wieder nach Hause wölle, was ich denn auch leider tun mußte.

23. KAPITEL
Wie mein arm Töchterlein soll mit der peinlichen Frag beleget werden

Als nunmehro Akta an Ein lobsam Hofgericht verschicket worden, währete es wohl an die 14 Tage, bevorab Antwort kam. Und war Se. Gestrengen, der Amtshauptmann, sonderlich freundlich gegen mich, erlaubete auch, da das Gericht wieder heimgekehret, daß ich mein Töchterlein so oft sehen kunnte, als ich begehrete, wannenhero ich den größten Teil des Tages umb sie war. Und wenn dem Büttel die Zeit zu lange währete, daß er auf mich passen mußte, gab ich ihm ein Trinkgeld und ließ mich von ihm mit meim Kind einschließen. Auch war der barmherzige Gott uns gnädig, daß wir oft und gerne beten mugten. Denn wir hatten wieder eine steife Hoffnung und vermeineten, daß das Kreuz, so wir gesehen, nun bald wäre fürübergezogen und der grimmige Wulf schon seinen Lohn bekommen würde, wenn Ein lobsam Gericht Akta einsähe und an die fürtreffliche Defension gelangete, so Dn. Syndikus vor mein Kind gefabriziert. Darumb fing ich auch wieder an aufzuheitern, zumalen als ich sahe, daß meinem Töchterlein die Wangen sich gar lieblich röteten.

Doch am Donnerstag, den 25sten des Monats August, umb Mittag fuhr Ein ehrsam Gericht abereins auf den Schloßhof, als ich mit meim Kind nach meiner Weis wieder im Gefängnis saß und die alte Ilse uns die Kost brachte, so aber für Tränen uns die Nachricht nicht geben kunnte. Aber der lange Büttel schauete lachend zur Türen herein und rief: »Hoho, nu sind se da, nu wadd dat Ketteln wohl losgahn!«*, worüber mein arm Kind sich schudderte, doch mehr über den Kerl denn über die Botschaft.

Selbiger war auch kaum fortgangen, als er schon wiederkam, umb ihr die Ketten abzunehmen und sie abzuholen. Folgete ihr also in das Gerichtszimmer, wo Dn. Consul die Sentenz Eines lobsamen Gerichtes fürlas, daß sie über die gefaßten Artikel noch einmal in Güte sölle gefraget werden, und bliebe sie verstockt, wäre sie der peinlichen scharfen Frag zu unterwerfen, denn die beigebrachte Defension haue nicht aus, besondern es wären indicia legitima praegnantia et sufficientia ad torturam ipsum** fürhanden als

    1. mala fama***
    2. maleficium, publice commissum****
    3. apparitio Daemonis in monte*****

wobei Ein hochlobsam Hofgericht an die 20 Autores zitieret, wovon wir aber wenig behalten.

Als Dn. Consul solches meinem Töchterlein fürgelesen, hub er wiederumb an, sie mit vielen Worten zu vermahnen, daß sie müge in Güte bekennen, denn die Wahrheit käme jetzunder doch an den Tag.

---

   * »Ho, ho, nun sind sie da, nun wird das Kitzeln wohl anfangen!«
  ** Rechtmäßige überwiegende und hinreichende Gründe zur Tortur.
 *** Böses Gerücht.
**** Öffentlich begangene Zauberei.
***** Die Erscheinung des Teufels auf dem Berge.

Hierauf gab sie standhaft zur Antwort, daß sie nach der Defension Dn. Syndici zwar ein besser Urteil gehoffet, allein, da es Gott gefiele, sie noch härter zu prüfen, beföhle sie sich ganz in seine gnädige Hand, und könne sie nicht anders bekennen, denn sie vorhero getan, daß sie nämlich unschuldig sei und böse Menschen sie in dies Elend geführet. Hierauf winkete Dn. Consul dem Büttel, welcher aus der andern Stuben Pastorem Benzensem* in seinem Chorrock hereinließ, so von dem Gericht bestellet war, umb sie noch besser aus Gottes Wort zu vermahnen. Selbiger tät einen großen Seufzer und sprach: »Maria, Maria, wie muß ich dich wiedersehen!« Worauf sie anhub, gar heftig zu weinen und ihre Unschuld abermals zu beteuern. Aber er kehrete sich nicht an ihren Jammer, besondern nachdem er sie hatte das Vaterunser, »Aller Augen« und »Gott, der Vater, wohn uns bei« beten lassen, hub er an, ihr den Greuel fürzustellen, den der lebendige Gott an allen Zauberern hätte, angesehen ihnen nicht nur im Alten Testamente die Strafe des Feuers wäre zuerkannt worden, sondern auch der Heilige Geist im Neuen Testamente ausdrücklich sage – Gal. am 5ten –, daß die Zauberer nimmer würden das Reich Gottes erben, sondern ihr Teil würde sein in dem Pfuhl, der mit Feuer und Schwefel brennet, welches ist der andere Tod – Apokal. 21. Sie möge also nicht trotziglich sein noch dem Gericht die Schuld geben, wenn sie also geplaget würde, denn das alles geschähe aus christlicher Liebe und umb ihre arme Seele zu retten. So müge sie denn umb Gottes und ihrer Seligkeit willen nicht länger ihre Buße verschieben, ihren Leib martern lassen und ihre arme Seele dem leidigen Satan übergeben, welcher ihr doch nicht in der Höllen halten würde, was er ihr hier auf Erden versprochen, denn er wäre ein Mörder von Anfang und ein Vater der Lügen. – Joh. am 8ten. »O Maria«, rief er aus, »mein Kindlein, die du so oft auf meinem Schoß gesessen und für die ich jet-

---

* Den Prediger zu Benz, einem unfern zu Pudagla gelegenen Kirchdorfe.

zunder alle Morgen und Abend zu meinem Gott schreie, willtu mit dir und mir kein Erbarmen tragen, so trage Erbarmen mit deinem rechtschaffenen Vater, den ich für Tränen nicht ansehen kann, da sein Haar in wenig Tagen schlohweiß geworden, und rette deine Seele, mein Kind, und bekenne! Siehe, dein himmlischer Vater betrübet sich anjetzo nicht minder über dich denn dein leiblicher Vater, die heiligen Engel verhüllen für dich ihre Augen, daß du, die du einst ihr lieblich Schwesterlein warest, nunmehro eine Schwester und Braut des leidigen Teufels worden bist. Darumb kehre umb und tue Buße! Dein Heiland rufet dich verirrtes Lämmelein heute wieder zurück zu seiner Herden. ›Sollte nicht gelöset werden diese, die doch Abrahams Tochter ist, von den Banden, welche Satanas gebunden hat‹, lautet sein barmherzig Wort – Lukas am 13ten. Item: ›Kehre wieder zu, abtrünnige Seele, so will ich mein Antlitz nicht gegen dich verstellen, denn ich bin barmherzig‹ – Jeremias am 3ten. So kehre denn wieder, du abtrünnige Seele, zu dem Herrn, deinem Gotte! – Der eines abgöttischen Manasses sein bußfertiges Gebet erhöret – 2. Chronika 33 –, der die Zäuberer zu Ephese durch Paulum zu Gnaden aufgenommen – Act. 19 –, derselbige, dein barmherziger Gott rufet dir anjetzo zu, wie dorten dem Engel der Gemein zu Epheso: ›Gedenke, wovon du gefallen bist, und tue Buße!‹ – Apokal. 2. – O Maria, Maria, gedenke, wovon du gefallen bist, mein Töchterlein, und tue Buße!«

Als er hierauf stille schwieg, währete es eine fast große Zeit, ehbevor sie für Tränen und Schluchzen ein Wörtlein herfürbringen konnte, bis sie endlich zur Antwort gab: »Wenn Lügen Gott nicht minder verhaßt seind als die Zaubereien, so darf ich auch nicht lügen, sondern muß umb Gottes willen bekennen, wie ich immer bekennet, daß ich unschuldig bin.«

Hierauf ergrimmete Dn. Consul in seinen Mienen und fragete den langen Büttel, ob alles in Bereitschaft sei, item die Weiber bei der Hand wären, umb Ream auszukleiden, worauf er nach seiner Weise lachend zur Antwort gab: »Hoho, an mir hat's noch niemalen gefehlet, und soll' auch heute nicht fehlen. Ich will sie schon kitzeln, daß sie bekennen soll!«

Als er solches gesaget, redete Dn. Consul wieder mein Töchterlein an und sprach: »Du bist ein dumm Ding und kennest die Pein nit, so dir bevorstehet, darumb bist und bleibst du verstockt. Aber folge mir anjetzo in die Marterkammer, daß der Angstmann die Instrumenta zeige, ob du vielleicht noch einen andern Sinn bekömmst, wenn du erst gesehen, was die peinliche Frag bedeutet.«

Hierauf ging er voran in ein ander Zimmer, und folgete ihm der Büttel mit meim Kind. Doch als ich nachgehen wollte, hielt mich Pastor Benzensis fest und beschwor mich mit vielen Tränen, solches nicht zu tun, besondern hier zu verbleiben. Aber ich hörete nicht auf ihn, sondern riß mich los und schwur dagegen, solange sich noch eine Ader und Sehne in meinem armen Leib rührete, wöllte ich mein Kind nicht verlassen. Kam also auch in das andere Zimmer und von dannen in einen Keller nieder, wo die Marterkammer war, in der es aber keine Fenstern hatte, damit niemand das Geschrei derer Geängsteten von draußen hören müge. Darumb brenneten hier bereits zween Fackeln, als ich eintrat, und wiewohlen Dn. Consul mich gleich zurückweisen wollte, ließ er sich letzlich doch erbarmen, daß ich bleiben durfte.

Und trat nun dieser höllische Hund, der Büttel, herfür und zeigte meinem armen Kind mit Frohlocken zuerst die Leiter, sprechend: »Sieh, darauf wirst du zuerst gesetzet und die Hände und Füße dir angebunden. Darauf bekommst du hier die Daumschrauben an, wovon dir gleich das Blut aus den Fingerspitzen herfürsprützet, wie du sehen kannst, daß sie annoch rot sind vom Blut der alten Gust Biehlkschen, welche vor einem Jahr gebrennet wurde und anfänglich auch nit bekennen wollte. Willtu dann noch nit bekennen, so ziehe ich dir hier die spanischen Stiefeln an, und seind sie dir zu groß, so klopfe ich dir einen Keil dazwischen, daß die Wade, so hinten ist, sich nach vorne zeucht und das Blut dir aus den Füßen herausschießt, als wenn du Brummelbeeren durch einen Beutel preßt.

Willtu dann noch nit bekennen – holla!« brüllete er anjetzo und stieß mit dem Fuß an eine Tür hinter ihme, daß das ganze Gewölbe erbebete und mein arm Kind für Schreck in die Knie fiel. Währete auch nit lange, so brachten zween Weiber einen Kessel, in welchem glühend Pech und Schwefel proddelte*. Ließ also der Höllenhund den Kessel zur Erden setzen, holete unter seim roten Mantel, so er umbhatte, eine Fledderwisch herfür, woraus er an die sechs Posen zog und selbige alsdann in den glühenden Schwefel tunkete. Als solches geschehen und er sie eine Zeitlang im Kessel gehalten, warf er sie auf die Erden, worauf sie hin und her fuhren und den Schwefel wieder von sich sprützeten. Nunmehro rief er wieder meim armen Kind zu: »Sieh, diese Posen werf ich dir alsdann auf die weißen Lenden, und frißt der glühende Schwefel dir sogleich das Fleisch bis auf die Knochen durch, damit du einen Vorschmack gewinnest von der Lust der Höllen, die dein harret.«

Als er soviel mit Hohnlachen gesprochen, überkam mich ein so großer Jachzorn, daß ich aus der Ecken herfürsprang, wo ich mein zitternd Gebein an einer alten Tonnen gestützet und schrie: »O du höllischer Hund, sprichstu das aus dir selbsten, oder haben es dich andere geheißen?« Wofür der Kerl aber mir einen Stoß auf die Brust gab, daß ich an die Wand zurückefiel, und Dn. Consul im großen Zorne rief: »Alter Narre, da Er ja durchaus allhier verbleiben will, so lasse Er mir den Büttel in Frieden, wo nicht, so lasse ich Ihn alsogleich aus der Kammer bringen. Was der Büttel gesaget, ist seine Schuldigkeit, und wird es Seiner Tochter also ergehen, wenn sie nicht bekennet und zu vermuten steht, daß der höllische Feind ihr was gegen die Pein gebrauchet.«**

* Brodelte.
** Denn man wähnte, wenn die Hexe die Marter mit ungewöhnlicher Geduld ertrug oder gar dabei einschlief, wie unbegreiflicherweise öfter vorkam, der Teufel hätte diese Gefühllosigkeit ihnen durch ein Amulett verliehen, das sie an geheimen Teilen des Körpers verborgen hielten. Zedlers Universallexikon, Band 44, unter dem Artikel »Tortur«.

Hierauf fuhr der höllische Hund wieder zu meim armen Töchterlein fort, ohne mein weiters zu achten, als daß er mir in das Angesicht lachete: »Sieh! Wenn dir nunmehro deine Wolle genommen ist, hohoho, ziehe ich dich durch diese zwo Ringe unten an der Erden und oben am Boden in die Höhe, recke dir die Arme aus und binde sie oben an die Decken, worauf ich diese beiden Fackeln nehme und solche dir unter den Achseln halte, daß deine Haut gleich wird als die Schwarte von einem Schinken, so im Rauch gehänget. Alsdann soll dir dein höllischer Buhler nit mehr beistehen, und du sollt die Wahrheit schon bekennen. Nunmehro hast du allens gesehen und gehöret, was ich mit dir im Namen Gottes und der Oberkeit fürnehme.«

Jetzunder trat wiederumb Dn. Consul für und vermahnete sie nochmales, die Wahrheit zu bekennen, als sie aber bei ihrer Sag verharrete, übergab er sie denen beiden Weibern, so den Kessel gebracht, daß sie sie nackend ausziehen söllten, wie sie von Mutterleib kommen, und ihr darauf das schwarze Marterhemd anziehen, nachgehends abernoch einmal, und zwar barfuß, die Treppe hinaufleiten vor Ein ehrsam Gericht. Aber da die eine von diesen Weibsbildern des Amtshauptmanns seine Ausgebersche war (die andere war dem dreusten Büttel seine Frau), sagte mein Töchterlein, daß sie sich nur wölle von ehrsamen Weibern angreifen lassen, nicht aber von der Ausgeberschen, und müge Dn. Consul ihre Magd rufen lassen, so wohl annoch in ihrem Gefängnis säße und in der Bibel läse, wenn er sonsten kein ehrsam Weibsbild in der Nähe wüßte. Hierauf erhub die Ausgebersche ein groß Maul und ein gewaltig Schimpfen, was ihr aber Dn. Consul verbot und meim Töchterlein zur Antwort gab, daß er auch dieses ihr nachsehen wölle, und müge nur den dreusten Büttel seine Frau die Magd aus dem Gefängnis anhero rufen. Nachdem er solches gesaget, griff er mich unter meinen Arm und flehete mich also lange, mit ihm gen oben zu kommen, dieweil meinem Töchterlein annoch kein Leides geschehen würde, bis ich seinen Willen tate.

Währete aber nit lange, so kam sie selbsten barfuß und in dem schwarzen Marterhemde mit den beiden Weibsbildern heraufgestiegen, doch also blaß, daß ich sie kaum selbsten kennen kunnte. Der abscheuliche Büttel aber, so dicht hinter ihr ging, griff sie an die Hand und stellete sie vor Ein ehrsam Gericht.

Nachdem solches geschehen, ging das Vermahnen wieder los, und sagte Dn. Consul, sie sölle einmal niedersehen auf die braunen Flecken, so in dem Hemde wären. Dieses wäre auch noch das Blut der alten Biehlkschen, und sie müge bedenken, daß umb wenig Minuten ihr eigen Blut auch daraus herfürsprützen würde. Hierauf gab sie aber zur Antwort: »Dieses bedenke ich gar wohl, doch hoffe ich, daß mein treuer Heiland, der mir unschuldig diese Pein hat auferleget, selbige mir auch wird tragen helfen wie den heiligen Märtyrern. Denn haben diese mit Gottes Hülfe die Pein im rechten Glauben überwunden, so ihnen die blinden Heiden antaten, kann ich auch die Pein überwinden, welche mir blinde Heiden antun, so zwar Christen sein wöllen, aber grausamer seind denn die alten. Denn die alten Heiden haben die heiligen Jungfrauen doch nur von den grimmigen Bestien zerreißen lassen, Ihr aber, welche Ihr das neue Gebot habet, daß Ihr Euch untereinander lieben sollt, wie Euer Heiland Euch geliebet hat, damit jedermann daran erkenne, daß Ihr seine Jünger seid, Johannes am 13ten, Ihr wollet selbsten diese grimmigen Bestien spielen und den Leib einer unschuldigen Jungfrau, so Eure Schwester ist und Euch nie was Leides getan, lebendig zerreißen. So tut denn, was Euch geliebet, doch sorget, wie Ihr es für Eurem höchsten Richter verantworten wöllet.

Ich sage nochmals: Das Lämmlein erschröcket nicht, denn es stehet in der Hand des guten Hirten!«

Als mein unvergleichlich Kind also geredet, stund Dn. Consul auf und nahm seine schwarze Kappen ab, so er immer trug, dieweil ihm die Haare auf dem Scheitel schon ausgefallen, verneigte sich auch vor dem Gericht und sprach: »Eim ehrsamen Gericht wird angezeiget, daß nunmehro die Ur-

gicht und peinliche Frag der verstockten und gotteslästerlichen Hexen Maria Schweidler anheben soll, im Namen Gottes, des Vaters, des Sohnes und des Heiligen Geistes. Amen.«
Hierauf stund das ganze Gericht auf bis auf den Amtshauptmann, der schon vorhero aufgestanden und unruhig in der Stuben auf und ab gegangen war. Doch weiß ich von allem, was nunmehro erfolget und ich selbsten getan hab, kein Wörtlein mehr, will es aber getreulich berichten, wie es mir mein Töchterlein und andere Testes vermeldet. Und zwar verzählen sie also:
Als Dn. Consul nach solchen Worten die Sanduhr genommen, so auf dem Tische stund, und vorauf getreten, habe ich durchaus mit wöllen, worauf erstlich Pastor Benzensis mit vielen Worten und Tränen mich gebeten, von meinem Fürhaben abzulassen, darauf aber, wie es nichtes verfangen, mein Töchterlein selbsten mir die Wangen gestreichelt und gesprochen: »Vater, habt Ihr auch gelesen, daß die heilige Jungfrau dabeigewest, als man ihren unschuldigen Sohn gegeißelt? Darumb gehet nunmehro auch zur Seiten. An meinem Scheiterhaufen aber sollet Ihr stehen, das verspreche ich Euch, wie die heilige Jungfrau unter dem Kreuze gestanden hat, doch anjetzo gehet, gehet, denn Ihr werdet es nicht ertragen, und ich auch nicht!«
Als solches aber auch nit verschlagen, hat Dn. Consul dem Büttel Befehl geben, mich mit Gewalt zu greifen und in ein Zimmer einzusperren, worauf ich mich aber losgerissen, ihme zu Füßen gefallen und ihn beschworen bei den Wunden Jesu Christi, er wölle mich nit von meinem Töchterlein reißen. Solche Gnade und Guttat würde ich ihm nimmermehr vergessen, besondern Tag und Nacht für ihn beten, auch am Jüngsten Gericht vor Gott und den heiligen Engeln sein Fürbitter sein, wenn er mich mitgehen ließe. Ich wölle mich auch ganz geruhsam verhalten und kein einzig Wörtlein sagen, nur mitgehen müßte ich, etc.
Solches hat den guten Mann also erbarmet, daß er in Tränen ausgebrochen und also gezittert hat für Mitleid mit mir,

daß die Sanduhr ihm aus der Hand gefallen und dem Amtshauptmann für die Füße getründelt* ist, als hätte ihm unser Herrgott selbsten ein Zeichen gegeben, daß seine Uhr bald abgelaufen wär. Hat es auch gar wohl verstanden, denn er ist blaß worden wie ein Kalk, als er sie aufgenommen und Dn.Consuli wiederumb zugestellet. Selbiger hat endlich nachgegeben, indem er gesaget, daß dieser Tag ihm an die zehn Jahre älter machen würd, doch dem dreusten Büttel befohlen, welcher auch mitgangen ist, mich alsogleich wegzuführen, so ich bin in währender Marter Rumor machen sollte. Und ist nun das ganze Gericht niedergestiegen, doch ohne den Amtshauptmann, der gesaget, daß ihm der Kopf wehe tät, und er gläube, daß sein alt Malum, die Gicht, wiederkäme, weshalben er in ein ander Zimmer gangen ist. Item ist Pastor Benzensis auch von dannen gegangen.

Drunten im Keller hätten allererst die Büttel Tische und Stühle gebracht, worauf sich das Gericht gesetzet und Dn.Consul mir auch einen Stuhl hingeschoben, doch wäre ich nit darauf niedergesessen, besondern hätte mich in einer Ekken auf meine Knie geworfen. Als solches beschehen, wäre das leidige Vernehmen wieder losgangen, doch da mein Töchterlein, wie ihr unschuldiger Heiland für seinen ungerechten Richtern, kein einzig Wörtlein Antwort geben, wäre Dn.Consul aufgestanden und hätte dem langen Büttel Befehl gegeben, sie nunmehro auf die Marterbank zu setzen.

Sie hätte gezittert wie ein Espenlaub, als er ihr die Füße und Hände festgebunden, und als er nunmehro ein alt garstig und kötigt Tuch, worin er den Tag Fische getragen, wie meine Magd gesehen, und worauf noch die hellen Schuppen bei Haufen gesessen, ihr umb ihre lieblichen Äugeleins binden wöllen, wäre ich's gewahr worden und hätte mein seidin Halstuch abgelöset, bittend, er wölle dieses nehmen, welches er auch getan. Hierauf wären ihr die Daumenschrauben angeleget und sie nochmals im guten befraget, doch sie hätte nur

---

* Plattdeutsch: gerollet.

ihr blindes Haupt geschüttelt und mit ihrem sterbenden Heiland geseufzet: »Eli, Eli lama sabachthani«, und hierauf auch in griechisch dasselbe.*

Darauf wäre Dn. Consul zurückgeprallet und hätte ein Kreuz geschlagen (denn dieweil er kein Griechisch verstunde, hätte er gegläubet, wie er nachgehends selbsten sagte, sie hätte den Teufel angerufen, ihr zu helfen) und nunmehro mit lauter Stimmen dem Büttel zugeschrien: »Schraubet!«

Als ich aber solches gehöret, hätte ich einen erschröcklichen Schrei herfürgestoßen, daß das ganze Gewölbe gezittert, worauf mein für Angst und Verzweiflung sterbendes Kind, da sie meine Stimme erkennet, erstlich mit ihren gebundenen Händen und Füßen gerucket wie ein Lämmlein auf der Schlachtbank, so verscheiden will, und darauf gerufen: »Lasset mich los, ich will allens bekennen, was ihr wollet!« Dieses hätte Dn. Consulem also erfreuet, daß er, in währender Zeit der Büttel sie losgebunden, auf seine Knie gefallen und Gott gedanket hätte, daß er ihme von dieser Qual geholfen. Doch wäre mein verzweifelt Kind nicht alsobald abgebunden und hätte ihre Dornenkron (verstehe: mein seidin Halstuch) abgeleget, als sie von der Leiter gesprungen und sich auf mich gestürzet, der ich wie ein Toter in tiefer Unmacht in der Ekken gelegen.

Solches hätte Ein ehrsam Gericht verdrossen, und nachdem die beiden Büttel mich weggetragen, wäre Rea vermahnet, nunmehro, wie sie versprochen, ihre Urgicht zu tun. Wäre aber zu schwach gewest, umb auf ihren Füßen zu stehen, und wiewohlen Dn. Camerarius gebrummet, hätte Dn. Consul ihr dennoch einen Stuhl geben, auf welchem sie sich gesetzet. Und seind dieses die hauptsächlichsten Fragen gewest, so ihr auf Befehlig Eines hochlobsamen Hofgerichts, wie Dn. Consul gesaget, fürgeleget worden und ad protocollum genommen sind:

---

* »Mein Gott, mein Gott, warum hast du mich verlassen.« Matth. 27,46.

Q. Ob sie zaubern könne?
R. Ja, sie könne zaubern.
Q. Wer ihr solches gelehret?
R. Der leidige Satan selbsten.
Q. Wieviel Teufel sie habe?
R. Sie hätte an einem genug.
Q. Wie dieser Teufel hieße?
Illa (sich besinnende): Hieße Disidaemonia.*
Hierauf hätte sich Dn. Consul geschuddert und gesaget, daß müßte ein recht erschrecklicher Teufel sein, dieweil er niemalen solchen Namen gehöret. Sie sölle selbigen buchstabieren, damit der Scriba keinen Error mache, welches sie auch getan, und ist hierauf fortgefahren wie folgt:
Q. In welcher Gestalt ihr selbiger erschienen?
R. In der Gestalt des Amtshauptmanns, oftmalen auch wie ein Bock mit grimmigen Hörnern.
Q. Ob und wie sie Satan umgetaufet?
R. In der Sehe.
Q. Welchen Namen er ihr geben?
R.**
Q. Ob auch etzliche aus der Nachbarschaft bei ihrer Umtaufe gewest und welche?
Hier hat mein unvergleichlich Kind ihre Äugelein gen Himmel geschlagen, eine Zeitlang stille geschwiegen, als besinne sie sich, ob sie die alte Lise angeben sölle oder nicht, und dann endlich gesaget: »Nein!«
Q. Müßte doch Paten gehabt haben! Welche diese gewesen und was sie ihr eingebunden zum Patengeld?
R. Wären nur Geister dabeigewest, weshalben die alte Lise auch nichtes gesehen, als sie über die Umtaufe hinzugekommen.
Q. Ob der Teufel ihr beigewohnet?

---

* Griechisch und nach der Erasmus'schen Aussprache: Deisidaimonia, d. i. der Aberglaube. – Welch bewundernswürdiges Weib!
** Dieser Name ist durchaus nicht im Manuskript zu enträtseln.

R. Sie hätte nirgend anders denn bei ihrem Vater ihre Wohnung gehabt.

Q. Sie wölle wohl nit verstehen. Ob sie mit dem leidigen Satan Unzucht getrieben und sich fleischlich mit ihm vermischet?

Hier ist sie also verschamrotet, daß sie sich mit beiden Händen die Augen zugehalten und darauf angehoben zu weinen und zu schluchzen, und da sie nach vielen Fragen keine Stimme von sich geben, ist sie vermahnet worden, die Wahrheit zu reden, widrigenfalls sie der Angstmann wieder auf die Leiter heben würd. Hat jedoch endlich »Nein!« gesaget, welches aber Ein ehrsam Gericht nicht gegläubet, sondern sie dem Angstmann abermals befohlen, worauf sie mit »Ja« geantwortet.

Q.*

Q. Ob sie von dem Satan in Wochen gekommen oder einen Wechselbalg erzeuget und in welcher Gestalt?

R. Nein, wär nie geschehen.

Q. Ob ihr der böse Geist kein Zeichen oder Mal an ihrem Leib geben und wo?

R. Die Male hätte Ein ehrsam Gericht ja bereits gesehen.

Nunmehro seind wieder die Zaubereien im Dorf fürgekommen, so sie alle eingestanden. Doch hat sie nichtes wissen wöllen umb den alten Seden seinen Tod, item umb der kleine Paaschen ihre Krankheit, wie letzlich, daß sie mit der Macht des bösen Feindes mein Ackerstück umgehakket und mir Raupen in meinen Kohlgarten gemacht. Und wiewohlen sie abermals mit der Folter bedräuet worden, der Angstmann sie auch zum Schein hat wieder auf die Bank setzen müssen und ihr die Daumschrauben anlegen,

---

* Diese abscheuliche Frage kann ich nur lateinisch hersetzen: »Num semen Daemonis calidum fuerit aut frigidum« – worauf sie geantwortet, daß sie sich darauf nicht mehr besinnen könne. Übrigens kommt diese Frage in *allen* Hexenprozessen vor und wird unbegreiflicherweise immer mit »frigidum« beantwortet.

ist sie doch standhaft verblieben und hat gesprochen: »Was wöllet Ihr mich martern, da ich doch weit schwerere Dinge bekennet denn diese sind, so mir nicht das Leben aufhalten werden, wenn ich sie leugne.«

Dieses hat auch Ein ehrsam Gericht letzlich eingesehen und sie wieder von der Marterbank heben lassen, zumalen sie den articulum principalem* eingestanden, daß ihr Satan wahrhaftiglichen als ein Riese wäre auf dem Berg erschienen. Von dem Wetter und der Poggen, item dem Schweinsigel ist aber nichts mehr fürgekommen, alldieweil Ein ehrsam Gericht nunmehro wohl selbsten die Unsinnigkeit eingesehen, daß sie hätte Wetter machen söllen, da sie ruhig auf dem Wagen gesessen. Schließlich hat sie noch gebeten, daß ihr müge vergönnt werden, in demselbigen Kleid dereinst ihren Tod zu erleiden, welches sie angehabt, als sie den schwedischen König begrüßet, item ihrem elenden Vater zu vergönnen, daß er mit zum Scheiterhaufen führe und dabeistünde, wenn sie gebrennet würde, wie sie ihm solches in Gegenwärtigkeit Eines ehrsamen Gerichtes versprochen.

Darauf ist sie dem langen Büttel wieder überliefert und selbigem anbefohlen worden, sie in ein ander und schwerer Gefängnis zu setzen. Doch ehe er mit ihr aus der Kammer gangen, ist deme Amtshauptmann sein Hurenbalg, so er mit der Ausgeberschen gezeuget, mit einer Trummel in den Keller kommen, hat immerzu getrummelt und geschrien: »Kamt tom Gosebraden, kamt tom Gosebraden!«**, so daß Dn. Consul in einen schweren Zorn geraten und hinter ihm hergelaufen. Aber er hat ihne nicht kriegen mögen, dieweil er in dem Keller guten Bescheid gewußt. Und hat mir der Herr sonder Zweifel meine Unmacht geschicket, daß ich dieses neue Hezeleid nicht mehr haben söllte. Darumb sei ihm allein die Ehre. Amen.

---

* Hauptartikel.
** »Kommt zum Gänsebraten!«

24. KAPITEL
Wie der Teufel in meiner Gegenwärtigkeit
die alte Lise Kolken holet

Als ich mich nach einer obgedachten Unmacht wiederumb verholet, stand den Krüger sein Weib über mir mit meiner alten Magd und kelleten mir eine Biersuppen ein. Die alte, getreue Person schrie laut auf für Freuden, als ich meine Augen wieder aufschlug, und erzählete mir darauf auf meine Erkundigunge, daß mein Töchterlein sich nit hätte recken lassen, besondern freiwillig ihre Übeltat bekennet und sich für eine Hexe ausgegeben. Solche Kundschaft war mir in meinem Jammer fast erquicklich, angesehen ich das Feuer für eine geringere Strafe erachtete denn die Marter. Aber als ich anheben wollte zu beten, wöllt es nicht gehen, worüber ich abereins in großen Mißmut und Verzweiflung kam und gläubete, daß der Heilige Geist gänzlich sein Angesicht von mir elenden Menschen abgewendet hätte. Und wiewohlen die alte Magd, als sie solches merkete, sich für mein Bette stellete und anhub, mir vorzubeten, war es doch umbsonst, und war und blieb ich ein verstockter Sünder. Doch erbarmete der Herr sich mein ohne mein Verdienst und Würdigkeit, maßen ich bald in einen tiefen Schlaf verfiele und am andern Morgen, umb Betglockenzeit, endlich wieder aufwachete, wo ich auch wieder beten kunnte und über solche Gnade Gottes annoch in meinem Herzen jubilierete, als mein Ackersknecht Claus Neels zur Türen hereintrat und verzählete, daß er schon gestern gekommen wäre, umb mir Kundschaft zu geben von wegen meinem Hafer, dieweil er nunmehro allens eingeaustet*. Und wäre auch der Büttel mit ihm kommen, so die alte Lise Kolken eingeholet, inmaßen Ein lobsam Hofgericht, wie der Büttel fürgegeben, solches befohlen. Und wäre das ganze Dorf darüber in Freuden gewest, aber auch die Verhaftete hätte gesungen und jubilieret und unterwegs zu ihnen und

---

* Plattdeutsch: eingeerntet.

dem Büttel gesaget (denn der Büttel hatte sie ein wenig hinten aufhocken lassen), das sölle dem Amtshauptmann was Schönes bedeuten. Sie sölle nur für Gericht kommen, dann werde sie wahrhaftig kein Blatt vor ihren Mund nehmen, und männiglich sich verwundern, was sie herfürbringen würde. Solch ein Gericht wäre ihr ja was Lächerlichs, und hofierete sie, salva venia, in die ganze Brüderschaft etc.

Als ich solches gehöret, faßte ich wieder eine steife Hoffnung und stand auf, umb zu der alten Lisen zu gehen. Hatte mich aber noch nicht ganz verkleidet*, als sie selbsten schon den dreusten Büttel schickete, daß dich doch ganz eilends zu ihr kommen und ihr das Nachtmahl geben müge, dieweil sie diese Nacht fast schwach worden. Dachte dabei mein gut Teil und folgete dem Büttel in Hast, wiewohl nicht, umb ihr das Nachtmahl zu geben, wie männiglich vor sich selbsten abnehmen kann. Dabei vergaß ich alter, schwacher Mann aber, mir Zeugen mitzunehmen. Denn aller Jammer, so ich zeithero gelitten, hatte mir meine Sinne also umbschattet, daß mir solches gar nicht in die Gedanken kam. Nur der dreuste Büttel folgete mir, und wird man weiters hören, wie dieser Bube dem Satan Leib und Seele übergeben, umb mein Kind zu opfern, da er sie doch hätte retten mügen. Denn als er die Gefängnis aufgeschlossen (es war dasselbe Loch, wo mein Töchterlein zeithero gesessen), sahen wir die alte Lisen auf der Erden liegen in eim Bund Stroh und einen Besen zum Kopfkissen (als wöllte sie jetzunder damit zur Höllen fahren, da sie nit mehr darauf zum Blocksberg fahren kunnte), so daß ich mich schudderte, als ich ihr ansichtig wurde.

Und war ich kaum eingetreten, als sie ängstlich schrie: »Ick bin ene Hex, ick bin ene Hex, erbarm He sich und geb He mi fix dat Nachtmahl, ick will Em uck allens bekennen!« Und als ich ihr zurief: »So bekenne!«, sprach sie, daß sie selbsten allen Zauber mit dem Amtshauptmann im Dorf angerichtet und mein Kindlein so unschuldig daran wäre als die

---

* Angekleidet.

Sonne am Himmel. Doch hätte der Amtshauptmann mehr schuld, angesehen er ein Hexenpriester wäre und einen weit stärkeren Geist, denn sie hätte, welcher Dudaim* hieße und sie die Nacht in das Genicke gestoßen, also daß sie es nimmer holen würd. Selbiger Geist hätte das Ackerstück umgepflüget, den Bernstein verschüttet, das Wetter gemachet, meinem Töchterlein die Pogge auf ihren Schoß geworfen, item ihren alten Ehekerl durch die Luft von dannen geführt.

Und als ich fragte, wie solches müglich gewesen, da ihr Kerl doch bis fast nahe an sein Ende ein Kind Gottes gewest und gerne hätte beten mögen, wiewohl ich mich gewundert, daß er plötzlichen in seiner letzten Krankheit andere Gedanken gekriegt, gab sie zur Antwort, daß derselbige eines Tages ihren Geist gesehen, so sie in Gestalt einer schwarzen Katzen in ihrem Koffer gehabt und Stoffer hieße, und dieweil er gedrohet, solches mir zu verzählen, wäre ihr bange worden und hätte sie ihn durch ihren Geist also krank machen lassen, daß er an seiner Aufkunft verzaget wäre. Nunmehro hätte sie ihn vertröstet, daß sie ihn alsobald wieder heilen wölle, wenn er Gotte absagete, der ihm doch nit helfen könnte, wie er wohl einsäh. Solches hätte er zu tun versprochen, und da sie ihm alsobald wieder wacker gemacht, wären sie mit dem Silber, so ich vor ihn von dem neuen Abendmahlskelch abgeschrapet hätte, zur Nachtzeit an den Strand gangen, wo er selbiges mit den Worten in die Sehe hätte schütten müssen: »Sowenig dieses Silber wieder an seinen Kelch kömmt, komme meine Seele wieder zu Gott!« Worauf ihn der Amtshauptmann, so auch dagewest, umgetaufet im Namen des Satans und ihn Hans genannt. Paten hätte er nit mehr gehabt denn sie (ver-

---

* Dieses merkwürdige Wort kommt schon 1. Mos. 30,15.ff, als Name einer Pflanze vor, und ist von den zuverlässigsten ältern und neuern Theologen angenommen, daß es die in der Geschichte der Zauberei so berüchtigte Alraunwurzel gewesen sei. Sonst führen seltsamerweise die Teufel immer christliche Namen, wie auch bald darauf der Geist der alten Lise »Stoffer«, d.i. Christoph, genannt wird.

stehe: die alte Lise) allein. Da er aber in der Johannesnacht zum ersten Male mit ihnen auf dem Blocksberg gewest (es wäre der Herrenberg* ihr Blocksberg), wäre auch von meim Töchterlein die Rede gewest. Und hätte Satanas dem Amtshauptmann es selbsten zugeschworen, daß er sie haben sölle. Er wölle dem Alten (womit der Bösewicht Gott gemeinet) wohl zeigen, was er könne, und sölle der Zimmermannsjunge vor Ärger was Schönes in seinen Hosen finden. (Pfui, du Erzbösewicht, daß du solches von meinem Erlöser geredet!) Hierüber hätte ihr alter Kerl gemürmelt, und da sie ihme niemalen recht getrauet, hätte der Geist Dudaim ihn eines Tages auf des Amtshauptmanns Befehl durch die Luft geführt, dieweil ihr Geist, Stoffer geheißen, zu schwach gewest, umb ihn zu tragen. Selbiger Dudaim wäre auch der Grünspecht gewesen, so mein Töchterlein und nachgehends den alten Paaschen mit seinem Geschrei herbeigelocket, umb sie zu verderben. Doch wäre der Riese, so auf dem Streckelberge erschienen, kein Teufel gewest, sondern wie ihr Geist Stoffer gesagt, der Junker von Mellenthin selbsten.

Und wäre dies allens die reine Wahrheit, worauf sie leben und sterben wölle. Bäte dahero umb Gottes willen, ich wölle mich ihrer erbarmen und ihr auf solch ihr bußfertig Bekenntnis die Vergebung ihrer Sünden sprechen und das Nachtmahl reichen, denn ihr Geist stünde dort am Ofen und lachete wie ein Spitzbube, daß es nunmehro mit ihr aus wäre. Aber ich gab zur Antwort: »Ich wollte ja lieber einer alten Sau das Nachtmahl geben denn dir vermaledeieten Hexen, die du nicht bloß deinen eigenen Ehekerl dem Satanas übergeben, besondern auch mich und mein arm Kind mit Höllenpein zu

---

* Berg in der Nähe von Koserow. In fast allen Hexenprozessen kommen Berge dieser Art in der Nähe des Wohnorts der beteiligten Personen vor, wo der Teufel in der Walpurgis- und Johannesnacht mit ihnen schmauset, tanzet und Unzucht treibt, auch von den Hexenpriestern die satanischen Sakramente ausgeübt werden, welche eine Nachäfferei der göttlichen sind.

Tode marterst!« Doch ehe sie noch antworten kunnte, wurden ihre roten Haare also steif und wie die Reiser von dem Besen anzusehen, worauf sie lag. Also brüllend, schlug sie mit Händen und Füßen umb sich, und rief die Unholdin umwechselnd bald Gott, bald ihren Geist Stoffer, bald mich an, ihr beizuspringen, worauf sie allsogleich verreckete und schwarz und blau wie eine Brummelbeere wurde.

Hörete darauf weiter nichts, als daß das Fenster klirrete, doch nicht gar harte, besondern als wenn eine Erbse dagegen geworfen würd, woraus ich leichtlich abnehmen kunnte, daß Satanas mit ihrer Seelen hindurchgefahren. Der barmherzige Gott bewahre doch jedes Mutterkind für solches Ende umb Jesu Christi, unsers lieben Herrn und Heilandes, willen. Amen!

Als ich mich in etwas wieder verholet, was aber lange dauerte, inmaßen mein Blut zu Eis geronnen und meine Füße so steif wie ein Stock waren, hub ich an, nach dem dreusten Büttel zu schreien, welcher aber nicht mehr im Gefängnis war. Solches nahm mich ein wunder, da ich ihn doch kurz zuvorab noch gesehen, und ahnete mir gleich nichts Gutes. Und also geschah es auch. Denn als er endlich auf mein Rufen hereinkam, und ich sagete, er möge das Aas auskarren lassen, so hier eben im Namen des Teufels verrecket wäre, tat er ganz verwundert, und als ich ihm zuhielt, er würde doch ein Zeugnis ablegen für mein Töchterlein von wegen ihrer Unschuld, so die Vettel auf ihrem Todeslager bekennet, stellete er sich noch mehr verwundert und sprach, daß er nichtes gehört hätte. Dieses stieß mir wie ein Schwert durch mein Herze, und fiel ich draußen an einen Piler*, wo ich wohl eine ganze Zeit gestanden. Ging aber, als ich wieder zur mir selbsten kam, zu Dn. Consuli, welcher nach Usedom abfahren wollte und schon auf dem Wagen saß. Auf mein demütig Bitten aber kam er wieder in das Gerichtszimmer mit dem Camerario und Scriba herab, und verzählete ich ihnen anjetzo allens, was für-

---

* Plattdeutsch: Pfeiler

gefallen und wie der gottlose Büttel leugne, solches auch gehört zu haben. Hierunter habe ich aber viel Wirrisches gesprochen und unter andern gesaget, daß die Fischlein alle zu meim Töchterlein in den Keller geschwummen kämen, umb sie zu erlösen. Nichtsdestoweniger ließ Dn. Consul, welcher oftmalen sein Haupt schüttelte, den dreusten Büttel rufen und befragete ihn nach seinem Gezeugnis. Aber der Kerl gab für, daß er gleich wäre fortgangen, da er gemerket, daß die alte Lise beichten wölle, umb nicht abereins angeschnauzet zu werden. Er habe darumb auch nichtes gehört. Hierauf hätte ich, wie Dn. Consul nachgehends dem Benzer Pastoren gesaget, meine Fäuste geballet und geantwortet: »Was, du Erzschalk, krochst du nicht wie ein Wurmb in der Stuben umbher?« Darumb hätte er mich auch, wie einen wirrischen Menschen, nicht weiter angehöret noch dem Büttel einen Eid abgenommen, sondern hätte mich im Zimmer stehenlassen und wäre wieder auf seinen Wagen gestiegen.

Weiß auch nicht, wie ich herauskommen bin, und war mir am andern Morgen, als die Sonne aufginge und ich bei Meister Seep, dem Krüger, in meim Bette lag, der ganze Kasus wie ein Traumb. Konnte auch nit aufstehn, besondern mußte den lieben Sonnabend und Sonntag stille liegen, wo ich viel Allotria geschwätzet. Erst den Sonntag gegen Abend, als ich angehoben, mich zu speien, und die grüne Galle ausgebrochen (ist kein Wunder nicht!), ist es besser mit mir worden. Umb diese Zeit kam auch Pastor Benzensis vor mein Bette und verzählete mir, wie ich es wirrisch gemachet, richtete mich aber durch Gottes Wort also auf, daß ich wieder recht aus dem Herzen beten kunnte, was der barmherzige Gott meinem lieben Gevatter noch am Jüngsten Gericht vergelten wölle. Denn das Gebet ist fast ein so wackerer Tröster wie der Heilige Geist selbsten, von dem es kommt, und verbleibe ich dabei, solange ein Mensch noch beten kann, daß er nicht im äußersten Unglück sei, wenn ihm sunsten auch Leib und Seele verschmachtet wäre (Ps. 73).

25. KAPITEL
Wie Satanas mich wie den Weizen sichtet,
mein Töchterlein aber ihm wackeren
Widerstand tut

Am Montag fuhr ich bei guter Zeit von meinem Lager, und alldieweil ich mich ziemlich wacker fühlete, ging ich aufs Schloß, ob ich nicht möchte zu meim Töchterlein gelangen. Konnte aber keinen einzigen Büttel nit finden, vor die ich ein paar Schreckensberger* als ein Biergeld mitgenommen. Das Volk, so ich antraf, wollte mir's auch nit sagen, wo sie wären, item des dreusten Büttel sein Weib auch nit, so in der Küchen stand und Schwefelfaden machete. Und als ich fragete, wann ihr Mann denn wiederkäme, vermeinete sie, es würde wohl nit viel vor morgen frühe werden, item käm auch der andere Büttel nit ehender. So bat ich sie denn, mich selbsten zu meinem Töchterlein zu geleiten, ihr die zwo Schreckensberger zeigend, aber sie gab zur Antwort, daß sie die Schlüssel nit hätte und auch nicht zu überkommen wüßte. Ebenmäßig wollte sie auch nit in Erfahrung gezogen haben, so mein Töchterlein jetzunder säße, damit ich durch die Tür mit ihr sprechen künnte. Item sageten der Koch, der Jäger, und weme ich sonsten in meinem Gram begegnete, sie wüßten nicht, in welchem Loch die Hexe sitzen müge.

Ging dannenhero rund umb das Schloß und legete an jedes Fensterken, so mir wohl den Anschein hatte, daß es ihr Fensterken wär, meine Ohren und rufete: »Maria, mein Töchterlein, wo bistu?« Item wo ich ein Gegitter fand, fiel ich auf meine Knie, neigete mein Haupt und rufete ebenalso in den Keller. Doch es war allens umbsonst, ich bekam nirgends nicht eine Antwort. Solches hatte endiglichen der Amtshauptmann gesehen und kam mit gar freundlicher Mienen zu mir aus dem Schloß gangen, griff mich bei meiner Hand und fra-

---
* Eine alte Silbermünze mit dem Bilde eines Engels, welche 3 bis 4 Ggr. galt.

gete, was ich wölle? Und als ich ihm zur Antwort gab, daß ich mein einzig Kind seit verschienenen Donnerstag nit gesehen und er sich erbarmen möge und mich zu ihr führen lassen, sprach er, daß solches nit anginge, doch sölle ich mit ihm auf sein Zimmer kommen, umb über die Sache ein mehres zu reden. Unterwegs sagete er: »Die alte Hex hat Euch wohl was Schönes von mir verzählet, aber Ihr sehet, wie der allmächtige Gott sie in sein gerecht Gericht genommen. Sie ist schon lange gewest vor das Feuer, aber meine große Langmut, worin eine gute Obrigkeit immer dem Herren nacheifern muß, hat es bis dato übersehen, und nun machet sie mir zum Dank solches Geschreie.« Und als ich ihm versetzete: »Wie weiß Ew. Gestrengen, daß die Hexe Ihme ein solch Geschrei gemachet?«, hub er anfänglich an zu stöttern und sprach alsdann: »Ei, Ihr habt es ja selbsten dem Richter geklaget! Aber derowegen habe ich dennoch keinen Zorn auf Euch, sondern, weiß Gott im Himmel, daß Ihr alter, schwacher Mann mich erbarmet, und ich Euch gerne hülfe, so ich könnte.« Hierzwischen führete er mich an die vier bis fünf Treppen hinauf, so daß ich alter Mann ihme letzlich nit mehr folgen kunnte und stillstund und nach Luft jappete. Aber er fassete mich bei meiner Hand und sprach: »Kummet nur, ich muß Euch allhier erst sehen lassen, wie es steht, denn sonst nehmet Ihr doch nit meine Hülf an, wie ich sorge, und stürzet Euch selbsten ins Verderben!« Und traten wir anjetzo auf ein Altan oben am Schloß, wo man nach dem Wasser überschauet, worauf der Bösewicht fortfuhr also zu sprechen: »Ehre Abraham, müget Ihr gut in der Ferne sehen?« Und als ich sagete, daß ich solches ehender wohl gekunnt, mir aber die vielen Tränen anjetzo wohl möchten meine Augen betrübt haben, zeigete er auf den Streckelberg und sprach: »Sehet Ihr dorten nichtes?« Ego: »Nichtes denn ein schwarzes Flecklein, so ich aber nicht erkennen mag.« Ille: »So wisset, dieses ist der Scheiterhaufen, auf dem Euer Kind morgen frühe umb 10 Uhren soll gebrennet werden und den die Büttel bauen!« Als der Höllenhund solches sagte, tät ich einen lauten Schrei und wurde unmächtig. Ach, du lieber Gott, ich weiß nicht, wie ich diesen Schmerz mit meinem Leben überwunden, aber du hast mich selbsten unnatürlich gestärket, umb mich nach so vielem Heulen und Weinen wieder mit Freude zu überschütten, denn sonst, achte ich, wäre es unmüglich gewesen, solche Trübsal zu überwinden, darumb sei deinem Namen auch ewiglich Preis und Ehr!

Als ich wieder zu mir selbsten kam, lag ich in eim schönen Zimmer auf einem Bett und empfande einen Geschmack in meinem Munde wie Wein. Aber dieweil ich den Amtshauptmann allein umb mich sahe mit einem Kreuz in der Hand, schudderte ich mich und tät meine Augen wieder zu, umb mich zu besinnen, was ich tun und sagen wöllte. Solches wurde er aber alsobald gewahr und sprach: »Schuddert Euch nicht also, ich meine es gut mit Euch und will Euch darumb eine Frage vorlegen, welche Ihr mir auf Euer priesterlich Gewissen beantworten sollet. Saget, Ehre Abraham, welches ist eine größere Sünde: Hurerei treiben oder zween Menschen ihr Leben nehmen?« Und als ich ihm zur Antwort gab: »Zween Menschen ihr Leben nehmen!«, fuhre er fort: »Ei, nun sehet, das will Euer verstockt Kind tun! Ehender sie sich mir ergiebet, der ich sie immer retten gewöllt und noch heute retten kann, wiewohl ihr Scheiterhaufen schon aufgebauet wird, will sie sich selbsten das Leben nehmen und Euch elendem Menschen, ihrem Vater, dazu, denn ich achte, daß Ihr diese Trübsal schwerlich überwinden werdet. Darumb beredet sie doch umb Gottes willen, daß sie sich auf ein Besseres besinnet, solange es mir noch müglich ist, sie zu erlösen. Sehet, ich habe ein Häuslein zwo Meilen von hier, mitten in der Heiden belegen, wo kein Mensch hingelanget, dahin lasse ich sie in dieser Nacht annoch bringen, und möget Ihr bei ihr wohnen Euer lebelang, so es Euch gefällt. Ihr sollet es so gut haben, als Ihr nur wünschen möget, und lasse ich morgen frühe ein Geschrei machen, die Hexe wäre zur Nacht mit ihrem Vater fortgelaufen und niemand wisse, wohin sie kommen sei.«

Also sprach die Schlange zu mir wie weiland zu unserer Ältermutter, der Eva, und mir elenden Sünder kam es auch für, als ob der Baum des Todes, den sie mir zeigete, ein Baum des Lebens wäre, also lieblich war er anzuschauen. Doch gab ich zur Antwort: »Dieses wird mein Töchterlein nimmermehr tun und ihrer Seelen Seligkeit aufgeben, umb ihr arm Leben sich zu erhalten.« Aber auch jetzo war die Schlange wieder listiger denn alle Tiere des Feldes (verstehe: insonderheit mich alten Toren) und sprach: »Ei, wer saget denn, daß sie ihrer Seelen Seligkeit aufgeben soll? Ehre Abraham, muß ich Euch die Schrift lehren? Hat nicht unser Herr Christus die Mariam Magdalenam zu Gnaden aufgenommen, so doch in offenbarer Hurerei gelebet, und hat er nicht der armen Ehebrecherin die Vergebung angekündiget, so doch noch ein weit größer Crimen* begangen; ja, sagt St. Paulus nit geradezu, daß die Hure Rahab selig worden – Hebräer am 11ten, item St. Jakobus am 2ten das nämliche? Wo aber leset Ihr, daß ein Mensche selig worden, so sich selbsten und seinen Vater mutwillig das Leben genommen? Darumb beredet doch umb Gottes willen Euer Kind, daß sie in ihrem verstockten Sinn nicht mutwillig Leib und Seele dem Teufel übergebe, sondern sich retten lasse, dieweil es noch Zeit ist. Ihr möget ja bei ihr bleiben und allens wieder wegbeten, so sie gesündiget, auch mir mit Eurem Beistand gegenwärtig sein, der ich gar gerne bekenne, daß ich ein armer Sünder bin und Euch viel Leides zugefüget, doch noch lange nicht so viel Leides, Ehre Abraham, denn David dem Uriae, welcher aber gleichwohl selig worden, unangesehen er den Mann schändlich umb sein Leben brachte und nachgehends sein Weib beschlief. Darumb hoffe ich armer Mensch, auch selig zu werden, der ich müglichst noch eine größere Brunst zu Eurem Töchterlein habe denn dieser David zu Bathseba. Und will ich Euch allens gar gerne doppelt wiedervergelten, wenn wir nur erstlich in der Hütten sein.«

* Verbrechen.

Als der Versucher solches geredet, bedünketen mich seine Worte süßer dem Honig, und gab ich zur Antwort: »Ach, gestrenger Herr, ich schäme mich, ihr mit solchem Antrag unter die Augen zu treten!« Worauf er aber alsobald sprach: »So schreibet es ihr, hier ist Black, Feder und Papier!«

Da nahm ich wie Eva die Frucht und aß und gab sie meinem Töchterlein, daß sie auch essen söllte, will sagen, ich rekapitulierete allens, so mir Satanas eingegeben, auf dem Papier, jedoch in lateinischer Sprachen, dieweil ich mich schämete, es deutsch zu schreiben, und beschwure sie letztlich, nicht sich und mich umb das Leben zu bringen, sondern sich in Gottes wunderliche Schickung zu fügen. Auch wurden mir meine Augen gar nicht aufgetan, als ich gessen (verstehe: geschrieben), noch merkete ich, daß nicht Honig, besondern Galle unter der Tinten war, sondern ich übersetzete dem Amtshauptmann denselbigen mit Lächeln wie ein besoffener Mensche (dieweil er kein Lateinisch verstunde), worauf er mich auf die Schulter klopfete, und nachdem ich den Brief mit seinem Signet verschlossen, rief er den Jäger und gab ihm selbigen, umb ihm meinem Töchterlein zu bringen, item fügte er Black, Feder und Papier benebst dem Signet hinzu, daß sie mir alsogleich antwurten möge.

Hierzwischen nun war er gar lieblich zu reden, lobete mich und mein Kind, und mußte ich ihm unterschiedlichen Malen Bescheid tun aus seinem großen Kruge, in welchem er einen fast schönen Wein hatte, trat auch an einen Schrank und holete mir Pretzeln zum Zubeißen, sagend, so söllte ich es nunmehro alle Tage haben. Als aber nach einer halben Stunden wohl der Jäger mit ihrer Antwort zurückekehrete und ich selbige angesehen, begab es sich allererst, daß meine Augen aufgetan wurden und ich erkannte, was gut und böse war. Hätte ich ein Feigenblatt gehabt, so würde ich selbiges auch vor Scham dafürgehalten haben, so aber hielt ich meine Hand dafür und weinete also heftiglich, daß der Amtshauptmann in einen schweren Zorn geriet und fluchend mir befahl, ihm zu sagen, was sie geschrieben. Verdolmetschete ihm also den lateinischen Brief, welchen ich anhero setze, damit man meine Torheit und meines Töchterleins Weisheit daraus erlerne.

Es lautete aber derselbe wie folgt:

»Jesus! – Unglücklicher Vater!

Ich werde morgen nicht *mehr* erblassen, wenn ich den Scheiterhaufen erblicke, und der Scheiterhaufen wird nicht *mehr* erröten, wenn er mich aufnimmt, als ich erblassete und wiederumb errötete, als ich deinen Brief las. Wie? Auch dich frommen Vater und frommen Knecht hat Satan so verführet, daß du Gemeinschaft machst mit meinen Feinden und nicht einsiehst, daß der *Tod* in *solchem* Leben und in *solchem* Tod das *Leben* sei? Denn wenn der gnädige Gott der Maria Magdalena und andern verziehen hat, so verziehe er ihnen, weil sie Buße taten wegen der Schwäche ihres Fleisches und nicht abermalen sündigten. Und ich sollte sündigen bei einem gänzlichen Abscheue meines Fleisches, und nicht einmal, sondern wiederholet, ohne Umbkehr, bis an meinen Tod? Wie würde der gnädige Gott dies dem verworfensten aller Weiber verzeihen können? Unglücklicher Vater, erinnere dich, was du mir gesaget hast von den heiligen Märtyrern und den Jungfrauen des Herrn, welche alle lieber das Leben denn ihrer Keuschheit verlieren wöllten! Diesen will auch ich folgen, und mein Heiland Jesus Christus wird auch mir Elenden, so ich hoffe, die ewige Kronen geben, obgleich ich ihn nit minder beleidiget hab, wegen Schwäche meines Fleisches, wie Maria, und mich für schuldig erkläret, so ich doch unschuldig bin. Suche also stark zu werden und bitte für mich bei Gott und nicht beim Teufel, damit auch ich bald im Angesichte Gottes für dich beten kann.

Die gefangene Maria S.«*

---

* Er ist sichtbar von einer weiblichen Hand geschrieben und wahrscheinlich die Originalhandschrift. Siegellack oder Wachs ist aber daran nicht zu bemerken, weshalb ich annehmen möchte, daß er offen überbracht wurde, was bei seinem fremdsprachigen Inhalt ja auch keine Gefahr hatte.

Als der Amtshauptmann solches gehöret, wurf er den Krug, so er annoch in Händen hielt, also zur Erden nieder, daß er zerborste, und schrie: »Die verfluchte Teufelshure! So soll der Büttel sie dafür auch eine ganze Stunde piepen lassen!« und was er ein mehres herfürstieß in seiner Bosheit, und ich vergessen hab. Doch bald wurde er wieder als gütlich und sprach: »Sie ist unklug, gehet einmal selbsten zu ihr, ob Ihr sie zu Eurem und ihrem Vorteil bereden möget! Der Jäger soll Euch einlassen, und horchet der Kerl, so gebet ihm nur gleich in meinem Namen ein paar Ohrfeigen, höret Ihr, Ehre Abraham! Geht geschwinde, und bringt mir sobald als müglich eine Antwort!« Ging also dem Jäger nach, welcher mich in einen Keller geleite, wohin kaum so viel Licht durch ein Loch fiel als ein Gulden groß und wo mein Töchterlein auf ihrem Bette saß und weinete. Und kann man vor sich selbsten abnehmen, daß ich auch alsogleich angefangen hab und nichts Besseres kunnte denn sie. Lagen uns also eine lange Zeit stumm in den Armen, bis ich sie letzlich um Vergebung bat von wegen meinem Brief, aber von dem Amtshauptmann seinen Auftrag sagete ich ihr nichtes, wie es gleich mein Fürsatz war. Es währete aber nit lange, so hörten wir ihn selbsten schon in den Keller von oben niederschreien: »Was – (hier tät er einen schweren Fluch) machet Ihr dort so lange? Im Augenblick, Ehre Abraham, herauf!«, so daß ich kaum noch Zeit hatte, ihr ein Küßeken zu geben, als der Jäger auch schon wieder mit den Schlüsseln da war, und wir uns trennen mußten, obgleich wir annoch von nichtes gesprochen, als daß ich ihr mit wenigem verzählet, wie's mit der alten Lisen ergangen sei. Und kann man schwerlich gläuben, in welche Bosheit der Amtshauptmann geriete, als ich ihm sagete, mein Töchterlein verbliebe stark und wolle ihm nicht Gehör geben. Er stieß mich vor meine Brust und rief: »So geh zum Teufel, infamer Pfaff!« Und als ich mich umbwendete, umb wegzugehen, riß er mich wieder zurück und sprach: »Aber sagstu von allem, so wir fürgehabt ein Wörtlein, siehe, so laß ich dich auch brennen, du alter, grauer Hexenvater!« Worauf ich mir ein Herze faßte und zur Antwort gab, daß mir solches eine große Freude sein würde, insonderheit wenn es schon morgen mit meim Töchterlein zusammen beschehen könnte. Antwortete aber nichtes, sondern schlug die Türe hinter mir zu. Aber schlag du nur, ich sorge, der gerechte Gott wird dir die Türe des Himmelsreichs auch dermaleinst wieder vor deiner Nasen zuschlagen!

26. KAPITEL
Wie ich mit meinem Töchterlein und der alten Magd das heilige Abendmahl genieße und sie darauf mit dem blanken Schwert und dem Zetergeschrei zum letzten Mal vor Gericht geführet wird, umb ihr Urteil zu vernehmen

Nun sollte wohl männiglich judizieret haben, daß ich in der schweren Dienstagsnacht kein Auge zugetan, aber Lieber, hier siehstu, daß der Herr mehr tun kann, denn wir bitten und verstehen, und seine Barmherzigkeit alle Morgen neu ist. Denn ich schlief wieder umb die Morgenzeit ganz geruhlich ein, als hätte ich keine Sorge mehr auf meim Herzen. Und als ich aufwachete, kunnte ich auch wiederumb so wakker beten, als ich lange nicht gekonnt, so daß ich in aller meiner Trübsal für Freuden weinete über solche Gnade des Herrn. Doch betete ich nun nichtes, als daß er meinem Töchterlein wölle Kraft und Stärke verleihen, ihr Martertum, so er ihr auferleget, in christlicher Geduld zu ertragen, mir Elenden aber einen solchen Schmerzensstich durch seinen Engel in mein Herze zu geben, wenn ich mein Töchterlein brennen säh, daß es alsofort stillestünd und ich ihr folgen künnte. Also betete noch, als die Magd in ihrem schwarzen Putz hereintrat, mit meines Lämmleins seidin Zeug auf ihrem Ärmel, und mit vielen Tränen vermeldete, daß das Armesünderglöcklein vom Schloßturm schon zum ersten Male geläutet, auch mein Töchterlein nach ihr geschicket, umb sie anzuputzen, dieweil das Gerichte aus Usedom allbereits angelanget und sie umb zween Stunden schon ihren letzten Gang tun würde. Auch ließe sie ihr sagen, daß sie ihr Blümekens, blau und gelb von Farb, zu einem Kranz mitbringen möge, fragete dannenhero, was für Blümekens sie nehmen sölle. Und dieweil für dem Fenster ein Topf mit Feuerlilien und Blauäugeleins* stunde, so sie mir gestern hereingesetzet, sprach ich: »Du kannst keine besseren Blümekens vor sie pflücken, denn diese seind, darum bringe ihr solche und sage ihr, daß ich um eine halbe Glockenstunden dir nachkommen würde, umb mit ihr das Nachtmahl zu genießen. Hierauf bat die alte treue Person, daß sie mit zum Nachtmahl gehen müge, was ich ihr auch versprach. Und hatte ich mich kaum verkleidet und meinen Chorrock angezogen, als Pastor Benzensis auch schon in die Türe trat und mir stumm wie ein Fisch umb meinen Hals fiel und weinete. Als er die Sprache wieder gewunn, verzählete er von einem großen Mirakulum (verstehe: Daemonis), so beim Begräbnis der alten Lisen sich ereignet. Denn als die Träger den Sarg hätten in die Grube hinunterlassen wöllen, hätt es also laut in selbigem rumort, als wenn ein Tischler ein tännen Brett bohret. Hätten also gebläubet, die alte Vettel wäre wieder aufgelebet, und den Sarg wiederumb aufgemachet. Aber sie wäre noch gelegen wie sonst, braun und blau von Farb und kalt wie ein Eis, doch wären ihr ihre Augen offengangen gewest, so daß männiglich sich entsetzet und einen Teufelsspök vermutet, als denn auch gleich darauf eine lebendige Ratte aus dem Sarg gesprungen und in einen Totenkopf gefahren wäre, der am Grabe gelegen. Nunmehro wäre allens fortgelaufen, dieweil die alte Lise von jeher in eim bösen Geschrei gewest, bis er selbsten letzlich wieder an das Grab getreten, worauf die Ratte verschwunden gewesen und nunmehro die andern auch wieder einen Mut bekommen hätten. Also verzählete der Mann, und wird man nun leichtlich schließen, daß dies in Wahrheit Satanas gewest, so die Ge-

* Vielleicht: Vergißmeinnicht.

stalt einer Ratten gehabt. Ich entsatzte mich nicht wenig für seiner Rede und fragete ihn, was er nunmehro von dem Amtshauptmann gläube? Hierauf zuckete er mit seinen Achseln und sprach, selbiger wäre, solange er denken könne, ein böser Bube gewesen, hätte ihm inner 10 Jahren auch sein Mistkorn nicht mehr geliefert, doch daß er en Hexer wäre, wie die alte Lise gesagt, gläube er nicht. Denn wiewohlen er bei ihm noch gar nicht zu Gottes Tisch gewest, hätt er doch vernommen, daß er in Stettin oftermalen mit Se. Fürstlichen Gnaden, dem Herzogen, hingegangen und ihme der Pastor an der Schloßkirchen solches selbsten durch sein Kommunionbuch dokumentieret. Dannenhero könne er auch unmüglich gläuben, daß er mein Töchterlein sölle unschuldig in ihr Elend stürzen, wie die Vettel gesaget. Auch hätte mein Töchterlein sich ja gutwillig für eine Hexe ausgeben. Hierauf gab ich zur Antwort, daß sie es aus Furcht vor der Marter getan, sonst, ihren Tod anlangend so scheue sie selbigen nicht. Worauf ich ihm mit vielen Seufzern berichtete, wie der Amtshauptmann gestern mich elenden und ungläubigen Knecht zum Bösen gereizet, daß ich schier willens gewest, mein einzig Kind ihme und dem Satan zu verkaufen, und nicht würdig wäre, heute das Sakrament zu empfahen. Wie mein Töchterlein aber einen viel steiferen Glauben denn ich gehabt, was er aus ihrem Schreiben sehen könnte, so ich annoch in der Taschen hätte. Gab es ihn also in seine Hand, und nachdeme er es gelesen, seufzete er nicht anders denn ein Vater und sprach: »Wäre es müglich, so könnte ich für Schmerz in die Erde sinken, aber kummet, kummet, mein Bruder, auf daß ich ihren Glauben selbsten sehe!«

Und gingen wir nunmehro auf das Schloß; doch stand unterweges auf dem Brink vor dem Förster, item umb das Schloß, schon allens voller Menschen, so aber sich annoch geruhsam verhielten, als wir fürübergingen. Meldeten uns also wieder bei dem Jäger (seinen Namen habe ich niemals behalten mügen, dieweil er ein Pole war, doch war er ein andrer als der Kerl, welcher mein Töchterlein freien sollte und den der Amtshauptmann weggejaget), welcher uns alsofort in ein schön groß Zimmer brachte, wohin mein Töchterlein schon aus dem Gefängnis abgeholet war. Auch hatte die Magd sie allbereits geputzet, und war sie so schön als ein Engel anzusehen. Hatte die güldene Ketten mit dem Konterfei wieder umb ihren Hals, item den Kranz in ihren Haaren, und lächelte, als wir hineintraten, sagend: »Ich bin bereit!« – Hierfür entsatzte sich aber Ehre Martinus und sprach: »Ei, du gottlos Weibsbild, nun sage mir niemand mehr von deiner Unschuld! Du willst zum Nachtmahl und nachgehends zum Tode gehen und stolzierest einher als ein Weltkind, so auf den Tanzboden trottieret?« Hierauf gab sie zur Antwort: »Verdenk Er's mir nicht, Herr Pate, daß ich in demselbigen Putz, in welchem ich letzlich für den guten schwedischen König getreten, auch will für meinen guten himmlischen König treten. Solches stärket mein schwaches und verzagtes Fleisch, angesehen ich hoffe, daß der treue Heiland mich auch so an sein Herz nehmen und mir sein Konterfei umbhängen wird, wenn ich demütig die Hände zu ihm ausstrecke und ihm mein Carmen aufsage, welches lautet: ›O Lamm Gottes, unschuldig am Stamm des Kreuzes geschlachtet, gib mir deinen Frieden, o Jesu!‹ Solches erbarmete meinen lieben Gevatter, und er sprach: »Ach Pate, Pate, ich wollte dir zürnen, und du zwingest mich, mit dir zu weinen, bistu denn unschuldig?« – »Ja«, sprach sie, »Ihme, Herr Pate, kann ich's wohl sagen: Ich bin unschuldig, so wahr mir Gott helfe in meiner letzten Not durch Jesum Christum. Amen.«

Als dieses die Magd hörete, erhube sie ein so großes Geschreie, daß es mir leid wurde, daß ich sie mitgenommen, und hatten wir alle sie genug aus Gotts Wort zu trösten, bis sie wieder in etwas geruhlich wurde. Und als solches beschehen, sprach mein lieber Gevatter: »Wenn du so hoch deine Unschuld beteurest, muß ich solches zuvor dem Gericht auf mein priesterlich Gewissen vermelden!« und wollte aus der Türen. Aber sie hielt ihn feste und fiel zur Erden und umklammerte seine Füße und sprach: »Ich bitte Ihne umb die Wunden Jesu, daß Er schweiget! Sie werden mich auf die Folter strecken und meine Scham blößen, und ich elendes, schwaches Weib werde allens in solcher Marter bekennen, was sie wöllen, zumalen wenn mein Vater wieder dabei ist, und mir also Leib und Seele zusammen gemartert wird. Darumb bleib Er, bleib Er! Ist es denn ein Unglück, unschuldig zu sterben, und nicht besser unschuldig denn schuldig?«

Solches versprach mein guter Gevatter letzlich, und nachdeme er eine Zeit gestanden und vor sich gebetet, wischte er sich seine Tränen ab und hielt nunmehro die Vermahnung zur Beichte über Jesajas 43, V. 1 und 2: »Fürchte dich nicht, denn ich habe dich erlöset, ich habe dich bei deinem Namen gerufen, du bist mein! So du ins Feuer gehest, sollst du nicht brennen, und die Flamme soll dich nicht anzünden, denn ich bin der Herr, dein Gott, der Heilige in Israel, dein Heiland.«

Und als er seine tröstende Ansprach geendiget und sie nunmehro fragete, ob sie auch willuglich bis zur letzten Stunde das Kreuz tragen wölle, so der barmherzige Gott ihr nach seinem unerforschlichen Willen auferleget, sprach sie die schönen Worte, von welchen mein Gevatter nachgehends sagte, daß er sie in seinem Leben nicht vergessen würde, dieweil er niemalen eine also gläubige, freudige und dennoch hochbetrübte Gebärde gesehen. Sie sprach aber: »O heiliges Kreuz, welches mein Jesu mit seinem unschuldigen Leiden geheiliget, o liebes Kreuz, welches von der Hand eines gnädigen Vaters mir auferleget wird, o seliges Kreuz, durch welches ich meinem Jesu gleichgemacht und zur ewigen Herrlichkeit und Seligkeit gefördert werde, was sollt ich dich nicht willig tragen, du süßes Kreuz meines Bräutigams und Bruders!«

Kaum hatte Ehre Martinus uns darauf die Absolution und nachgehends das heilige Sakrament mit vielen Tränen gereichet, als wir auch schon einen großen Tumult auf der Dielen vernahmen und gleich darauf der dreuste Büttel zur Türen hereinschauete und fragete, ob wir fertig wären, alldieweil Ein ehrsam Gericht schon auf uns warte. Und als er solches vernommen, wollte mein Töchterlein erstlich von mir ihren Abschied nehmen, was ich ihr aber wehrete und sprach:

»Nicht also, du weißt, was du mir versprochen: Wo du hingehest, da will ich auch hingehen, wo du bleibest, da bleibe ich auch, wo du stirbst, da sterbe ich auch,* so anders der Herr, wie ich hoffe, die brünstigen Seufzer meiner armen Seelen erhöret.« Darumb ließ sie mich fahren und umbhalsete nur die alte Magd und danketet ihr für alles Gute, so sie ihr von Jugend auf getan, und bate, daß sie nicht mitgehen und ihr ihren Tod durch ihr Geschreie noch mehr verbittern wölle. Die alte, treue Person kunnte lange nicht für ihren Tränen zu Worte kommen. Letzlich aber bat sie mein arm Töchterlein um Vergebung, daß sie selbige auch unwissend angeklaget, und sagte, daß sie ihr für ihr Lohn an die 5 Ließpfund Flachs gekaufet, damit sie bald von ihrem Leben käm. Solches hätte heute morgen schon der Schäfer von Pudagla mit gen Koserow genommen, und sölle sie es sich recht dicht umb ihren Leib legen, dieweil sie gesehen, daß die alte Schurnsche, so in der Liepen gebrennet wäre, viele Qual ausgestanden von wegen dem nassen Holz, ehebevor sie zu Tode kommen.

Doch ehnder ihr mein Töchterlein noch danken kunnte, begunnte das erschreckliche Blutgeschrei im Gerichtszimmer, denn eine Stimme schrie, so laut sie konnte: »Zeter über die vermaledeiete Hexe Maria Schweidlerin, daß sie von dem lebendigen Gotte abgefallen!« Und alles Volk draußen schrie nach: »Zeter über die vermaledeiete Hexen!« Als ich solches hörete, fiel ich gegen die Wand, aber mein süßes Kind strakete mir mit ihren süßen Händeleins meine Wangen und sprach: »Vater, Vater, gedenket doch, daß das Volk über den unschuldigen Jesum auch ›Kreuzige, kreuzige!‹ geschrien, sollten wir den Kelch nicht trinken, den uns unser himmlischer Vater gegeben hat?«

Nunmehro ging auch schon die Türe auf, und trat der Büttel unter eim großen Tumult des Volkes herein, ein blankes, scharfes Schwert in seinen Händen tragend, neigete es dreimal vor meinem Töchterlein und schrie: »Zeter über die ver-

* Buch Ruth I, V. 16.

maledeiete Hexe Maria Schweidlerin, daß sie von dem lebendigen Gotte abgefallen!« Und alles Volk auf der Dielen und draußen schrie ihm nach, so laut es kunnte: »Zeter über die vermaledeiete Hexe!«

Hierauf sprach er: »Maria Schweidlerin, komm für ein hochnotpeinliches Halsgericht!« Worauf sie ihme mit uns beiden elenden Männern folgete (denn Pastor Benzensis war nicht weniger geschlagen als ich selbsten), die alte Magd aber blieb für tot auf der Erden liegen.

Und als wir uns mit Not durch das viele Volk durchgedränget, blieb der Büttel vor dem offenen Gerichtszimmer stehen, senkete abermalen sein Schwert vor meim Töchterlein und schrie zum dritten Mal: »Zeter über die vermaledeiete Hexe Maria Schweidlerin, daß sie von dem lebendigen Gotte abgefallen!« Und alles Volk, wie die grausamen Richter selbsten, schrien nach, so laut sie kunnten: »Zeter über die vermaledeiete Hexe!«

Als wir nunmehro ins Zimmer traten, fragete Dn. Consul erstlich meinen Herrn Gevatter, ob die Hexe bei ihrem freiwilligen Bekenntnis in der Beichte verblieben, worauf er nach kurzem Besinnen zur Antwort gabe, man müge sie selbsten fragen, da stünde sie ja. Selbiger sprach also, ein Papier in seine Hand nehmend, so vor ihm auf dem Tische lag: »Maria Schweidlerin, nachdem du deine Beichte getan und das heilige hochwürdige Sakrament des Abendmahls empfangen, so gib mir noch mal Antwort auf folgende Fragen:

1. Wahr, daß du von dem lebendigen Gott abgefallen und dich dem leidigen Satan ergeben?

2. Wahr, daß du einen Geist gehabt, Disidaemonia genannt, der dich umgetaufet und mit welchem du dich unnatürlich vermischet?

3. Wahr, daß du dem Vieh allerhand Übels zugefüget?

4. Wahr, daß dir Satanas auf dem Streckelberg als ein haariger Riese erschienen?«

Als sie dieses alles mit vielen Seufzern bejahete, stund er auf, nahm seinen Stab in eine Hand und ein zwotes Papier in die andere, setzte auch seine Brill auf die Nasen und sprach: »So höre jetzunder dein Urteil.« (Dieses Urteil hab ich mir abgeschrieben, die anderen Akta wollte er mir aber nicht überlassen, sondern gab für, daß sie in Wolgast lägen, und lautete selbiges also:) »Wir zu einem hochnotpeinlichen Halsgericht verordnete Amtshauptmann und Schöppen:

Nachdem Maria Schweidlerin, des Pastoren zu Koserow Abraham Schweidleri Tochter, nach angestellter Inquisition wiederholentlich das gütliche Bekenntnis abgeleget, daß sie einen Teufel habe, Disidaemonia gennenet, der sie in der Sehe umbgetauft und mit dem sie sich fleischlich und unnatürlich vermischet, item daß sie durch selbigen dem Vieh Schaden zugefüget, er ihr auch auf dem Streckelberg als ein haariger Riese erschienen, erkennen und sprechen für Recht, daß Rea ihr zur wohlverdienten Strafe und andern zum Exempel billig mit vier glühnden Zangenrissen an ihren Brüsten zu belegen und nachmals mit dem Feuer vom Leben zum Tode zu bringen sei. Dieweil wir aber, in Betrachtung ihres Alters, sie mit den Zangenrissen aus Gnaden zu verschonen gewilliget, als soll sie nur durch die einfache Feuerstraf vom Leben zum Tode gebracht werden. Inmaßen sie denn dazu hiemit kondemnieret und verurteilt wird. Von peinlichen Rechts wegen.

Publicatum Pudagla zu Schloß, den 30sten mensis Augusti anno salutis 1630.«*

---

* Leser, welche mit der abscheulichen Gerechtigkeitspflege dieser Zeit nicht bekannt sind, werden sich wundern über dies schnelle und eigenmächtige Verfahren. Allein es liegen mir Original-Hexenprozesse vor, worin ein simpler Notar auf die Folter wie auf den Tod ohne weiteres erkannt hat, und es ist schon als ein Zeichen der Humanität zu betrachten, wenn man die Akten zur Feststellung der peinlichen Frage an eine Universität oder einen fremden Schöppenstuhl versandte. Das Todesurteil scheint dagegen fast immer von den Untergerichten gesprochen zu sein, wobei an Appellation nicht zu denken war. Dabei sputeten und hasteten sich die Herren so unglaublich, wie es hier auch wieder geschieht, daß dies, beiläufig gesagt, die einzige gute Eigenschaft sein möchte, die der neueren Gerechtigkeitspflege von der alten anzuwünschen wäre.

Als er das letzte Wort ausgesprochen, zerbrach er seinen Stab und warf meinem unschuldigen Lämmelein die Stücken vor ihre Füße, indem er zu dem Büttel sprach: »Jetzt tut Eure Schuldigkeit!« Aber es stürzeten so viel Menschen, beides, Männer und Weiber, auf die Erde, um die Stücken des Stabs zu greifen (dieweil es gut sein soll vor die reißende Gicht item vor das Vieh, wenn es Läuse hat), daß der Büttel über ein Weibsbild zu Boden fiel, so vor ihm auf den Knien lag, und ihm also auch von dem gerechten Gott sein naher Tod vorgebildet wurde. Solches beschahe auch dem Amtshauptmann jetzunder zum andernmal, denn da das Gerichte nunmehro aufstand und Tische, Stühle und Bänke umbwarf, fiel ihm ein Tisch, dieweil ein paar Jungen darunter saßen, so sich umb den Stab schlugen, also auf seinen Fuß, daß er in großen Zorn geriet und dem Volk mit der Faust dräuete, daß jeder sölle 50 Arschprügel haben, beides, Männer und Weiber, so sie nicht augenblicklich geruhsam wären und aus der Stuben gingen. Solches setzte eine Furcht, und nachdem sich das Volk auf die Straße verlaufen, zog der Büttel ein Seil aus seiner Taschen, womit er meim Lämmelein also ihre Hände auf dem Rücken zusammenbande, daß sie laut zu schreien begunnte; aber dieweil sie sahe, wie es mich wieder an mein Herze stieß, sich alsofort begriff und sprach: »Ach Vater, bedenket, daß es dem lieben Heiland auch nicht besser ergangen!« Dieweil aber mein lieber Gevatter, so hinter ihr stunde, sahe, daß ihre Händelein und absonderlich die Nägel braun und blau worden waren, tät er eine Fürsprache bei Eim ehrsamen Gericht, worauf aber der abscheuliche Amtshauptmann zur Antwort gab: »Ei, lasset sie nur, sie muß fühlen, was es bedeutet, von dem lebendigen Gotte abzufallen!« Aber Dn. Consul war glimpflicher, inmaßen er dem Büttel Befehl gab, nachdem er die Stricke befühlet, sie menschlich zu binden und ein wenig nachzulassen, was selbiger nunmehro auch tun mußte. Hiemit war mein lieber Gevatter aber noch nicht zufrieden, sondern bat, daß man sie müge ohne Bande auf den Wagen setzen, damit sie ihr Gesangbuch gebrauchen könne.

Denn er hätte die Schule bestellet, um unterweges ein geistlich Lied zu ihrer Tröstunge zu singen, und wollte sich verbürgen, da er selbsten mitzufahren gesonnen, daß sie nicht von dem Wagen kommen sölle. Im übrigen pflegeten ja auch Kerls mit Forken umb den Wagen der armen Sünder und absonderlich der Hexen zu gehen. Aber solches wollte der grausame Amtshauptmann nit zugeben, dahero es verblieb, wie es war, indeme der dreuste Büttel sie alsbald auch bei ihrem Arm ergriff und aus dem Gerichtszimmer führete. Auf der Dielen aber hatte es einen großen Skandalum, so mir wiederumb mein Herze durchschnitt. Denn die Ausgebersche und den dreusten Büttel sein Weib schlugen sich dort umb meines Töchterleins ihre Betten wie um ihr Alltagszeug, so die Ausgebersche vor sich geholet, das andere Weib aber auch haben wollte.

Selbige rief nunmehro gleich ihren Mann zur Hülfe, welcher auch forts mein Töchterlein fahrenließe und der Ausgeberschen mit seiner Faust also in ihr Maul schlug, daß ihr das Blut daraus herfürging und sie ein grausam Geschrei gegen den Amtshauptmann erhube, welcher mit dem Gericht uns folgete. Selbiger bedräuete sie beide vergeblich und sagte, daß er nachgehends, wenn er wiederkäm, die Sache untersuchen und einem jeglichen seinen Teil geben wölle. – Hierauf wollten sie aber nicht hören, bis mein Töchterlein Dn. Consulem fragte, ob ein jeder, so da stürbe, und also auch ein armer Sünder die Macht habe, sein Habe und Gut zu vermachen, weme er wölle? Und als er zur Antwort gab: »Ja, bis auf die Kleider, so dem Scharfrichter gehören!«, sprach sie: »Gut, so kann der Büttel meine Kleider nehmen, mein Bette aber soll niemand haben denn meine alte, getreue Magd, Ilse geheißen!« Hierauf erhub die Ausgebersche ein lautes Fluchen und Schimpfen gegen mein Kind, welche aber nicht darauf achtete, sondern nunmehro aus den Türen vor den Wagen trat, wo also viel Volks stunde, daß man nichtes sahe denn Kopf an Kopf. Und drängete sich solches alsbald mit solchem Rumor umb uns zusammen, daß der Amtshauptmann, so inzwischen auf seinen Schimmel gestiegen war, dem Volk immer rechtes und linkes mit seiner Reitpeitschen in die Augen hauete, und sie doch kaum weichen wollten. Und als es letztlich doch half und sich an die zehn Kerls mit langen Forken umb unsern Wagen gestellet, so meistenteils auch noch Stoßdegen an ihrer Seiten hatten, hub der Büttel mein Töchterlein hinauf und band sie an den Leiterbaum feste. Mich selbsten hub der alte Paasch hinauf, so dabeistunde, und auch mein lieber Gevatter mußte sich hinaufheben lassen, also schwach war er von allem Jammer worden. Selbiger winkete nunmehro seinem Küster, Meister Krekow, daß er mit der Schulen vor dem Wagen voraufgehen und von Zeit zu Zeit einen Vers aus dem feinen Liedlein »Ich hab mein Sach Gott heimgestellt« anheben sölle, was er auch zu tun versprach. Und will ich annoch notieren, daß ich selbsten mich bei meim Töchterlein auf das Stroh setzte und unser lieber Beichtvater, Ehre Martinus, rückwärts saß. Der Büttel jedoch hockete mit dem bloßen Schwerte hinten auf. Als solches allens beschehen, item das Gericht auf einen andern Wagen gestiegen, gab der Amtshauptmann Befehlig zum Abfahren.

27. KAPITEL
Wie es uns unterwegen ergangen,
item von dem erschrecklichen Tode des Amtshauptmanns
bei der Mühlen

Wir hatten aber viel Wunder unterwegen und groß Herzeleid. Denn gleich an der Brücken, so über die Bach führt, die in den Schmollen* läuft, stund der Ausgeberschen ihr abscheulicher Junge wieder, trummelte und schrie, so laut er kunnte: »Tom Gosebraden, tom Gosebraden!« Worüber das Volk alsobald ein groß Gelächter erhub und ihm nachrief: »Ja, tom Gosebraden, tom Gosebraden!« Doch als Meister

---
* See, nahe bei Pudagla.

Krekow den zwoten Vers anstimmete, waren sie wieder in etwas geruhlich, denn die meisten halfen ihm singen aus ihren Büchern, so sie sich mitgebracht hatten. Als er aber darauf in etwas innehielte, ging der Lärm wiederumb von vornean. Etzliche schrien, der Teufel hätte ihr dieses Kleid geben und sie also herausgeputzet, kamen dahero auch, und weil der Amtshauptmann voraufgeritten, umb den Wagen und befühleten ihr Kleid, insonderheit die Weiber und jungen Mädkens; etzliche aber schrien wiederumb dem Jungen nach: »Tom Gosebraden, tom Gosebraden!« Worauf ein Kerl zur Antwort gab: »Se wadd sich noch nich braden laten, gewt man Paß*, se p...t dat für ut!« Dieses und annoch ein mehreres an Unflätereien mußten wir mit anhören, und schnitt es mir insonderheit durch mein Herze, als ein Kerl schwur, daß er von ihrer Aschen etwas haben wölle, da er von dem Stab nichts gekriegt, denn es gäbe fast nichts Besseres vor das Fieber und die Gicht denn Hexenasche. Winkete also dem Küster, wiederumb anzuheben, worauf sie sich eine Zeitlang, das ist, solange der Vers währete, auch wieder geruhsam hielten, nachgehends aber es fast noch ärger macheten denn zuvor. Doch dieweil wir jetzunder zwischen denen Wiesen waren und mein Töchterlein die schönen Blümeleins sahe, so rings umb den Garten stunden, verfiel sie in tiefe Gedanken und hub wieder an, aus dem feinen lateinischen Liedlein des St. Augustini zu rezitieren. Durch diesen Kasus gewannen wir, daß alles Volk sich fluchend von dem Wagen verlief und bei einem guten Musketenschuß hinter uns hertrottierete, dieweil sie gläubeten, daß mein Töchterlein den leidigen Satan umb Hülfe anriefe. Nur ein Bursche bei 25 Jahren, so ich aber nicht kunnte, blieb wenig Schritte hinter dem Wagen, bis sein Vater kam, und da er nit mit gutem weichen wollte, ihn also in den Graben stieß, daß er bis an die Hüften ins Wasser versank. Hierüber mußte selbst mein arm Töchterlein lächeln und fragete mich, ob ich nicht mehr lateinische Lieder wüßte,

---

* Achtung.

umb uns das dumme und unflätige Volk noch ferner vom Leibe zu halten. Aber sage, Lieber, wie hätte ich jetzunder lateinische Lieder rezitieren mügen, so ich sie auch gewußt! Doch mein Konfrater, Ehre Martinus, wußte annoch ein solches, so zwar ein ketzerisches Lied ist; doch weil es meinem Töchterlein über die Maßen gefiel und er ihr manchen Vers an die drei- oder viermal vorbeten mußte, bis sie ihn nachbeten kunnte, sagte ich nichtes. Sonst bin ich immer sehr streng gegen Ketzereien gewest. Aber ich tröstete mich, daß unser Herrgott es ihr in ihrer Einfalt wohl verzeihen würde. Und lautete die erste Zeile also: »Dies irae, dies illa«.* Insonderheit aber gefielen ihr diese beiden Verse, die sie oftmals mit großer Erbauung betete und ich darumb hierhersetzen will:

Judex ergo cum sedebit, / Quidquid latet adparebit, / Nil inultum remanebit.
Rex tremendae majestatis, / Qui salvandos salvas gratis, / Salva me, fons pietatis!**

Als aber die Kerls mit den Forken, so umb den Wagen gingen, solches höreten und zugleich ein schwer Wetter vom Achterwater*** aufkam, vermeineten sie nit anders, denn daß mein Töchterlein es gemachet, und da das Volk, so hinten nachsetzete, auch schrie: »Dat hett de Hex dahn, dat hett de verfluchte Hex dahn!«, sprungen sie alle zehn bis auf einen, so verblieb, über den Graben und liefen ihrer Straßen. Solches sahe aber Dn. Consul nit alsobald, welcher mit Eim ehrsamen Gericht hinter uns fuhr, als er dem Büttel zurief, was solches bedeute? Und der Büttel rief über den Amtshauptmann, so ein wenig vorauf war, aber alsobald umbkehrete

---

* »Jener Tag, der Tag des Zornes«, eines der schönsten katholischen Kirchenlieder.
** Wenn der ernste Richter schlichtet und des Herzens Dunkel lichtet, bleibt nichts Böses ungerichtet. König majestätscher Größe, der umsonst deckt unsre Blöße, Quell der Liebe, komm, erlöse!
*** Ein Meerbusen, den die Peene in dieser Gegend bildet.

und, nachdem er die Ursache erfahren, denen Kerls nachschrie, daß er sie alle wölle an den ersten Baum anhenken lassen und mit ihrem Fleisch seine Falken füttern, wenn sie nit alsobald umbkehreten. Solches half abereins, und als sie wiederkamen, gab er einem jeglichen an die sechs Schmisse mit seiner Reitpeitschen, worauf sie verblieben, doch so weit von dem Wagen sich hielten, als sie für den Graben kunnten.

Hierzwischen aber kam das Unwetter von Süden näher mit Donner, Blitz, Hagel und Sturmwind, als wenn der gerechte Gott seinen Zorn offenbaren wöllte über die ruchlosen Mörder, und schlug die Wipfel derer hohen Buchen umb uns zusammen wie Besen, also daß unser Wagen ganz mit Blättern wie mit Hagel bedeckt war und niemand vor dem Rumor sein eigen Wort hören kunnte. Solches geschahe gerade, als wir von dem Klosterdamm in die Heiden hinabfuhren. Und ritt der Amtshauptmann jetzunder hinter uns bei dem Wagen, auf welchem Dn. Consul saß. Doch als wir alsbald über die Brücke wollten vor der Wassermühlen, faßte uns der Sturmwind, so vom Achterwater aus einer Lucken herüberblies also, daß wir vermeineten, er würde unsern Wagen in den Abgrund stoßen, so wohl an die 30 Fuß tief war und drüber. Und da gleicherweise die Pferde täten, als gingen sie auf Glatteis, und nicht stehen kunnten, hielt der Kutscher stille, umb erst das Wetter fürübergehen zu lassen, welches aber der Amtshauptmann nit alsobald gewahr wurde, als er herbeigesprenget kam und dem Kutsche befahl, alsogleich weiterzufahren. Selbiger hauete also die Pferde an, aber sie spartelten*, daß es absonderlich anzusehen war, wannenhero auch unsere Wächter mit den Forken zurückblieben und mein Töchterlein für Angst einen lauten Schrei tat. Und waren wir gerade so weit kommen, wo das große Rad unter uns lief, als der Kutscher mit dem Pferde stürzete und selbiges sich einen Fuß zerbrach. Jetzo sprang der Büttel vom Wagen, stürzete aber auch alsobald auf den glatten Boden, item der Kutscher,

---

* Plattdeutsch: straucheln.

nachdem er sich aufgerichtet, fiel er alsbald wieder nieder. Dannenhero gab der Amtshauptmann seinem Schimmel fluchend die Sporen, welcher aber auch anhub zu sparteln, wie unsere Pferde getan. Doch kam er damit gegen uns gespartelt, ohne daß er gestürzet wäre, und dieweil er sahe, daß das Pferd mit dem zerbrochenen Fuß sich immer wieder aufrichten wollte, aber alsobald wieder auf dem glatten Boden zusammenschoß, brüllete und winkete er, daß die Kerls mit den Forken kommen möchten und die Mähre ausspannen, item den Wagen hinüberschieben, damit er nicht in den Abgrund gerissen würde.

Hierzwischen aber kam ein langer Blitzstrahl für uns in das Wasser niedergefahren, welchem ein Donner also plötzlich und greulich folgete, daß die ganze Brücke erhebete und dem Amtshauptmann sein Pferd (unsere Pferde wurden aber stille) einige Schritte zurückprallete, worauf es den Boden verlor und mit dem Amtshauptmann kopfüber in das große Mühlenrad hinunterschoß, daß sich ein ungeheuer Geschrei von allen Menschen erhub, so hinter uns an der Brücke stunden. Und war eine Zeitlang vor dem weißen Schaum nichtes zu sehen, bis dem Amtshauptmann seine Beine mit dem Rad in die Höhe kamen und hierauf auch der Rumpf, aber der Kopf steckete zwischen den Schaufeln des Rades, und also lief er, erschröcklich anzusehen, mit selbigem immer rundum. Seinem Schimmel aber fehlete nichts, sondern schwamm selbiger hinten im Mühlenteich. Als ich solches sahe, ergriff ich die Hand meines Lämmeleins und rief:»Siehstu, Maria, unser Herrgott lebet noch und fähret annoch heute auf dem Cherub und fliegt daher und schwebt auf den Fittigen des Windes und will unsere Feinde zerstoßen wie Staub vor dem Winde und will sie wegräumen wie den Kot auf den Gassen!«* Da schaue nieder, was der allmächtige Gott getan!«

Als sie hierauf ihre Augen seufzend gen Himmel erhub, höreten wir Dn. Consulem so laut hinter uns schreien, als er

---

* Psalm 18, 11; 43.

kunnte. Da aber niemand nicht für dem grausamen Wetter und Tumult des Gewässers ihn verstunden, sprung er von dem Wagen und wollte zu Fuß über die Brücke gehen, fiel aber gleichfalls auf seine Nase, also daß sie blutete und er nunmehro auf Händen und Füßen wieder zurückekroch und alsbald ein groß Wort mit Dn. Camerario hatte, welcher sich aber nicht auf dem Wagen rührete. Hierzwischen hatte schon der Büttel und der Kutscher das verwundete Pferd ausgespannet, gebunden und von der Brücken geschleift, kamen dahero wieder zum Wagen und befohlen uns, von selbigem zu steigen und zu Fuß über die Brücke zu gehen, welches auch geschahe, inmaßen der Büttel mit vielem Fluchen und Schimpfen mein Töchterlein ablösete, auch dräuete, sie nachgehends für ihre Bosheit bis auf den späten Abend zu braten. (Konnte es ihme nicht so sehr verdenken, denn es war fürwahr ein seltsam Ding!) Aber obwohl sie selbsten gut hinüberkam, fielen wir beide, Ehre Martinus und ich, wie alle anderen doch auch an die drei Malen zu Boden, bis wir endlich durch Gottes Gnade vor dem Müllerhause wohlbehalten angelangeten, allwo der Büttel dem Müller bei Leibes Leben mein Töchterlein übergab und an den Mühlenteich niederrannte, umb den Amtshauptmann seinen Schimmel zu retten. Der Kutscher sölle aber unterdes sehen, daß er den Wagen und die anderen Pferde von der behexten Brücke brächte.

Wir hatten aber noch nicht lange bei dem Müller vor der Türen unter einem großen Eichbaum gestanden, als Dn. Consul mit Eim ehrbaren Gericht und allem Volk schon über die kleine Brücke gefahren kam, so ein paar Musketenschüsse von der ersten entfernt ist, und selbiger kaum das Volk abhalten kunnte, daß sie nicht mein Kind angriffen und lebendig zerrissen, angesehen alle, wie auch Dn. Consul selbsten, vermeineten, daß kein anderer denn sie benebst dem Wetter auch die Brücke behext (zumalen sie selbsten nicht darauf gefallen) und den Amtshauptmann umb sein Leben gebracht, was doch allens erstunken und erlogen war, wie man weiteres hören wird. Er schalt sie dannenhero für eine vermaledeiete

Unholdin, die nach abgelegter Beicht und dem Genuß des heiligen Abendmahls noch nicht von dem leidigen Satan abgefallen wäre. Aber es sölle ihr allens nicht helfen, sie werde dennoch ihren Lohn alsbald empfangen.

Und dieweil sie stille schwieg, gab ich hierauf zwar zur Antwort, ob er nicht sähe, daß der gerechte Gott dies also gefüget, daß der Amtshauptmann, so meim unschuldigen Kind Ehre, Leib und Leben zu nehmen gedacht, allhier als ein erschrecklich Exempel sein eigen Leben lassen müssen; aber es wollte nit verfangen, sondern er vermeinete, daß dieses Wetter unser Herrgott nicht gemacht, könne ein Kind einsehen, oder ob ich vielleicht auch vermeinete, daß unser Herrgott die Brücke behext? Ich müge doch endlich aufhören, mein boshaft Kind zu rechtfertigen, und sie lieber zur Buße vermahnen, da dies schon das zweite Mal sei, daß sie Wetter gemacht, und mir doch kein vernünftiger Mensch glauben würde, was ich sage etc.

Hierzwischen aber hatte der Müller allbereits die Mühle angehalten, item sein Wasser gestauet, und waren an die vier bis fünf Kerls mit dem Büttel auf das große Rad niedergestiegen, umb den Amtshauptmann, so bis dato noch immer auf und nieder gangen war, aus denen Schaufeln zu ziehen. Solches kunnten sie aber nicht ehender, als sie eine Schaufel zersäget, und wie sie ihn letzlich ans Land brachten, befand es sich, daß er sich das Genick abgefallen und bereits so blau als eine Tremse* anzusehen war. Auch war ihme der Hals abgeschunden, und das Blut lief ihm annoch aus Maul und Nasen. Doch hatte das Volk mein Töchterlein nicht schimpfieret, so schimpfierete es sie jetzunder und wollte sie mit Kot und Steinen werfen, wenn es Ein ehrsam Gericht nicht mit aller Macht gewehret, sagend, sie würde ja alsbald ihre wohlverdiente Straf empfangen.

Auch stieg mein lieber Gevatter, Ehre Martinus, wieder auf den Wagen und vermahnete das Volk, der Oberkeit nit vor-

---

* Kornblume.

zugreifen, angesehen das Wetter wiederumb ein wenig nachgelassen, daß man ihn hören konnte. Und als es sich in etwas zufriedengestellet, übergab Dn. Consul dem Müller die Leich von dem Amtshauptmann, bis er mit Gottes Hülf wiederkäme, item den Schimmel ließ er solange an die Eiche binden, dieweil der Müller schwur, er hätte keinen Raum in der Mühlen, inmaßen sein Pferdestall annoch voll Stroh läge, er wölle dem Schimmel aber etwas Heu fürgeben und ein gut Augenmerk auf ihn haben. Und jetzo mußten wir elendigen Menschen, nachdem der unerforschliche Gott unsere Hoffnung aufs neue zu Wasser gemacht, wieder auf den Wagen steigen, und der Büttel fletschete die Zähne für Grimm, als er die Stricke aus der Taschen holete, umb mein armes Töchterlein abereins an die Leiter zu binden. Holete dannenhero, da ich leichtlich es ihm ansehen kunnte, was er im Sinne hätte, zween Schreckensberger aus meiner Taschen und bliese ihm in das Ohr: »Macht es gnädig, sie kann Euch ja nimmermehr fortlaufen, und helft Ihr ihr nachgehends recht bald zu Tode, so söllet Ihr annoch zehn Schreckensberger von mir haben!« Solches half, und wiewohl er für dem Volk sich gestellete, als holete er tüchtig an, dieweil es aus allen Kehlen schrie: »Hol düchtig, hol düchtig!«, bund er ihre Händekens in Wahrheit doch gelinder denn früher, und zwar ohne sie an der Leiter festezumachen, hockete aber wiederumb hinter uns mit dem blanken Schwert auf, und nachdeme Dn. Consul nunmehro ein lautes »Gott, der Vater, wohn uns bei« gebetet, auch der Küster wiederumb ein neu Lied angefangen (weiß nicht mehr, was er gesungen, mein Töchterlein weiß es auch nit mehr), ging es nach dem Willen des unerforschlichen Gottes weiter, und zwar also, daß Ein ehrsam Gericht nunmehro vorauf fuhr, alles Volk aber zu unserer Freude nachblieb, so wie auch die Kerls mit den Forken ein gut Ende hinter uns trottierten, dieweil der Amtshauptmann tot war.

28. KAPITEL
Wie mein Töchterlein
endlich durch des allbarmherzigen,
ach des allbarmherzigen Gottes Hülf
gerettet wird

Hierzwischen war ich aber von wegen meinem Unglauben, womit mich Satanas wiederumb versuchte, also schwach worden, daß ich meinen Rücken an den Büttel seine Knie stützen mußte und nicht vermeinete, ich würde das Ende bis an den Berg mehr ableben. Denn nunmehro war auch die letzte Hoffnung, so ich mir gemachet, verschwunden, und ich sahe, daß meim unschuldigen Lämmelein also auch umb ihr Herze war. Hierzu kam, daß Ehre Martinus sie schalt, wie Dn. Consul getan, und sagte, er sähe anjetzo selbsten, daß alle ihre Schwüre Lügen gewest und sie in Wahrheit Wetter machen könne. Hierauf gab sie zur Antwort, und zwar lächelnde, obwohl sie so weiß wie ein Laken anzusehen war: »Ei, Herr Pate, gläubet Er denn in Wahrheit, daß unser Herrgott nicht mehr das Wetter macht? Seind denn Gewitter umb diese Jahreszeit also selten, daß sie der böse Feind nur machen kann? Nein, ich habe den Taufbund, so Er einstmals für mich geschlossen, nicht gebrochen und will ihn nimmer brechen, so wahr mit Gott gnädig sei in meinem letzten Stündlein, so nunmehro schon geschlagen!« Aber Ehre Martinus schüttelte ungläubig mit seinem Kopf und sagte: »Der Teufel muß dir viel versprochen haben, daß du bis an dein Ende also verstockt bleibest und den Herren, deinen Gott, lästerst. Aber harre! Du wirst bald mit Schrecken gewahr werden, daß er ein Vater der Lügen ist – Johannes am 8en.« Als er solches und ein mehres gesaget, kamen wir in Ückeritze an, wo alles Volk, groß und klein, wieder aus den Türen stürzete, auch Jakob Schwarten sein Weib, so in der letzten Nacht, wie wir vernahmen, ihre Niederkunft gehalten. Und kam ihr Kerl ihr vergeblich nachgerannt, umb sie aufzuhalten. Sie sagte, er wäre ein Narr, das wäre schon so lange her, und sölle sie den

Berg auf ihren Knien hinaufkriechen, so wölle sie die Priesterhexe doch auch brennen sehen. Hätte sich lange darauf gefreuet, und wenn er sie nicht fahrenließe, wölle sie ihm eins auf sein Maul geben etc.

Also gebärdete sich das grobe und unflätige Volk umb unsern Wagen, und da sie nicht wußten, was unterwegen sich zugetragen, liefen sie so nahe gegen uns, daß das Wagenrad einem Jungen über seinen Fuß ging; kamen auch, und insonderheit die Mädkens, wiederumb an und befühleten meinem Töchterlein ihre Kleider, wollten ihre Schuhe und Strümpfe aber auch sehen und frageten, wie ihr zumute wär, item ein Kerl, ob sie eins trinken wölle, und was sie sonsten mehr für Narreteidinge trieben, so daß sie letzlich, und als etzliche kamen und sie um ihren Kranz und die güldene Kette baten, ihr Haupt lächelnd zu mir wendete und sprach: »Vater, ich muß nur wieder auf lateinisch anfangen, denn sonst läßt mir das Volk keine Ruhe!« Aber es war dieses Mal nit vonnöten. Denn da unsere Wächter mit ihren Forken nunmehro die hintersten auch erreichet und ohne Zweifel verzählet hatten, was fürgefallen, höreten wir alsbald ein groß Gerüfte hinter uns, daß sie umb Gottes willen zurückekommen söllten, ehebevor ihnen die Hexe etwas antäte. Und da Jakob Schwarten sein Weib sich nicht daran kehrete, sondern mein Töchterlein immerfort quälete, daß sie ihr ihren Schurzfleck zu eim Taufkleid vor ihr Kindlein geben müge, dieweil er ja doch nur verbrenne, schmiß ihr letzlich ihr Kerl mit einem Knüppel, so er von eim Zaun brach, also in den Nacken, daß sie mit großem Geschrei niederstürzete, und wie er kam, umb sie aufzurichten, ihn bei seinen Haaren niederzog und, wie Ehre Martinus sagete, nunmehro doch in Ausführung brachte, was sie ihm gelobet, angesehen sie ihn mit einer Faust immer aus aller Macht auf die Nase geschlagen, bis die anderen Leute hinzugelaufen und sie abgehalten hätten. Hierzwischen aber hatte das Wetter sich fast verzogen und suckete* nach der Sehe zu.

* Plattdeutsch: sich senken.

Als wir nunmehro auch durch die kleine Heide gelanget, sahen wir plötzlich den Streckelberg für uns mit vielem Volk und den Scheiterhaufen auf seiner Spitzen, auf welchem der lange Büttel sprang, als er uns ankommen sahe, und mit der Mützen winkete, soviel er kunnte. Hierüber vergingen mir aber meine Sinnen, und ist es meinem Lämmlein auch nit viel anders ergangen. Denn sie hat hin und her geschwanket wie ein Rohr und abereins ausgerufen, ihre gebundenen Händeleins gen Himmel streckend:

»Rex tremendae majestatis!
Qui salvandos salvas gratis,
Salva me, fons pietatis!«

Und siehe, wie sie es kaum ausgesprochen, ist die liebe Sonne wieder herfürgetreten und hat einen Regenbogen auf dem Gewölk geformieret, recht über den Berg, also, daß es lustig anzusehen gewest. Und war dieses offenbarlich ein Zeichen des barmherzigen Gottes, wie er uns oftermalen solche Zeichen gibt; aber wir blinden und ungläubigen Menschen achten es nit sonderlich. So hat sie es auch nit geachtet, denn obwohl sie an den ersten Regenbogen gedacht, so uns unsere Trübsal fürgebildet, hat es ihr doch unmüglich geschienen, daß sie annoch könnte errettet werden, und ist also matt geworden, daß sie auf das liebe Gnadenzeichen weiter gar nicht geachtet, und ihr Kopf (dieweil sie ihne nicht mehr an mich lehnen konnte, angesehen ich, so lang ich gewachsen, in dem Wagen gelegen) ihr also war vorneüber gesacket, daß ihr Kränzlein meinem Herrn Gevatter fast seine Knie berühret. Und hat selbiger nunmehro dem Kutscher anbefohlen, einen Augenblick stillezuhalten, und zu einer kleinen Flaschen mit Wein gegriffen, so er immer in seiner Taschen führet, wenn Hexen gebrennet werden*, umb ihnen in solcher Angst beizu-

---

* Dies geschah in damaliger Zeit so häufig, daß in manchen Parochien Pommerns wohl sechs bis sieben solcher elenden Weiber jährlich den Scheiterhaufen besteigen mußten.

springen (will es hinfüro auch so halten, dieweil mir diese Mode von meim lieben Gevatter wohlgefällt). Von solchem Wein hat er erstlich mir in meinen Hals gegossen und nachgehends auch meinem Töchterlein, und seind wir kaum wieder zu uns kommen, als ein grausamer Rumor und Tumult sich unter dem Volke hinter uns erhoben und selbiges nicht nur in Todesangst gerufen: »Der Amtshauptmann kommt wieder!«, besondern auch, da es weder vorwärts noch rückwärts entweichen mügen (denn hinter sich scheueten sie das Gespenst und vor sich mein Töchterlein), zur Seiten gelaufen und zum Teil in den Busch gesprungen, zum Teil aber bis an den Hals in das Achterwasser gewatet. Item ist Dn. Camerarius, sobald er gesehen, daß das Gespenst auf dem Schimmel aus dem Busch gekommen, so auch einen grauen Hut mit einer Feder aufgehabt, wie der Amtshauptmann hätte, unter ein Bund Stroh in den Wagen niedergekrochen. Dn. Consul aber hat abereins mein Kind verwünschet und schon denen Kutschern Befehlig gegeben, so toll zu fahren, als sie könnten, wenn auch alle Pferde daraufgingen, als der dreuste Büttel hinter uns ihm zugeschrien: »Es ist nicht der Amtshauptmann, besondern der Junker von Nienkerken, der die Hexe sicherlich wird retten wöllen! Soll ich ihr darum mit dem Schwert das Genicke abstoßen?« Bei diesen erschröcklichen Worten kamen mein Töchterlein und ich erst wieder gänzlich zur Besinnung, und holete der Kerl schon hinter ihr mit seinem blanken Schwert aus, dieweil ihm Dn. Consul ein Zeichen mit der Hand gab, als mein lieber Gevatter, so es gewahr worden (Gott müge es ihm an jenem Tage lohnen, ich kann es ihm nicht lohnen), mein Töchterlein mit aller Gewalt rückwärts auf seinen Schoß riß. Und wollte der Bube sie nunmehro auf seinen Schoß erstechen. Aber der Junker war auch schon da, und als er solches sahe, jagete er ihm seinen Jägerspieß, so er in Händen hatte, zwischen die Schultern, daß er gleich kopfüber zur Erden fiel und sein eigen Schwert ihme mit Schickung des gerechten Gottes also in seine Seite fuhr, daß es aus der andern wieder herausbrach. Lag also und brüllete, was aber der Junker nicht achtete, sondern zu meinem Töchterlein sprach: »Jungfer, meine liebe Jungfer, Gott sei Dank, daß Sie gerettet ist!« Dieweil er aber ihre gebundenen Händekens sahe, knirschete er mit seinen Zähnen, sprang alsofort, ihre Richter verwünschend, vom Rosse und schnitt ihr mit dem Schwerte, so er in der Rechten hielt, den Strang durch, nahm darauf ihre Hand und sprach: »Ach, liebe Jungfer, wie viel habe ich mich um sie gegrämet, aber ich kunnte sie nicht retten, dieweil ich, wie sie selbsten, in Ketten gelegen hab, was sie mir auch wohl ansehen wird!«

Aber mein Töchterlein kunnte ihm kein Wörtlein Antwort geben, besondern fiel für Freuden abereins in Unmacht, kam aber alsbald, da mein lieber Gevatter noch etwas Fürrat an Wein hatte, wieder bei sich. Unterdessen tat mir der liebe Junker unrecht, was ich ihm aber gerne verzeihen will. Denn er schnarchete mich an und nannte mich ein altes Weib, das nichtes künnte als heulen und wehklagen. Warumb ich nit alsogleich dem schwedischen König nachgereiset wäre, oder warumb ich nicht selbsten nach Mellenthin gekommen und sein Gezeugnis mir geholet, da ich ja wüßte, was er von denen Hexen dächte? (Ja, du lieber Gott, wie konnte ich anders, als dem Richter gläuben, so dort gewesen war. Das hätten wohl mehr Leut getan denn alte Weiber; aber an den schwedischen König hatte ich keine Gedanken, und, Lieber, sage, wie hätte ich auch zu ihm reisen und mein eigen Kind verlassen mögen! Aber solches bedenken junge Leute nicht, dieweil sie nit wissen, wie einem Vater zumute.)

Nunmehro war aber Dn. Camerarius, da er gehöret, daß es der Junker sei, wieder unter dem Stroh herfürgekrochen, item Dn. Consul vom Wagen gesprungen und herbeigelaufen, laut den Junker scheltend und fragend, aus was Macht und Zuversicht er solches täte, da er zuvor doch diese gottlose Hexe selbsten verdammet? Aber der Junker zeigte mit dem Schwert auf seine Leute, welche, an die 18 Kerls mächtig, jetzunder auch mit Säbeln, Piken und Musketen aus dem Busch geritten kamen, und sprach: »Da seh Er meine Macht, und würd ich Ihme hier gleich etwas vor seinen Podex geben lassen, wenn ich nit wüßte, daß Er ein dummer Esel wäre. Wann hat Er mir ein Gezeugnis über diese rechtschaffene Jungfer abgenommen? Er lügt in seinen Hals, wenn er solches behauptet!« Und als Dn. Consul nun stund und sich verschwure, verzählete der Junker zu aller Verwunderung wie folget:

Nachdem er von dem Unglück gehöret, so mich und mein Kind getroffen, hätte er alsogleich sein Pferd satteln lassen, umb gen Pudagla zu reuten und ein Zeugnis von unserer Unschuld abzulegen. Solches hätte aber sein alter Vater nicht gestatten wöllen, alldieweil er vermeinet, dadurch seine adlige Ehre einzubüßen, wenn es an den Tag käme, daß sein Sohn mit einer verrufenen Hexen die Nacht auf dem Streckelberge konversieret habe. Hätte ihm dahero, da er mit Bitten und Drohen nichts ausgerichtet, Hände und Füße binden und in das Burgverlies setzen lassen, wo bis dato ein alter Diener sein gepfleget, der ihn nicht hätte losgeben wöllen, so viel Geld er ihm auch geboten; wannenhero er in große Angst und Verzweiflung geraten, daß unschuldig Blut umb seinetwillen fließen sölle. Aber der gerechte Gott hätte es annoch gnädig abgewendet. Denn da sein Vater von dem Ärger fast heftig krank worden und die ganze Zeit über auf dem Bette gelegen, hätte es sich heute morgen umb Betglockenzeit begeben, daß der Jäger nach eim Rudeerpel im Schloßteich geschossen, unversehens aber seines Vaters seinen Lieblingshund, Packan geheißen, schwer verwundet. Solcher wäre schreiend zu seines Vaters Bett gekrochen und alldorten verrecket, worüber der Alte in seiner Schwachheit sich also geärgert, daß ihn alsofort der Schlag gerühret und er auch seinen Geist aufgegeben.

Nunmehro hätten ihn aber seine Leute herfürgezogen, und nachdem er seines Vaters Augen zugedrücket und ein Vaterunser über ihm gebetet, hätte er sich alsogleich mit allem Volk aufgemacht, so er in der Burg auftreiben können, umb die unschuldige Jungfer zu retten. Denn er bezeuge hieselbsten vor männiglich und auf Ritterwort und -ehre, ja bei seiner Seelen Seligkeit, daß er der Teufel gewest, so der Jungfer auf dem Berg als ein haarigter Riese erschienen. Denn dieweil er durch das Gerücht es vernommen, daß selbige oftermalen dorthin gehe, hätte er gerne wissen wöllen, was sie dorten täte, und sich in einen Wulfspelz verkleidet, daß niemend ihn kennen müge von wegen seinem harten Vater. Und hätte er schon zwei Nächte dorten zugebracht, bis die Jungfer in der dritten gekommen und er gesehen hätte, daß sie nach Bernstein in dem Berg gegraben, auch nicht den Satanas angerufen, sondern vor sich ein lateinisch Carmen gerezitieret. Solches hätte er dahero in Pudagla zeugen wöllen, aber aus gedachter Ursache nicht gekönnet, besondern sein Vater hätte seinen Vetter Clas von Nienkerken, so bei ihm zum Besuch gewest, sich für ihn in das Bette legen und ein falsch Gezeugnis ablegen lassen. Denn alldieweilen Dn. Consul ihme (verstehe: den Junker) in langen Jahren nicht gesehen, anerwogen er in der Fremde gestudieret, so hätte sein Vater wohl gegläubet, daß er leichtlich getäuschet werden müge, wie denn auch beschehen.

Als solches der rechtschaffene Junker von Dn. Cosule und allem Volk bezeugte, welches nunmehro wieder in Haufen herbeigelaufen kam, da es höret, daß der Junker kein Gespenst gewesen, fiel es mir wie ein Mühlenstein von meinem Herzen; und dieweil mich das Volk rief, so bereits den Büttel unter den Wagen herfürgezogen (und also dicke um ihn wimmelte wie ein Bienenschwarm), daß er sterben wölle, mir aber zuvorab noch etwas offenbaren, sprang ich so leicht wie ein Junggeselle von dem Wagen und rief Dn. Consulem und den Junker gleich mit mir, gestalt ich wohl mir abnehmen kunnte, was er auf seinem Herzen hätte. Und saß er auf eim Stein, und das Blut stund ihm wie ein Pferdeschwanz aus seiner Seiten (angesehen man ihm das Schwert herausgezogen), wimmerte, als er mich sahe, und sprach, daß er in Wahrheit allens hinter der Türen gehöret, was die alte Lise mir gebeichtet, als nämlich, daß sie alle Zaubereien selbsten mit dem Amtshauptmann an Menschen und Viehe angerichtet, umb mein arm Kind zu erschrecken und also zu einer Huren zu machen. Solches hätte er aber verschwiegen, dieweil der Amtshauptmann ihm dafür ein Großes versprochen, müßte es aber jetzunder, wo der gerechte Gott die Unschuld meines Töchterleins an den Tag brächte, freiwillig bekennen. Bäte dahero mich und mein Kind, ihme zu vergeben, und als Dn. Consul ihn hierauf kopfschüttelnd fragete, ob er auf solch sein Bekenntnis leben und sterben wölle, sprach er noch: »Ja!«, fiel sodann aber alsogleich auf die Seite zur Erden nieder und gab seinen Geist auf.

Hierzwischen aber war dem Volk auf dem Berge, so von Koserow, vom Zitze, vom Gnitze etc. alldorten zusammengelaufen war, umb mein Töchterlein brennen zu sehen, die Zeit lang worden, und kamen sie nunmehro wie die Gänse, einer nach dem andern, in langer Reihe den Berg niedergelaufen, umb zu sehen, was sich zugetragen. Und war auch mein Akkerknecht Claus Neels darunter. Als selbiger aber sahe und hörete, was geschehen, hube der gute Kerl vor Freuden an, laut zu weinen, und verzählete nun auch, was er in dem Garten den Amtshauptmann zu der alten Lisen sprechend gehöret, und wie er ihr ein Schwein versprochen dafür, daß sie ihr eigen Ferkelken totgehexet, umb mein Töchterlein in ein böses Geschrei zu bringen; Summa: allens, was ich schon oben notieret habe und er bis dato aus Furcht vor der Marter verschwiegen.

Hierüber verwunderte sich alles Volk, und entstunde ein groß Lamentieren, so daß etzliche kamen, worunter auch der alte Paasch befindlich, und mir und meinem Töchterlein Hände und Füße küssen wöllten und uns nunmehro ebenso lobeten, als sie uns vorhero verachtet hatten; dannenhero auch mein Vater seliger zu sagen pflegete:

»Volkes Haß: ein schneidend Glas;
Volkes Gunst: ein blauer Dunst!«

Auch karessierete mein lieber Gevatter mein Töchterlein in einem zu, sie auf seinen Schoß haltend und wie ein Vater weinend (denn ich kunnte nicht mehr weinen, als er weinete). Sie selbsten aber weinte nicht, besondern bat den Junker, welcher wieder an den Wagen getreten war, einen Reuter an ihre alte, treue Magd nach Pudagla zu schicken, umb ihr zu sagen, was vorgefallen, welches er auch alsogleich ihr zu Willen tat.

Aber Ein ehrsam Gericht (denn nunmehro hatten Dn. Camerarius und der Scriba sich auch ein Herz gefasset und waren von dem Wagen gestiegen) war annoch nicht zufriedengestellet, angesehen Dn. Consul anhub, dem Junker von der behexten Brücken zu erzählen, welche kein anderer könne bezaubert haben denn mein Töchterlein. Hierauf gab der Junker zur Antwort, daß solches in Wahrheit ein seltsam Ding sei, inmaßen sein eigen Roß sich darauf ein Bein zerbrochen und er darumb den Amtshauptmann sein Pferd genommen, so er unter der Mühlen angebunden gesehen. Er gläube aber nicht, daß dieses der Jungfer zuzuhalten wäre, sondern daß es ganz natürlich zuginge, wie er schon halb und halb verspüret, aber nit die Zeit gehabt, es zu untersuchen. Darumb wölle er bitten, daß Ein ehrsam Gericht und alles Volk, wie mein Töchterlein selbsten, wieder umbkehre, umb selbige mit Gottes Hülfe auch von solchem Verdacht reinzuwaschen und männiglich ihre gänzliche Unschuld zu bezeugen.

In solches Fürhaben willigte Ein ehrsam Gericht, und dieweil der Junker den Amtshauptmann seinen Schimmel meinem Ackersknecht übergeben, umb den Leichnam, so man dem Roß vorne über den Hals geleget, nacher Koserow abzuführen, stieg der Junker bei uns auf den Wagen, aber setzete sich nicht bei mein Töchterlein, besondern rückwärts bei meim lieben Gevatter nieder, gab auch Befehlig, daß nit der alte Kutscher, sondern einer von seinen Untertanen unsern Wagen fahren sölle, und also kehreten wir in Gottes Namen wieder umb. Custos Benzensis, welcher auch mit den Kindern in die Wicken gelaufen war (mein seliger Küster sollt es nicht gewest sein, der hatte mehr Courage), ging wieder mit der lieben Jugend voraus und mußte nunmehro, auf Befehlig seines Herrn Pastoren, den Ambrosianischen Lobgesang anstimmen, welches uns alle mächtiglich erbarmete, insonderheit mein Töchterlein, so daß ihr Buch naß wurde von ihren Tränen und sie es letzlich weglegete und sprach, indem sie dem Junker ihre Hand reichete: »Wie soll ich es Gott und Ihme danken, was Er an mir getan?« Worauf der Junker zur Antwort gab: »Ich habe mehr Ursache, Gotte zu danken, als Sie, liebe Jungfer, angesehen Sie unschuldig in Ihrem Kerker gelitten, ich aber habe schuldig gelitten, dieweil ich durch meine Leichtfertigkeit Ihr Unglücke angerichtet. Gläube Sie mir, als ich heute morgen das Armesünderglöcklein zum ersten Male in meim Verlies klingen höret, vermeinete ich schon zu vergehen, und als es sich zum dritten Male vernehmen ließe, wäre ich wohl unsinnig worden in meinem Schmerz, wenn der allmächtige Gott es nicht so gefüget, daß er fast in selbigem Augenblick meinem wunderlichen Vater sein Leben genommen, umb Ihr unschuldig Leben durch mich retten zu lassen. Darumb habe ich auch dem lieben Gotteshause einen neuen Turm angelobet und was sich sonsten befinden wird, denn nichts Bitteres hätte mir auf Erden geschehen mügen denn Ihr Tod, liebe Jungfer, und nichts Süßeres denn Ihr Leben!«

Aber mein Töchterlein weinete und seufzete nur bei diesen Worten, und wenn er sie ansahe, sahe sie zitternd auf ihren Schoß nieder, so daß ich gleich argumentierete, mein Jammer sei annoch nicht zu Ende, sondern sölle nur ein ander Tränenfaß angestochen werden, wie denn auch geschahe. Hiezu kam, daß der Esel von Küster, nachdem er den Lobgesang beendet und wir annoch nicht zur Stelle waren, gleich den nachfolgenden Gesang anhube, welcher ein Sterbenslied war, nämlich dieses: »Nun lasset uns den Leib begraben.« (Gott sei Dank, hat solches aber bis dato noch nichts Böses bedeutet.) Mein lieber Herr Gevatter schnarchete ihn davor nicht wenig an, und sölle er aus Strafe vor seine Dummheit auch das Geld vor die Schuhe nit kriegen, so er ihm allbereits aus dem Kirchenblock versprochen. Aber mein Töchterlein getröstete ihn und versprach ihme vor eigene Unkosten ein Paar

Schuhe, angesehen es vielleicht besser für sie wäre, er stimmete umb sie einen Leichen- denn einen Freudengesang an.

Und als den Junker solches verdroß und er sprach: »Ei, liebe Jungfer, Sie weiß nit, wie Sie Gott und mir vor Ihre Rettung danken soll, und Sie spricht also?«, gab sie wehmütig lächelnd zur Antwort, sie hab es nur gesaget, umb den armen Küster zu beruhigen. Aber ich sahe es ihr gleich an, daß es ihr Ernst war, dieweil sie schon jetzt bei sich befunde, daß sie zwar aus einer Feuersbrunst gerettet, doch in die andere kommen sei.

Hierzwischen gelangeten wir wieder bei der Brücken an, und stunde alles Volk und sperreten die Mäuler auf, als der Junker vom Wagen sprang und, nachdem er zuvor sein Roß erstochen, so noch auf der Brücken lag und spartelte, auf seine Knie fiel, mit der Hand auf dem Boden hin und her wischete und letzlich Ein ehrsam Gericht herbeirief, dieweil er nunmehro den Zauber aufgefunden. Aber es wollte niemand nicht ihm folgen denn Dn. Consul und ein paar Kerls aus dem Haufen, worunter auch der alte Paasch befindlich, item ich und mein lieber Gevatter, und zeigete uns der Junker nunmehro ein Stücklein Talg bei der Größe einer guten Nuß, so auf dem Boden lag und womit die ganze Brücke übergeschmieret war, so daß sie fast ein weißlich Ansehn hatte, was aber männiglich in der Angst für Mehlstaub aus der Mühlen gehalten, item mit einer andern Materia, so als Marderdreck stunk, wir aber nicht erkannten. Bald darauf funde ein Kerl auch noch ein ander Stücklein Talg und zeigete es dem Volk, worauf ich ausrief: »Hoho, das hat niemand denn der gottlose Mühlenknappe getan vor die Prügel, die ihm der Amtshauptmann hat geben lassen, weil er mein Töchterlein gelästert!« Und erzählete nunmehro den Fürfall, von welchem Dn. Consul auch gehöret und dannenhero alsogleich den Müller rufen ließ.

Selbiger tat aber, als wüßte er von nichtes, und berichtete nur, daß sein Mühlenknappe seit einer Stunden abgewandert sei. Doch sagete ein Mädken, so bei dem Müller im Dienst stunde, daß sie heute morgen für Tagesanbruch, als sie aufgestanden, umb das Vieh auszulassen, den Knappen habe auf der Brücken liegen und scheuren sehen. Hätte sich weiter nicht daran gekehrt, sondern wäre alsbald noch wieder eine Stunde schlafen gangen. Wohin der böse Bube aber gewandert, wöllte sie sowenig in Erfahrung gezogen haben denn der Müller. Als der Junker diese Kundschaft erlanget, stieg er auf den Wagen und hub an, das Volk zu vermahnen, wobei er letzlich es auch überzeugen wollte, nicht mehr an Zauberei zu gläuben, dieweil sie sähen, wie es mit der Hexerei befindlich wäre. Als ich solches hörete, entsatzte ich mich, wie billig, in meim priesterlichen Gewissen und stieg auf das Wagenrad und bliese ihm ein, daß er umb Gottes willen von dieser Materia aufhören sölle, dieweil das Volk, wenn es den Teufel nicht mehr fürchte, auch unsern Herrgott nicht mehr fürchten würde.*

Solches tät der liebe Junker mir auch alsogleich zu Gefallen und fragete nur das Volk noch, ob sie jetzunder mein Töchterlein ganz für unschuldig hielten? Und nachdem sie »Ja!« gesaget, bate er sie, nunmehro geruhsam nach Hause zu gehen und Gott zu danken, daß er unschuldig Blut gerettet. Er wölle jetzo auch wieder umbkehren, und hoffe er, daß niemand mich und mein Töchterlein beschweren würde, wenn er uns allein nacher Koserow zurückfahren ließe. Hierauf wandte er sich eilends an selbige, gab ihr die Hand und sprach: »Lebe Sie wohl, liebe Jungfer, ich hoffe, Ihre Ehre auch bald vor der Welt zu retten, und danke Sie nicht mir, sondern Gott!«

Also machte er's auch mit mir und meinem lieben Gevatter, worauf er von dem Wagen sprang und bei Dn. Consuli auf seinen Wagen sitzen ging. Selbiger hatte auch bereits etzliche Worte zum Volk gesprochen, auch mich und mein Kind umb Vergebung angerufen (und muß es ihme zur Ehre nachrühmen, daß seine Tränen dabei auf die Backen niederflossen),

---

* Vielleicht eine tiefe Wahrheit?

wurde aber von dem Junker also sehr gedränget, daß er kürzlich abbrechen mußte und sie, ohne sich umbzusehen, über die kleine Brücke von dannen fuhren. Nur Dn. Consul sahe sich noch einmal umb und rief mir zu, daß er in der Eil vergessen habe, dem Scharfrichter zu avertieren, daß heute nicht gebrennet würde. Ich müge also in seinem Namen meinen Fürsteher von Ückeritze auf den Berg schicken und ihm solches sagen lassen, was ich auch tat. Und ist der Bluthund auch noch in Wahrheit auf dem Berg gewest, doch obwohl er längst gehöret, was fürgefallen, hat er doch so erschröcklich zu fluchen angefangen, wie der Schulze ihm den Befehl Eines ehrsamen Gerichtes überbracht, daß es einen Stein hätte erwecken mögen, hat auch seine Mütze sich abgerissen und selbige mit Füßen getreten, woraus man schließen mag, was an ihme ist.

Doch umb wieder auf uns zu kommen, so saß mein Töchterlein also still und blaß wie eine Salzsäule, nachdem der Junker sie so plötziglich und unvermutet verlassen, wurde aber alsbald in etwas wieder getröstet, als die alte Magd angelaufen kam, ihre Röcke bis an die Knie aufgeschürzet und ihre Strümpfe und Schuh in den Händen tragend. Wir hörten sie schon aus der Ferne für Freuden heulen, dieweil die Mühle stillstund, und fiel sie wohl an die dreien Malen auf der Brücken, kam aber letzlich auch glücklich hinüber und küssete bald mir, bald meinem Töchterlein Hände und Füße, nur bittend, wir wöllten sie nicht verstoßen, besondern sie bis an ihr selig Ende bei uns behalten, was wir auch zu tun versprachen. Und mußte sie hinten aufhocken, wo der dreuste Büttel aufgehocket war, angesehen mein lieber Herr Gevatter mich nicht verlassen wollte, bis ich wieder in meine Widemen gekommen. Und da den Junker sein Kerl bei dem andern Wagen aufgehocket war, fuhr uns der alte Paasch zurück, und alles Volk, so bis dato gewartet, trottierete jetzt wieder umb den Wagen her und lobete und beklagete uns, wie es uns vorhero verachtet und geschmähet hatte. Wir waren aber kaum durch Ückeritze gelanget, als ein abermalig Geschrei erging:

»De Junker kümmt, de Junker kümmt!«, so daß mein Töchterlein hoch auffuhr für Freuden und so rot wie eine Erdbeere wurde, von dem Volk aber etzliche schon wieder begunnten, in den Buchweizen zu laufen, so am Wege stunde, dieweil sie abermals vermeineten, es wäre ein Spükels*. Es war aber in Wahrheit der Junker wieder, so auf einem schwarzen Rappen angesprenget kam und, als er gegen uns war, ausrief: »So eilig ich es auch habe, lieber Jungfer, so muß ich dennoch umbkehren und Sie bis in Ihr Haus geleiten, angesehen ich eben gehöret, daß das unflätige Volk Sie unterweges schimpfieret, und ich nicht weiß, ob Sie jetzunder sicher genug ist!« Hierauf trieb er den alten Paasch zur Eile an, und da das Ampeln** mit seinen Beinen, so er fürnahm, nicht sonderlich die Pferde in den Trab bringen wollte, schlug er von Zeit zu Zeit das Sattelpferd mit der flachen Klingen über den Rücken, so daß wir in kurzem in das Dorf und vor die Widemen gelangeten. Doch als ich ihn bate, ein wenig abzusteigen, wollte er nicht, besondern entschuldigte sich, daß er heute noch über Usedom nacher Anklam reisen müßte, empfohle aber dem alten Paasch, so ein Schulze bei uns war, mein Töchterlein auf seinen Kopf an, und möge er alsogleich, wenn etwas Sonderbares sich ereignen söllte, selbiges dem Rentmeiser in Pudagla oder Dn. Consuli in Usedom vermelden, worauf er, als der Mann solches zu tun versprach, mit der Hand uns winkete und wieder von dannen jagte, sosehr er kunnte.

Aber er war noch nit bei Pagels umb die Ecken kommen, kehrete er zum dritten Male zurück, und als wir uns verwunderten, sprach er, wir möchten ihme vergeben, daß er heute kurz von Gedanken sei.

Ich hätte ihme doch vormals gesaget, daß ich annoch meinen Adelsbrief hätte, und bäte er mich, ihm selbigen einige Zeit zu lehnen. Hierauf gab ich zur Antwort, daß ich selbigen erst herfürsuchen müßte, und müge er dannenhero ein wenig

---

* Gespenst.
** Plattdeutsch: Zappeln.

niedersteigen. Aber er wollte nit, besondern entschuldigte sich abereins, daß er keine Zeit nit hätte. Blieb darumb vor der Türen halten, bis ich ihme den Brief brachte, worauf er sich bedankete und sprach: »Laß Er sich dieses nicht verwundern; Er wird bald sehen, was ich im Sinne habe!« Und hiemit stieß er seinem Rappen die Sporen in die Seite und kam nicht wieder.

29. KAPITEL
Von unsrer großen abermaligen Trübsal und letzlicher Freud

Und hätten wir jetzunder wohl zufrieden sein und Gotte Tag und Nacht auf unsern Knien danken mögen. Denn unangesehen, daß er uns so gnädiglich aus so großer Trübsal erlöset, hatte er auch das Herze meiner lieben Beichtkinder also umbgekehret, daß sie nicht wußten, was sie uns Gutes tun söllten. Brachten alle Tage Fische, Fleisch, Eier, Würste und was sie mir sonsten bescheren täten und ich wieder vergessen hab. Kamen auch den nächsten Sonntag alle zur Kirchen, groß und klein (außer der Klienschen in Zempin, so unterdessen einen kleinen Jungen gekriegt und annoch ihre Wochen hielt), allwo ich über Hiob 5, Verse 17, 18, 19, meine Dankpredigt hielte: »Siehe, selig ist der Mensche, den Gott strafet, darum weigere dich der Züchtigung des Allmächtigen nicht. Denn er verletzet und verbindet, er zerschmeißet, und seine Hand heilet. Aus sechs Trübsalen wird er dich erretten, und in der siebenten wird dich kein Übel rühren.« Wobei ich oftermalen von wegen dem Heulen ein wenig innehalten mußte, daß sie sich verpusten könnten. Und hätt ich mich in Wahrheit anjetzo mit dem Hiob, nachdeme ihn der Herr wiederumb gnädig aus seinen Trübsalen erlöset, wohl mügen in Verbleichung stellen, wenn nit mein Töchterlein gewesen wäre, so mir abereins viel Herzeleid bereitete.

Sie weinete schon, als der Junker nicht absteigen wollte,

und wurde letzlich, da er nicht wiederkam, immer unruhiger von einem Tag in den andern. Saß bald und las in der Bibel, bald in dem Gesangbuch, item in der Historie von der Dido bei dem Virgilio, oder lief auch auf den Berg und holete sich Blümekens. (Hat alldorten auch der Bernsteinader wieder nachgespüret, aber nichts befunden, daraus männiglich die List und Bosheit des leidigen Satans abnehmen mag.) Solches sahe ich etzliche Zeit mit Seufzen an, doch ohne ein Wörtlein zu sagen (denn, Lieber, was kunnte ich sagen?), bis es immer ärger wurd, und da sie jetzunder mehr denn jemalen zu Hause und im Felde ihre Carmina rezitierete, besorgete ich, daß das Volk sie wiederumb in ein Geschrei bringen würde, und ginge ihr eines Tages nach, als sie wieder auf den Berg lief. Gott erbarm's! Sie saß auf ihrem Scheiterhaufen, so noch da stunde, doch also, daß sie ihr Antlitz zur Sehe gekehret hatte, und rezitierete die Verse, wie Dido den Scheiterhaufen besteiget, um sich aus Brunst zum Aeneas zu erstechen. Als ich solches sahe und hörete, wie weit es mit ihr kommen, entsatzte ich mich auf das höchste und rief: »Maria, mein Töchterlein, was machstu?« Sie erschrak, als sie meine Stimme hörete, blieb aber auf ihrem Scheiterhaufen sitzen und gab zur Antwort, indem sie das Gesicht mit ihrem Schurzfleck bedeckete: »Vater, ich brenne mein Herze!« Trat also näher, zog ihr den Schurzfleck fort und sprach: »Willtu mich denn noch einmal zu Tode grämen?« Worauf sie ihre Augen mit den Händen bedeckete und lamentierete: »Ach, Vater, warumb bin ich hier nicht gebrennet? So hätte meine Pein doch nur eine kurze Zeit gewähret, nun aber währet sie, solange ich lebe!« Tat noch immer, als merkete noch nichtes, und sprach: »Warumb leidest du denn so viel Pein, mein liebes Kind?« Worauf sie zur Antwort gab: »Ich habe mich so lange geschämet, es Ihme zu sagen: umb den Junker, umb den Junker, mein Vater, leide ich so viele Pein! Er gedenket mein nit mehr und verachtet mich, obwohl er mich gerettet, denn sonst wäre er wohl ein wenig vom Roß gestiegen und hineinkommen, aber wir seind ihm viel zu schlecht!«

Und hube ich nun zwar an, sie zu trösten und ihr die Gedanken auf den Junker auszureden, aber je mehr ich tröstete, je ärger wurd es. Doch sahe ich, daß sie noch heimlich eine steife Hoffnung hatte von wegen dem Adelsbrief, den ich ihme hatte tun müssen. Solche Hoffnung wollte ich ihr auch nicht benehmen, dieweil ich sie selbsten hatte, besondern, umb sie nur zufriedenzustellen, flattierete ich letzlich ihrer Hoffnung, worauf sie auch etzliche Tage geruhsamer wurde und nicht wieder auf den Berg lief, wie ich ihr verboten. Nahm auch ihre kleine Pate, die Paaschin, wieder im Katechismus für, angesehen der leidige Satan sie mit des gerechten Gottes Hülfe nunmehro wieder gänzlich verlassen. Doch quinete* sie noch und sahe also blaß aus wie ein Laken. Als aber bald hiernach das Geschrei kam, niemand in der Burg zu Mellenthin wisse, wo der Junker verblieben, und vermeine man, daß er totgeschlagen wäre, nahm ihr Jammer wieder überhand, also daß ich meinen Ackersknecht zu reuten nacher Mellenthin schicken mußte, umb Kundschaft von wegen ihme einzuholen. Und hat sie wohl an die zwanzig Malen nach seiner Wiederkunft aus der Türen und über das Hackelwerk geschauet, ist ihm auch bis an die Ecke gegen Pagels entgegengelaufen, als sie letzlich sahe, daß er wiederkam. Aber, du lieber Gott! Er brachte uns bösere Nachricht, denn das Geschreie uns gebracht, sagend, die Burgleute hätten ihm verzählet, daß ihr junger Herr gleich noch selbigen Tages abgeritten, als er die Jungfer gerettet. Und wär er zwar nach dreien Tagen zur Begräbnis seines Vaters retourniert, aber auch gleich hierauf wieder abgeritten, und hätten sie nun an die fünf Wochen weiter nichtes von ihme gehöret, wußten auch nicht, wohin er gefahren, und vermeineten, daß ihn böse Lotterbuben wohl erschlagen hätten.

Und nunmehro hube mein Jammer größer an, denn er jemalen gewesen. Denn so geduldig und gottergeben sie sich vorhero erwiesen, daß keine Märtyrin hätt mügen stärker in

---

* Plattdeutsch: kränkeln (mit dem Nebenbegriff des Stöhnens).

Gott und Christo ihrem letzten Stündlein entgegengehen, so ungeduldig und verzweifelt war sie anjetzo. Hatte alle Hoffnung aufgeben und sich steif in den Kopf gesetzet, daß in dieser schweren Kriegeszeit die Schnapphanichen den Junker erschlagen. Nichts wollte davor helfen, auch das Beten nit, denn wenn ich mit ihr auf meinen Knien den Herrn anrief, fing sie letzlich immer an so erschrecklich zu lamentieren, daß sie der Herre verstoßen und sie nur zum Unglück auf Erden erwählet sei, daß es mir wie ein Messer mein Herze durchschnitt. Lag auch des Nachts und winselte, dieweil sie keinen Schlaf bekam. Rief ich ihr dann aus meinem Bette zu: »Mein liebes Töchterlein, willtu denn noch nit aufhören, so schlafe doch!« So gab sie zur Antwort: »Schlaf Er nur, mein Herzensvater, ich kann nit schlafen, ehe denn ich den ewigen Schlaf schlafe! Ach, mein Vater, warumb bin ich nicht gebrennet?« Aber wie hätte ich schlafen mügen, da sie nicht schlafen kunnte? Verfiel auch wieder in großen Unglauben, also daß ich nicht beten kunnte noch mochte. Doch der Herre handelte nicht mit mir nach meinen Sünden und vergalt mir nicht nach meiner Missetat, besondern seine Gnade sollte auch über mir elenden Knecht bald höher werden denn der Himmel über der Erden.*

Denn was geschahe am nächsten Samstag? Siehe, unsere alte Magd kam außer Atem in die Türe gefahren, daß ein Reuter über den Herrenberg käme, hätte einen großen Federbusch an seinem Hut wehend, und glaube sie, es wäre der Junker. Als mein Töchterlein, so auf der Bank saß, umb sich ihre Haare auszukämmen, solches höret, tät sie einen Freudenschrei, daß es einen Stein in der Erden hätte erbarmen mügen, und rannte alsogleich aus der Stuben, umb über das Hackelwerk zu schauen. Währete auch nit lange, so kam sie wieder zurücke gelaufen, fiel mir umb meinen Hals und schrie in einem weg: »Der Junker, der Junker!« Wollte darauf abereins heraus, ihme entgegen, was ich ihr aber wehrete, und

---

* Psalm 103,10.

sölle sie sich lieber ihre Haare wegstecken, was sie auch einsah und, lachend, weinend und betend zugleich, sich ihre langen Haare wieder aufbund.

Nunmehro kam aber auch der Junker schon umb die Ecken galoppieret, hatte ein grün sammet Wammes an mit roten seidinen Ärmeln und einen grauen Hut mit Reiherfedern. Summa: war stattlich angetan, wie eim Bräutigam gebühret. Und als wir nunmehro aus der Türen liefen, rief er meinem Töchterlein auf lateinisch schon von ferne entgegen: »Quomodo stat, dulcissima virgo?«* Worauf sie zur Antwort gabe: »Bene, te aspecto!«** Sprung also lächelnd vom Roß und gab solches meinem Ackersknecht, so mit der Magd auch herbeikommen war, umb sein zu pflegen, verschrak sich aber, als er mein Töchterlein also blaß sahe, und sprach, sie bei ihrer Hand fassend, auf deutsch: »Mein Gott, was fehlet Ihr, liebe Jungfer? Sie sieht ja blasser aus, denn da Sie auf den Scheiterhaufen sollte!« Worauf sie zur Antwort gab: »Ich bin auch alle Tage zum Scheiterhaufen gefahren, seitdem Er uns verlassen, lieber Herre, ohne bei uns einzusprechen oder uns kund zu tun, wo Er geblieben.« Solches gefiel ihme und sprach, wir wöllten nur allererst in die Stube gehen, sie sölle allens erfahren. Und nachdem er sich alldorten den Schweiß abgewischet und auf die Bank bei meim Töchterlein niedergesetzet hatte, verzählete er wie folgt:

Er hätte ihr ja alsogleich versprochen, er wölle ihre Ehre erstlich vor aller Welt restituieren, und hätte ihm dannenhero noch am selbigen Tage, als er uns verlassen, Ein ehrsam Gericht ein kurz Gezeugnis ausstellen müssen von allem, was fürgefallen, insonderheit aber von dem Bekenntnis des dreusten Büttels, item meines Ackersknechtes Claus Neels, womit er annoch in der Nacht, wie er versprochen, gen Anklam geritten und des nächsten Tages nacher Stettin zu unserm gnädigen Herrn, dem Herzogen Bogislav. Selbiger hätte sich fast

* »Wie steht es, süße Junfrau?«
** »Gut, da ich dich erblickt habe!«

heftig verwundert, als er von der Bosheit seines Hauptmanns vernommen und wie er's mit meinem Töchterlein gemachet, auch gefraget, ob sie des Pastoren Tochter sei, so einstmalen in Wolgast im Schloßgarten den Siegelring Sr. Fürstlichen Gnaden, Philippi Julii, christmilden Gedächtnisses, gefunden? Und da er solches nicht gewußt, ihn abereins gefraget, ob sie auch lateinisch verstünde? Und als er, der Junker, letztes bejahet und gesaget, sie könne besser Lateinisch denn er, hätte Se. Fürstliche Gnaden geantwortet: »So will sie es genugsam sein.« Sich alsogleich die Brille aufgesetzet und selbsten die Akta für sich genommen. Hierauf, und nachdeme Se. Fürstliche Gnaden das Gezeugnis Eines ehrsamen Gerichtes kopfschüttelnd gelesen, hätte er demütig umb eine Ehrenerklärung vor mein Töchterlein gebeten, auch Se. Fürstliche Gnaden ersuchet, ihm literas commendatitias* an unsern allergnädigsten Kaiser nacher Wien mitzugeben, umb meinen Adelsbrief zu renovieren, angesehen er gesonnen sei, kein ander Mädken in seinem Leben zu heiraten denn mein Töchterlein.

Als sie solches hörete, tat sie einen Freudenschrei und fiel in Unmacht mit dem Kopf an die Wand. Aber der Junker begriff sie in seine Arme, gab ihr an die drei Küssekens (so ich nunmehro auch ihme nicht weigern wollte, da ich mit Freuden sahe, wo es hinausließ), und als sie wieder bei sich kommen, fragete er, ob sie ihn nicht wölle, daß sie bei seinen Worten einen solchen Schrei getan? Worauf sie sprach: »Ob ich Ihn nicht will, mein Herre? Ach, fast so lieb als meinen Gott und Erlöser will ich Ihne! Nunmehro hat Er mir erstlich mein Leben gerettet und mein Herze vom Scheiterhaufen gerissen, auf dem es ohne Ihn gebrennet hätte sein Leben lang!« Weinete hierauf für Freuden, als er sie auf seinen Schoß niederzog, und umbfing mit ihren Händekens seinen Nacken.

Saßen auch also und karessierten eine ganze Zeit, bis der Junker wieder mein ansichtig wurde und sprach: »Was sagt

---
* Empfehlungsschreiben.

Er dazu, es ist doch auch Sein Wille, Ehre Abraham?« Ei, Lieber, was hätte ich wohl dazu sagen können denn alles Guts? Weinete ja selbsten für Freuden wie mein Kind und gab darumb zur Antwort, warumb es nicht mein Wille sein sollte, da es doch Gottes Willen wäre? Aber ob der gute und rechtschaffene Junker auch bedacht hätte, daß er seinem adligen Namen einen Abbruch tun würde, wenn er mein Töchterlein, so als eine Hexe im Geschrei und nahe vor dem Scheiterhaufen gewest, sich zu seiner Frauen nähme?

Hierauf sprach er: »Mitnichten!«, diesem hätte er längstens vorgesorget, und fuhr nunmehro fort, uns zu erzählen, wie er es angefangen. Nämlich Se. Fürstlichen Gnaden hätten ihme versprochen, alle Scripta, so er begehret, inner vier Tagen fertig zu halten, wo er von der Begräbnis seines Vaters heimzukehren hoffe. Wäre derohalben auch gleich wieder nach Mellenthin abgeritten, und nachdem er seinem Herrn Vater die letzte Ehre erwiesen, hätte er sich auch alsogleich wieder aufgemacht und befunden, daß Se. Fürstliche Gnaden unterdes ihr Wort gehalten. Mit solchen Scriptis wäre er nacher Wien abgeritten, und wiewohl er viel Leid, Mühe und Gefahr unterwegs ausgestanden (so er uns ein andermal erzählen wölle), wäre er doch glücklich in diese Stadt gelanget. Alldorten hätte er aber von ungefährlich einen Jesuiten getroffen, mit welchem er einstmalen als Studiosus etzliche Tage sein Quartier in Prag gehabt, und selbiger ihme auf sein Anliegen geantwortet, er sölle guten Muts sein, angesehen Seine Majestät in diesen schweren Kriegsläuften Geld gebrauche, und wölle er, der Jesuit, allens machen. Solches wäre auch beschehen, und hätte die Kaiserliche Majestät nicht bloß meinen Adelsbrief renovieret, besondern auch die Ehrenerklärung Sr. Fürstlichen Gnaden, des Herzogen, bestätiget, so daß er nunmehro männiglich Red und Antwort von wegen seiner Braut stehen könne wie nachgehends von wegen seiner Frauen. Und als er nunmehro die Akta aus seinem Busen herfürzog und mir selbige in die Hand gab, sprach er: »Aber jetzunder muß Er mir auch einen Gefallen tun, Ehre Abraham, nämlich mich morgen, wo ich mit meiner Braut zu Gottes Tisch zu gehen verhoffe, mit seinem Töchterlein einmal für allemalen abzukündigen und nachgehends schon übermorgen zu trauen. Sage Er nit nein hiezu, denn mein Pfarrer, Ehre Philippus, spricht, daß solches bei Adligen in Pommern nicht ungebräuchlich, wannenhero ich auch zum Montage die Hochzeit in meiner Burg allbereits angesaget, als wohin wir fahren wollen und wo ich auch mein Beilager zu halten gedenke!« Gegen solches Ansehen hätte nun mancherlei zu monieren gehabt, aber da ich meim Töchterlein ansahe, daß sie auch gern recht bald Hochzeit hätt, kunnt ich es ihnen nicht abschlagen, sondern versprach allens, was sie wollten. Hierauf vermahnete sie beide zum Gebet, und nachdem ich meine Hände auf ihr Haupt geleget, dankete ich dem Herrn so brünstiglich, wie ich ihm noch immer gedanket, also daß ich letzlich für meinen Tränen nicht weiterkommen kunnte, sondern sie mir meine Stimme ersäufeten.

Hierzwischen war aber des Junkers sein Wagen mit vielen Truhen und Koffers vor der Türen angelanget, und sprach er: »Jetzo soll Sie auch sehen, liebe Jungfer, was ich Ihr mitgebracht!« und gab Befehl, allens in das Zimmer zu tragen. Ei, Lieber, welche schöne Sachen hatte es darinnen, so ich mein Lebtage nit gesehen! Als mein Töchterlein dieses allens sahe, wurde sie aber betrübt, daß sie ihme nichts mehr geben könne denn ihr Herz allein und die Ketten von dem schwedischen König, so sie ihme umb den Hals hing und ihn weinend bate, sie vor ein Brautgeschenk zu behalten. Solches versprach er auch letzlich, und daß er sie mit in seinen Sarg nehmen wölle.

Doch mit der Magd begab sich noch ein seltsamer Fürfall, so ich allhier noch notieren will. Denn nachdem das alte, treue Mensch gehöret, was hieselbsten geschehen, war sie für Freuden außer sich, sprang und klatschete in ihre Hände und sagete letzlich zu meim Töchterlein, nunmehro würde sie sicherlich nicht mehr weinen, wenn der Junker in ihr Bette liegen wölle, worüber selbige also erschamrotete, daß sie aus der

Türen lief. Und als der Junker nunmehro wissen wollte, was sie damit sagen wölle, verzählete sie ihme, daß er schon einmal, als wir von Gützkow kommen, in meines Töchterleins Bette geschlafen, worüber er den ganzen Abend seinen Kurzweil mit ihr hatte, als sie wiederkam. Der Magd versprach er aber, da sie schon einmal meines Töchterleins Bette vor ihn gemacht, sölle sie es auch zum andernmal machen, und übermorgen, wie auch mein Ackersknecht, mit nacher Mellenthin fahren, damit Herrschaft und Gesinde sich nach so viel Trübsal zusammen freuen könnten.

Und da der liebe Junker bei uns die Nachtherberge nehmen wollte, mußte er bei mir in der kleinen Achterstuben schlafen (denn ich kunnte doch nit wissen, was fürfallen würde). Schlief auch bald wie ein Dachs, aber in meine Augen kam kein Schlaf für Freuden, sondern betete die ganze liebe Nacht oder gedachte an meine Predigt. Erst umb die Morgenzeit drusete ich ein wenig ein, und als ich aufstund, saß der Junker schon in der Vorderstuben bei meim Töchterlein, welche allbereits das schwarze seidine Kleid anhatte, so er ihr mitgebracht, und wie durch ein Wunderwerk frischer aussahe, denn da der schwedische König kam, so daß ich sie mein Lebtage nit frischer und hübscher gesehen. Item hatte der Junker schon ein schwarz Wammes an und suchte ihr die besten Zweigleine zum Myrthenkranz aus, den sie sich wunde. Legte aber ihren Kranz sogleich auf die Bank, faltete ihre Händeleins und betete nach ihrer Gewohnheit den Morgensegen, als sie mich ankommen sahe, welche Demut den Junker sehr erfreuete, und er bat, es in Zukunft bei ihme auch also zu halten, was sie auch zu tun versprach.

Bald hierauf gingen wir auch zur lieben Kirchen in die Beichte, und dieweil der Junker mein Töchterlein unter ihren Arm gefasset, blieb alles Volk für Verwunderung stehen und rissen den Hals auf, so weit sie kunnten. Sollten sich aber annoch mehr verwundern, als ich nach der Predigt erstlich die Ehrenerklärung Sr. Fürstlichen Gnaden mit der Bestätigung der Kaiserlichen Majestät und nachgehends meinen Adelsbrief auch deutsch ihnen fürlas und letzlich mein Töchterlein mit dem Junker zu kündigen begunnte. Lieber, da mürmelte es in der Kirchen nit anders, als wenn die Bienen summen. (N. N. Diese Scripta seind jedoch bei dem Feuer, so vor einem Jahr in der Burg auskam, wie ich nachgehends vermelden werde, verbrennet, wannenhero ich sie allhier nicht nach dem Original zitieren kann.)

Darauf gingen meine lieben Kinder mit vielen Volk zu Gottes Tisch, und nach der Kirchen kamen sie fast alle umb sie und wünscheten ihnen Glück. Item kam der alte Paasch noch auf den Nachmittag zu mir ins Haus und bat mein Töchterlein abereins umb Vergebung, daß er sie unwissend beleidiget. Er wölle ihr gerne ein Hochzeitsgeschenke verehren, aber er hätte jetzunder nichtes, doch sölle seine Frau ihr zum Frühjahr ein Huhn setzen, und wölle er dann selbsten die Küken nacher Mellenthin bringen. Hierüber mußten wir allzumalen lachen, insonderheit der Junker, welcher letzlich sprach: »So du mir ein Hochzeitsgeschenke machest, mußtu auch zur Hochzeit geladen werden, darumb magstu wohl morgen mitkommen!« Worauf mein Töchterlein sprach: »Und Eure kleine Marie, meine Pate, soll auch mitkommen und soll meine Brautjungfer sein, wenn es mein Herre erlaubet!« Und als er solches versprach, hieß sie den alten Paasch sein Mädken ihr anhero zu schicken, umb ihr ein neu Kleid anzupassen, welches allens den alten, guten Kerl so erbarmete, daß er laut zu weinen begunnte.

Als er weg war und der Junker nichts anders täte, denn mit seiner Braut schwätzen, beides, deutsch wie lateinisch, macht ich es besser und ging auf den Berg zu beten, wobei ich ihr nachfolgete und auf den Scheiterhaufen stieg, umb hier einsamlich dem Herrn mein ganzes Herze zu einem Dankopfer zu bringen.

Die Nacht nahm ich den Junker wieder bei mir, aber als am andern Morgen kaum die Sonne auf ...

Hiermit enden diese interessanten Mitteilungen, die ich nicht die Absicht habe, mit eigenen Zutaten zu verwässern. Meine Leser, und insonderheit meine schönen Leserinnen, mögen sich nun nach Gefallen das Glück dieses vortrefflichen Paares weiter ausmalen.

Alle weiteren historischen Spuren seines Daseins, wie des Daseins des Pfarrers, sind verschwunden, und nur ein in die Wand der Kirche zu Mellenthin gefügter Denkstein ist übriggeblieben, auf welchem der unvergleichliche Junker mit seinem noch unvergleichlicheren Weibe abgebildet ist, noch die güldene Ketten mit dem Konterfei des schwedischen Königs auf seiner treuen Brust. Beide scheinen kurz hintereinander gestorben und in einem Sarge begraben zu sein. Denn im Kirchgewölbe sieht man einen großen Doppelsarg, in welchem, der Tradition zufolge, sich auch eine goldene Kette von unschätzbarem Wert befinden soll. Vor einigen zwanzig Jahren wollte der Gutsbesitzer v. M., welcher durch seine unerhörte Verschwendung nahe an den Bettelstab gekommen war, diesen Sarg öffnen lassen, um daraus das kostbare Kleinod zu entwenden, aber er vermochte es nicht. Wie durch einen mächtigen Zauber wurde er in seinen Fugen festgehalten und ist bis auf den heutigen Tag noch uneröffnet geblieben.

NACHWORT

Mit dieser Neuausgabe liegt Meinholds »Bernsteinhexe« seit einer Reihe von Jahren endlich wieder im Buchhandel für ein zahlreich interessiertes Lesepublikum vor. Beiden ist auch die Anregung für diese Edition zu danken. Sie erscheint fast 150 Jahre nach der 1843 im Berliner Verlag Dunker und Humblodt durch Protektion des preußischen Königs Friedrich Wilhelm IV. publizierten Erstausgabe. Diese Fassung Meinholds hat für die vorliegende Ausgabe nur dort geringfügige Änderungen erfahren, wo überlange Sätze und Darstellungen das Verständnis für den Leser erschweren.

Wilhelm Meinhold wurde am 27. Februar 1797 in Netzelkow auf Usedom als Sohn des dortigen Pfarrers geboren. Bereits mit sieben Jahren erhielt er den ersten Lateinunterricht, 1813 folgte ein Studium der Theologie in Greifswald, das er jedoch aus finanziellen Gründen nach zwei Jahren abbrechen mußte. In der Folgezeit verdiente sich Meinhold seinen Lebensunterhalt als Hauslehrer in Ückermünde und legte die weiteren theologischen Prüfungen extern ab. Bereits mit 23 Jahren übertrug man ihm eine Stelle als Rektor, Kantor und Organist in Usedom, 1821 wurde er Pfarrer in Koserow und von dort später nach Krummin und Rehwinkel versetzt. Auseinandersetzungen mit der Gemeinde und den übergeordneten Behörden führten 1850 zu seiner frühzeitigen Pensionierung, nachdem er zuvor bereits von seinem Amt suspendiert worden war.

Meinhold war von seiner amtlichen Tätigkeit stets unbefriedigt geblieben und wandte sich nebenher frühzeitig der Schriftstellerei zu. 1820 entstand sein erstes Drama »Herzog Bogislaff«, 1826 das Epos »Sankt Otto, Bischof von Bamberg«, 1827 die Erzählung »Die Pfarrerstochter von Coserow«, die er in den Jahren von 1839 bis 1841 in »Die Bernsteinhexe« umschrieb. Damit war ihm ein starker künstlerischer Wurf gelungen, der mit verblüffender Sicherheit die Zeit während des Dreißigjährigen Krieges lebendig werden ließ. Zuvor waren bereits Bruchstücke dieser Chronik in einem Jahrbuch erschienen, von denen er vorgab, sie in seiner Dorfkirche aufgefunden zu haben. Tatsächlich aber hatte Meinhold die ganze Geschichte von Anfang an erfunden, was er erst nach Erscheinen der zweiten Auflage der Öffentlichkeit kund tat. Die Faszination des Werkes verfehlte indessen ihre Wirkung auf die seinerzeitige Literaturszene nicht. Friedrich Hebbel würdigte die Erzählung und bescheinigte dem pommerschen Autor »wie fein er beobachtet« habe. Heinrich Laube gestaltete die von ihm noch für echt gehaltene Vorlage bereits drei Jahre nach ihrem Erscheinen zum »historischen Schauspiel in fünf Akten«. Noch 1910 gab es eine Neufassung des Dramas von Max Geißler in Weimar.

Wilhelm Meinhold übersiedelte nach seiner Pensionierung 1850 nach Berlin-Charlottenburg und starb daselbst erst 53jährig ein Jahr später.

Berlin, Februar 1992 *Hans-Otto Lecht*

ERLÄUTERUNGEN

Unserer Ausgabe liegt der erste vollständige Druck des Werkes (Berlin 1843) zugrunde; die dort vom Verfasser angebrachten Fußnoten wurden in den vorliegenden Text aufgenommen. Darüber hinausgehende Erläuterungen sind im folgenden alphabetisch zusammengestellt.

Aevario – Vermögen, Schatz, Kasse.

Alimente – Nahrungsmittel.

Ambrosianischer Lobgesang – ein dem heiligen Ambrosius (um 340 bis 397) fälschlich zugeschriebener kirchlicher Hymnus, der mit den Worten beginnt: »Te Deum laudamus« (Dich, Gott, loben wir) und in der protestantischen Kirche in einer von Luther stammenden Bearbeitung gebräuchlich war.

arrivieren – ankommen, sich ereignen, geschehen.

avertieren – benachrichtigen, in Kenntnis setzen.

Aviso – Ankündigung, Benachrichtigung.

Autores – Sachverständige.

Biegel – Bügel, Rutenbügel (für die Dohnen).

Black – Tinte.

Brink – Grasrain, erhöhter Grasplatz.

Camerarius – Kämmerer.

Carmina – Lieder, Gedichte.

Custos Benzensis – der Küster von Benz.

Daemonis – des Teufels.

Defensor – Verteidiger.

Dido – Nach Vergils »Aeneis« tötete sich die karthagische Königin Dido, nachdem Aeneas sie verlassen hatte, mit dessen Schwert auf dem Scheiterhaufen.

Dn. Syndikus – Dominus Syndikus: der Herr Rechtsgelehrte, Rechtsbeauftragte.

Dohnen – in bogenförmige Rutenbügel eingezogene, mit Ebereschenbeeren versehene Schlingen aus Pferdehaaren, die zum Fangen von Krammetsvögeln an Bäumen befestigt wurden (Dohnenstieg).

Dominus Camerarius – der Herr Kämmerer.

Error – Irrtum, Fehler.

exempli causa – beispielshalber, zum Exempel.

fidem hast – Glauben findest.

finnig – rauh, heiser.

flattieren – schmeicheln, unterstützen.

Fl. (Florin) – französische Bezeichnung für den Gulden.

gemarodieret – geplündert.

Gerüfte – im Mittelalter gebräuchliche Rufe, die zur Verfolgung eines Übeltäters aufforderten, wie z. B. »diebio, mordio« und das Zetergeschrei; hier im Sinne von Schmährufe.

Grapen – großer Topf, Kessel.

Gratias – das nach seinen Anfangsworten »Agimus tibi gratias« (Wir sagen Dank) benannte, meist nach Tisch gesprochene Dankgebet.

Gravamen – Beschwernis, Beschuldigung, Bedrückung.

Großmutter – umgangssprachlich für Hebamme.

Hagar – Nach der Überlieferung des Alten Testaments verstieß Abraham auf Betreiben seines Weibes Sarah die Magd Hagar, die ihm einen Sohn geboren hatte, in der Wüste aber durch Gott errettet wurde (1. Mose, 21).

Hiskias – vgl. die alttestamentarische Erzählung (Jesaja 38,2–3) von der Heilung des erkrankten judäischen Königs Hiskia (715–690 v. u. Z.).

hoffierete – hier soviel wie: verrichtete seine Notdurft.

Ingenium – Begabung, Verstand.

invitieren – einladen, auffordern.

item – ebenfalls, desgleichen, auch.

judizieren – urteilen, richten, behaupten, feststellen.

Kapsel – Kirchspiel.

karessieren – liebkosen, schmeicheln.

Kätzlein – Geldkatze: lederner Geldbeutel, ursprünglich meist aus Katzenfell, der um den Leib geschlungen wurde.

klöben – hier: die Ruten mit den Haarschlingen versehen.

Kolör – Farbe, Färbung.

kondemnieren – verurteilen, verdammen.

Konfrater – kirchlicher Amtsbruder, Mitbruder.

konsakrieren – konsekrieren: weihen, einsegnen; hier: das Abendmahl reichen.
Krabaten – Kroaten.
Kraut – Schießpulver.
Lazarum – nach der biblischen Erzählung vom armen Lazarus (Lukas 16,19–21).
Ließpfund – Liespfund oder livländisches Pfund, altes Frachtgewicht (etwa 12 Pfund).
locus ... locus parallelus – Platz, Ort, Stelle ... Parallelstelle.
Lokament – Wohnung, Haus, Quartier.
Malum – Übel, Gebrechen.
manu propria – mit eigener Hand.
memorieren – auswendig lernen.
Mistkorn – Brotkorn.
Num semen Daemonis calidum fuerit aut frigidum? – Ob der Samen des Teufels warm oder kalt war?
Opera Sancti Augustini – Die Werke des heiligen Augustinus (lateinischer Kirchenlehrer; 354–430) »Über den Gottesstaat« und »Bekenntnisse« hatten einen besonderen Einfluß auf die Reformation des 16. Jahrhunderts.
Packzeddul – Pachtvertrag.
Pastorem Liepensem – der Pastor von Liepe.
Patene – die zum Abendmahlskelch gehörende Schale für die Oblaten.
perhorreszieren – sich erschrecken, entsetzen.
persuadieren – überreden, überzeugen, beschwatzen.
St. Petrum – Der Apostel Simon Petrus verleugnete Jesus kleinmütig bei dessen Gefangennahme.
Posen – die äußersten Schwungfedern der Vögel.
Pott – altes Flüssigkeitsmaß: 0,970 l.
Prognostikon – Vorzeichen, Vorbedeutung.
Publicatum Pudagla zu Schloß, den 30sten mensis Augusti anno salutis 1630 – Bekanntgegeben zu Schloß Pudagla, den 30. des Monats August im Jahre des Heils 1630.
rekusieren – zurückweisen, ablehnen.
retournieren – zurückkehren, wiederkommen.
Rosenobel – eine ursprünglich englische Goldmünze.
Sage – Aussage.
Salarium – Besoldung, Lohn.
salutieren – grüßen, sich begrüßen.
salva venia – mit Verlaub.
Schneeren – Schnüre, Schlingen (für die Dohnen).

Scripta (Scriptis), Skripturen – Schriftstück(e), schriftliche Aufzeichnungen.
Sentenz – richterliches Urteil.
Tapezereien – gewirkte Bildteppiche zur Wandbekleidung.
Testes – Zeugen.
tribulieren – drängen, bedrängen, quälen, peinigen.
trottieren – trotten, traben.
turbieren – stören, beunruhigen, beeinträchtigen.
Urgicht – Aussage (Geständnis) des Beschuldigten im Strafverfahren (auf der Folter).
valedizieren – sich verabschieden, entfernen.
vasa sacra – heilige Gefäße (für das Abendmahl).
versus – Vers, Verse.
verborreszieren – sich erschrecken, entsetzen.
Virgilium – der römische Dichter Publius Vergilius Maro (70–19 v.u.Z.), der in seinem Hauptwerk »Aeneis« die Irrfahrten des Aeneas nach der Zerstörung Trojas beschreibt.
Widem – Bezeichnung für die gesamte Ausstattung einer Kirche mit Grund und Boden, zugehörigen Gebäuden usw.
Witten – Wittenpfennig, im 14.–16. Jahrhundert zunächst eine kleine Silbermünze, später eine kupferne Scheidemünze.
Wört oder Wörth – Werder; hier vermutlich in der Bedeutung von Wasen: Grasfläche zum Abziehen von gefallenem Vieh.
Zeter – ursprünglich ein Notschrei (von mhd. ziehter: zieht her, herbei!); später ein Verdammungsruf.

INHALT

Vorrede 5
7. Kapitel *Wie die Kaiserlichen mir alles übrige geraubet, auch die Kirchen erbrochen und die vasa sacra entwendet, item was sonsten fürgefallen* 12
8. Kapitel *Wie unsere Not immer größer wird, ich die alte Ilse mit einem anderen Schreiben gen Pudagla sandte, und was mir daraus noch für ein größer Leid erfolget* 21
9. Kapitel *Wie mich die alte Magd mit ihrem Glauben demütigt und der Herr mich unwürdigen Knecht dennoch gesegnet* 37
10. Kapitel *Wie wir nach Wolgast reisen und daselbsten gute Kaufmannschaft halten* 43
11. Kapitel *Wie ich die ganze Gemeine gespeiset, item wie ich nach Gützkow zum Roßmarkt gereiset, und was mir alldort gearrivieret* 51
12. Kapitel *Was ferner Freudiges und Betrübtes fürgefallen, item wie Wittich Appelmann gen Damerow auf die Wulfsjagd reutet, und was er meinem Töchterlein angesonnen* 58
13. Kapitel *Was sonsten in diesem Winter fürgefallen, item wie im Frühjahr die Zauberei im Dorfe anhebt* 65
14. Kapitel *Wie der alte Seden plötzlich verschwindet, item der große Gustavus Adolphus nacher Pommern kömmt und die Schanze zu Peenemünde einnimmt* 72

15. Kapitel *Von der Ankunft des großmächtigsten Königs Gustavi Adolphi und was sonsten dabei fürgefallen* 80
16. Kapitel *Wie die kleine Maria Paaschin vom Teufel übel geplaget wird und mir die ganze Gemein abfällt* 86
17. Kapitel *Wie mein arm Kind als Hexe eingezogen und gen Pudagla abgeführet wird* 93
18. Kapitel *Vom ersten Verhör und was daraus erfolget* .. 97
19. Kapitel *Wie der leidige Satan unter des gerechten Gottes Zulassung uns ganz zu unterdrücken beflissen und wir alle Hoffnung fahrenlassen* 111
20. Kapitel *Von der Bosheit des Amtshauptmanns und der alten Lisen, item vom Zeugenverhör* 119
21. Kapitel *De confrontatione testium* 125
22. Kapitel *Wie der Syndikus Dn. Michelsen gearrivieret und seine Defension für mein arm Töchterlein eingerichtet* . 132
23. Kapitel *Wie mein arm Töchterlein soll mit der peinlichen Frag beleget werden* 139
24. Kapitel *Wie der Teufel in meiner Gegenwärtigkeit die alte Lise Kolken holet* 153
25. Kapitel *Wie Satanas mich wie den Weizen sichtet, mein Töchterlein aber ihm wackeren Widerstand tut* 159
26. Kapitel *Wie ich mit meinem Töchterlein und der alten Magd das heilige Abendmahl genieße und sie darauf mit dem blanken Schwert und dem Zetergeschrei zum letzten Mal vor Gericht geführet wird, umb ihr Urteil zu vernehmen* 166
27. Kapitel *Wie es uns unterwegen ergangen, item von dem erschrecklichen Tode des Amtshauptmanns bei der Mühlen* 176
28. Kapitel *Wie mein Töchterlein endlich durch des allbarmherzigen, ach des allbarmherzigen Gottes Hülf gerettet wird* 184
29. Kapitel *Von unsrer großen abermaligen Trübsal und letztlicher Freud* 198
Nachwort 209
Erläuterungen 211